Émile Jalley

Trajectoires

Autobiographie intellectuelle

5-7, rue de l'Ecole-Polytechnique, 75005 Paris
http://www.harmattan.fr
ISBN : 978-2-343-12223-6
EAN : 9782343122236

Trajectoires

Pour PIERRE JALLEY, notre fils
BÉNÉDICTE JALLEY-MEURISSE, mon épouse
Et GISÈLE PONCHARD-BONNARD, ma mère
En hommage aussi à mes deux psychanalystes
Madame le Docteur Anny Cordié
Et Monsieur le Docteur Jean Gillibert

« Bientôt seront tous morts ceux qui savaient de quoi il est question »
Philippe Sollers, France-Culture du 1er août 2010

Sommaire

Trajectoires

Autobiographie intellectuelle

Le savoir humain est comme un arbre[1], dont les racines puis le tronc sont les savoirs sur l'esprit inconscient[2] et conscient[3], les branches qui sortent de ce tronc[4] étant les sciences formelles, les sciences de la nature et les sciences de l'homme[5], le feuillage de l'arbre se formant alors de l'entrelacement de leurs applications techniques et pratiques particulières.

¹ Descartes, Hegel. Image fr.pinterest.com
² Freud, Lacan et col.
³ Wallon, Piaget, Gesell et col.
⁴ Descartes, Hegel, Freud, Wallon, Piaget.
⁵ Hegel, Marx et col.

Introduction

Ce livre se voudrait, en même temps qu'un livre d'adieu, un bilan de mon trajet intellectuel. Ce n'est pas la première fois que je vis l'impression subjective, en écrivant un livre, que ce sera le dernier. Cette fois, tout de même, il serait temps : « Levons l'ancre ! » (Baudelaire, « Le voyage »).

Du point de vue intellectuel, j'ai été un philosophe de formation, amené par les circonstances à enseigner la psychologie, et se rendant compte au final qu'il avait toujours d'une certaine manière continué à faire de la philosophie, même en pratiquant le plus à fond possible la psychologie.

Cette histoire est banale. La même chose était arrivée jadis à Maurice Merleau-Ponty en tout cas (1908-1961) ; à Wallon aussi (1879-1962), à ceci près que lui n'a pas éprouvé le sentiment que la psychologie le reconduisait à la philosophie, sauf peut-être dans le cadre de son « Encyclopédie française » (1938).

Le cas de Piaget (1896-1980) est un peu plus compliqué : parti d'une formation d'autodidacte, il a toujours eu le projet de dépasser la psychologie de l'enfant vers une épistémologie génétique, qui n'a pas été autre chose en définitive qu'une théorie moderne de la dialectique théorique et appliquée, ce dont ni les philosophes ni les psychologues n'ont jamais eu, même jusqu'aujourd'hui, la moindre idée.

Ce n'est qu'à une date toute récente, en rédigeant ma *Critique de la raison philosophique*, que ma pensée s'est brusquement cristallisée sur cette représentation de l'arbre, dont l'image commentée n'est rien d'autre que la double paraphrase de l'arbre cartésien et de l'arborescence hégélienne bien connus.

Cet arbre représente l'ensemble, à la fois clos et ouvert, des savoirs humains. Les racines en sont la psychanalyse qui fonde elle-même la psychologie, d'où partent les trois branches principales que sont les sciences logico-mathématiques, les sciences de la nature, et les sciences humaines et sociales.

Cet ensemble, on peut toujours appeler cela la « philosophie ». « Ils » – depuis les années 1960, l'ont proclamé dépassée, l'ont même crucifiée, puis dépecée, en ont enfin jeté les morceaux aux carnassiers. Mais d'une certaine manière, il faut bien dire qu'elle est toujours là, plus là que jamais, la philosophie, au moment où les philosophes de profession sont incapables de se hisser au niveau de leur discipline.

J'éprouve une autre coloration du sentiment d'étrangeté à poser que logiquement, c'est le savoir sur le sujet inconscient, en l'occurrence la psychanalyse, qui supporte l'ensemble des savoirs plus ou moins conscients, et d'abord la psychologie, que sont les autres sciences, en tant que savoirs liés à des champs de représentations d'objets portées par un sujet savant.

Car enfin, la psychanalyse ne se porte pas très bien non plus, et il faudra lui donner beaucoup de fortifiant pour qu'elle accepte de se lever de son lit de souffrance, afin de présider l'Académie des savoirs humains – celle représentée par le célèbre tableau de Raphaël.

En avançant cela, je comprends que je ne vais me faire ni des relations, ni des alliés, et encore moins des amis du côté ni de la philosophie, ni de la psychologie ni de la psychanalyse. Mais j'en ai l'habitude et tel n'a jamais été mon but.

Pourtant, ceux qui ont lu Lacan « complet », de bout en bout – nous ne sommes pas nombreux au club – savent bien que la Pensée-Lacan, c'est l'Everest tout simplement.

De fait, l'un de mes penchants essentiels a toujours été de me tenir à l'écart, de ne me laisser toucher par aucune influence. Il y a des précédents célèbres : Descartes, Spinoza, Nietzsche, auteurs qui ont, parmi d'autres, assuré la base essentielle de ma formation.

J'ai très bien connu personnellement Jean Hyppolite, Louis Althusser, Jacques Derrida, Gilles Deleuze, Georges Canguilhem un peu moins – Gilbert Simondon pendant vingt années (et c'est autre chose).

C'est Hyppolite qui m'a initié à l'ENS à la fois à Hegel et à Freud, d'une empreinte dont je ne devais jamais plus me départir.

Pour Althusser, Derrida, et Deleuze, j'ai compris tout de suite, dès que la gloire a commencé à chanter autour de leurs noms, qu'il me fallait m'écarter résolument d'eux, et suivre coûte que coûte le chemin personnel qui me plaisait.

Je me suis toujours formé tout seul, par de longues lectures, ne suivant que de très rares cours à la Sorbonne. Cela a commencé par Descartes, Spinoza, Alain en Terminales et en khâgne, puis à l'ENS Platon, Hume, Nietzsche, Kant, Hegel, Freud.

Même nommé assistant de psychologie, j'ai continué à monter, après Hegel, les marches de ce qui me semblait être, depuis l'Antiquité, un vaste escalier dans le genre de ceux qu'on voit dans les Prisons de Piranèse : Marx, Engels, Lénine, Mao Zedong, Althusser. Et en même temps, Freud, Spitz, Mélanie Klein, Winnicott, Wallon, Piaget, Vygotski. Lacan en plusieurs campagnes très étalées dans le temps.

Il existe comme une pente obligée pour la philosophie à se représenter comme totalité de ses trois objets (le Moi, le Monde et l'Idéal du moi – alias Dieu) sur la base métonymique privilégiée de la psychologie, d'autant que la Théologie (Idéal du moi, Esprit absolu) n'est au fond qu'un doublet de la psychologie, et pour tout dire une méta-psychologie.

Cependant, rien n'oblige absolument à se tenir à ce privilège totalitaire de la « psy » et on peut très bien envisager qu'il soit possible de tourner autour de l'arbre de la philosophie et l'investir à partir de l'une de ses branches, par exemple l'épistémologie des sciences soit de la nature, soit des sciences humaines. Par le biais des sciences formelles, et en particulier de la Logique, cela n'a jamais été un grand succès, seulement tenté de manière peu convaincante par l'École anglaise de Russell, Wittgenstein et consorts.

Ce n'est donc que tout récemment que je suis tombé, comme en trébuchant sur cette représentation de l'arbre, surtout celle où il s'entoure comme d'un collier de toutes ses racines. En réalité, j'avais été turlupiné depuis une vingtaine d'années, par la représentation de l'arborescence hégélienne. Un jour l'idée m'est venue de me former une représentation hiérarchique minimale de l'Encyclopédie de Hegel. Et c'est bien sur un tel dessin que l'on tombe, encore qu'il en existe déjà encore un autre dans l'*Atlas de la philosophie* de Kunzmann et col.

Mon goût de l'indépendance tient peut-être à une circonstance particulière liée à mes origines franc-comtoises : je suis né à Nance, un village de la Bresse jurassienne situé tout près d'une rivière sinueuse enfermant un réseau de multiples bras, où s'isole une Île d'où justement un dénommé Rouget de L'Isle tient son nom illustre. Son père, un avocat de Lons-le-Saunier, nommé seulement Rouget, l'avait acheté comme fief pour embellir son patronyme, afin de permettre à son fils d'entrer avec un nom nobiliaire à l'école des cadets du roi.

L'histoire raconte que Claude Rouget de L'Isle aurait osé écrire à un autre homme célèbre : « Bonaparte, vous vous perdez, et ce qu'il y a de pire, vous perdez la France avec vous ! » Un jour à Paris, assez tard dans mon existence, j'ai été stupéfait de rencontrer des personnes, à vrai dire dans des milieux catholiques conservateurs, qui trouvaient d'une violence extrême certaines paroles de la Marseillaise : « Qu'un sang impur abreuve nos sillons ! »

Les chapitres 2 et 3 tiennent à la circonstance que ma carrière professionnelle a été liée de très près, entre 1964 et 2000, au gigantesque glissement progressif de terrain où s'est engloutie à peu près totalement (on verra plus loin ce que signifie ce mot) l'institution éducative en France, et en particulier l'Université dont dépendent en définitive les niveaux primaires et secondaires de l'enseignement. J'avais déjà publié en partie ces textes dans mon autobiographie intitulée *Un Franc-Comtois à Paris. Un berger devenu universitaire* (2007). Je les repris et développés pour mieux y intégrer l'histoire désastreuse du Laboratoire de Gilbert Simondon, dont j'ai fait partie pendant vingt années, et qui a subi à l'époque (1968-1986) un djihad d'une violence inouïe, où s'exprimait de façon significative dans l'espace central de la capitale, dans les locaux de la Sorbonne même (rue Serpente), un procès de destruction insidieuse et irréversible qui sévissait en fait partout dans l'ensemble du territoire.

J'ai toujours pensé que cet épisode parisien, où je m'étais trouvé mêlé par les circonstances de ma carrière, avait endossé une signification de valeur nationale exemplaire, un peu, toutes proportions gardées, comme la Terreur parisienne sous la Révolution française.

Le chapitre 4 comporte en premier lieu une discussion avec le psychanalyste Jacques Robion à l'intention de qui j'ai rédigé une Postface pour son ouvrage consacré à une nouvelle interprétation neuroscientifique de la métapsychologie. Je n'ai pas une passion personnelle très vive pour les neurosciences, dont il m'est assez souvent arrivé de parler dans mes écrits, et auxquelles je reprocherais une nouvelle tendance à un dogmatisme qui a été si longtemps reproché à la philosophie elle-même. Ceci dit, je pense que la psychanalyse aura tout intérêt et même ne pourra pas toujours éviter, comme c'est le cas le plus souvent, de se confronter de manière non seulement critique mais fructueuse aussi avec les neurosciences, ainsi que le font déjà par exemple des chercheurs comme les Suisses Pierre Magistretti et François Ansermet (2010 ; Jalley, 2016).

Le second texte présenté dans ce chapitre 4 est un article de synthèse générale sur « Henri Wallon, le plus grand psychologue français » qui m'a été demandé par la revue *La Pensée*. Cela n'avait jamais été fait de manière succincte mais complète, dans cette dimension.

Les deux chapitres qui suivent sont consacrés à l'examen de deux livres dont le genre de rencontre, devenu très rare pour moi, a beaucoup impressionné en même temps que fortement aidé ma démarche encore en cours sur les deux questions connexes de l'Université et de la culture, en particulier philosophique.

Dans le chapitre 5, *La destruction de l'Université* est le livre bouleversant, même encore pour moi, d'un historien nommé Christophe Granger, et dont les médias hebdomadaires n'ont pas parlé à ma connaissance – même si on peut entendre des interviews verbales de l'auteur sur Internet, tant est terrible le contenu, honteux pour la nation, qu'il déballe devant le public. L'auteur ne veut pas du tout dire par son titre que la destruction de l'université serait en cours, mais bel et bien qu'elle est d'ores et déjà achevée. De fait, l'université a progressivement été transformée, dans l'ensemble de ses disciplines sans exception, sous la pression d'un modèle managérial venu des pays anglo-saxons – comme toujours pour ce genre de plaies d'Égypte – en une énorme école de commerce de plutôt bas niveau, dont les prototypes seraient Sciences-Po et HEC. Un nombre majoritaire et toujours croissant des personnels y aurait un statut précaire, et rémunéré au niveau du SMIC, parfois moins. Je me doutais de cela à travers mes pérégrinations dans cet espace sinistré, mais pas jusqu'ici avec ce degré de précision implacable et comme chirurgicale.

Le chapitre 6 est consacré à un livre des psychanalyste et psychologue clinicien Marie-France Castarède et Samuel Dock ayant pour titre, imité du célèbre intitulé de Freud (1930), *Le nouveau malaise dans la civilisation*, et qui m'a permis de mieux comprendre la signification de mes travaux récents sur ce que j'estime être la décadence progressive de la philosophie française depuis les années 1960, avec le rejet du paradigme dialectique équivalent à une sorte de suicide culturel, dans la mesure où un tel paradigme représente le régime normal du fonctionnement de la pensée naturelle, en tant que matrice de toute forme de la pensée réflexive.

Les auteurs parlent d'une époque passée d'un régime de fonctionnement névrotique ordinaire à un nouveau régime narcissique ou borderline, marqué par l'hypertrophie d'un ego vidé de substance, l'étouffement du langage par la tyrannie de l'image, la collusion du Moi et de l'objet par leur enlisement réciproque au niveau de la pellicule luminescente offerte par les écrans de toutes espèces – image saisissante des reflets décrits par Platon pour sa caverne, enfin écrasement des dimensions temporelles sur l'évanescence d'un perpétuel présent. Or cette symptomatologie saisissante correspond assez à des effets homologues observables au niveau de cet encavernement de la philosophie produit par l'effondrement des coordonnées de l'expérience, celles définies justement par l'interaction dialectique des deux dimensions axiales de la structure et de l'histoire.

Récemment un article du *Nouvel Observateur* consacré à une historienne de la Révolution française, Sophie Wahnich racontait, exactement dans le même ordre d'idées, que François Furet avait décidé un jour (1977), dans les parages des années 1980, que « la Révolution est terminée », secondé en cela par l'américain Fukuyama qui proclamait à la même époque « la fin de l'histoire » (1989). Or c'est bien cette potion que nous avaient concoctée dès les années 1960, et pour un usage à long terme, les grands pourfendeurs de la dialectique.

Depuis, nos philosophes de poche, se sont abonnés à une antiphilosophie ordinaire, qui singe sa cousine analytique américaine, boitant toutes deux sur les béquilles de l'antidialectique, et ne sachant plus que faire du manteau d'orgueil de l'antihumanisme, hérité de la cavalcante et pétaradante génération des années 1960.

Sauf Jacques Rancière (NO, mars 2017), aucun d'eux n'aura été fichu de tracer le moindre petit croquis de l'Esprit de la France, du *Geist* de la Nation – comme le peintre David l'avait fait du visage de Marie-Antoinette dans la charrette – au cours de cette récente empoignade honteuse pour l'élection du nouveau Monarque républicain.

Chapitre 1

Examen du contenu de mes travaux

Émile Jalley (né en 1935)[6] est un enseignant chercheur français qui a produit ses travaux dans les trois champs de *l'histoire et de l'épistémologie* de la **psychanalyse** et de la **psychologie**, ainsi que de la **philosophie**. Professeur émérite de psychologie clinique et d'épistémologie à l'Université Paris-Nord, il est ancien élève de l'École normale supérieure, agrégé de philosophie, psychologue diplômé d'État.

Entre les années 1980 et 2006, il s'est fait d'abord connaître comme un chercheur spécialisé dans les études historiques surtout sur Wallon en même temps aussi que Freud et Piaget, de même que sur l'histoire de la psychanalyse et de la psychologie en France (1981, 1982, 1990, 1998, 2006, 2006). Ces travaux, amorcés dès la période 1968, ont abouti dans la période toute récente (2015) par la publication en 2015 de 7 volumes d' « Œuvres de Henri Wallon » comprenant une grande partie de l'œuvre jusqu'ici non republiée d'Henri Wallon et de son épouse Germaine Wallon-Rousset (Œuvres 1 à 7, soit environ 3200 pages).

Entre 2004 et 2014, il s'est consacré au vaste projet d'une Critique générale de la psychologie scientifique et des neurosciences contemporaines, menée en vue d'une défense argumentée de l'importance de la psychanalyse dans les sciences humaines et la culture françaises et européennes (27 volumes : 2004, 2006, 2007, 2008, 2010, 2011, 2013, 2014, 2015).

---

6 e-mail : emile.jalley@wanadoo.fr; Site L'Harmattan : http// : www.editions-harmattan.fr Wikipédia

Il est intervenu également de manière très active dans la confrontation avec l'événement Onfray dans la période 2010-2011 (5 volumes parus depuis juin 2010, soit 980 pages), mais en élargissant cette question d'aspect local vers l'analyse d'une configuration de crise plus vaste et multiforme : opposition d'une contre-université à l'université officielle, débat sur le statut de la psychanalyse au sein des sciences humaines et des autres sciences, conflit social et politique larvé, avec divergence déjà fort sensible entre une tendance plus populaire et une autre plus traditionnelle de la culture.

Cependant, il s'est agi toujours aussi pour lui, encore bien au-delà, depuis cette date, de continuer à toujours prendre en compte l'actualité d'autres questions tout aussi urgentes, dans la crise française en cours des champs pédagogique, culturel, idéologique et philosophique, scientifique, biomédical, institutionnel et politique.

De ce point de vue, sa critique s'est dirigée en particulier contre le Rapport Inserm 2003, le *Livre Noir de la psychanalyse* (2004), les nouvelles modalités de l'évaluation en psychologie (2009), les deux pamphlets de Michel Onfray sur Freud (2010), les législations néfastes dressant la nouvelle psychiatrie contre la psychanalyse universitaire (2010, 2011), la polémique sur la question de l'autisme (2012). Il a commenté et traduit (2011) les Nouveaux Manifestes, paru contre le DSM et la psychiatrie réductionniste (Paris, Italie, Espagne, Argentine, Brésil).

Puis il s'est orienté, à partir d'une reprise de l'histoire de la philosophie moderne (de Kant à Hegel, 2013), vers la question de la crise générale de la philosophie en France depuis les années 1980 (2013, 2014), de même que la prise en compte de certaines questions d'actualité dans ce champ (le phénomène Lacan, 2014 ; le débat français sur la théorie du genre, 2014 ; l'irruption du météore Piketty, 2014), sans parler de son intérêt pour l'histoire de la psychanalyse, de la psychologie et l'actualisation de leurs textes (Sándor Radó, 2014 ; le Congrès de Marienbad 1936, 2015 ; Karl Bühler, 2015), comme aussi pour la philosophie plus ancienne (XVIIIe s. : Lessing-Reimarus, 2015 ; Fichte 2016 ; Hegel 2017).

La traduction et le commentaire de l'œuvre de Karl Bühler sur « Le développement psychologique de l'enfant » (1918) font découvrir un champ très étendu de la psychologie allemande, en partie antérieur aux travaux francophones en ce domaine (Wallon, Piaget) (2015).

La crise de la philosophie, comme des sciences humaines s'insère dans le cadre d'une crise sociale généralisée dont dépend celle du système éducatif, à laquelle se relie la question de « La réforme du collège. Sauver l'école, une question de vie ou de mort » (2015).

La traduction et le commentaire de l'œuvre de J. G. Fichte sur « La doctrine de la science » (1791) sont un moyen de bien saisir le problème de philosophie politique et économique posé par l'existence contemporaine d'une Pangermanie (2015).

La nouvelle traduction et le commentaire de la « Phénoménologie de l'esprit » de Hegel offrent l'occasion de lever un refoulement ambiant désastreux, issu des années 70, pour enfin ressaisir l'ensemble des fondations créées par ce Titan pour une Encyclopédie des savoirs modernes (2017), dont le développement reste une tâche d'actualité.

Enfin, il convenait de rendre un hommage mérité à Gilbert Simondon (2017), un philosophe et psychologue français (1924-1989), patron d'Émile Jalley pendant 20 ans à René Descartes Paris V, dont l'œuvre puissante et originale n'a jamais été vraiment reconnue par la nouvelle barbarie installée par les psychologues, qui ont au contraire contrarié autant qu'ils ont pu sa carrière, dans un climat de guerre universitaire parisienne, par ailleurs très symptomatique de l'effondrement national progressif dès les années 1968 de toute l'institution éducative en France.

Ouvrages individuels (37), **collectifs** (40), environ 13 500[7] pages, **éditions** (24 volumes, 6300 pages), soit 101 titres pour environ 20 000[8] pages depuis le début de sa carrière en 1961, soit l'une des œuvres les plus importantes en volume dans le champ des disciplines psychologiques et épistémologiques depuis une trentaine d'années.

emile.jalley@wanadoo.fr ; Wikipédia

Malgré tout, les quelques tentatives faites par Émile Jalley pour produire le concernant une notice Wikipédia se sont heurtées pendant de longues années à une fin de non-recevoir venue de Big Brother. Cette notice a été récemment créée, mais elle reste encore très incomplète du fait de ne pas rendre compte du versant important de l'œuvre de l'auteur consacré à la philosophie.

---

[7] 13 368.

[8] 19 718.

1. Wallon lecteur de Freud et Piaget. Trois études suivies des textes de Wallon sur la psychanalyse, Paris, Éditions sociales, 1981, 561 pages. WLPF.

Wallon, Freud et Piaget sont à des titres divers, et dans des styles divers, les trois dialecticiens dont s'illustre jusqu'ici la psychologie moderne. L'intérêt que le public porte à ces trois auteurs tient entre autres au fait qu'ils ont permis à l'homme de se comprendre lui-même à partir de sa propre enfance.

L'ouvrage d'Émile Jalley s'inscrit pleinement dans les grands débats, les affrontements qui ont actuellement lieu dans le champ de la psychologie, de la pédagogie et des sciences humaines en général. Sa démarche – Confronter les trois grands fondateurs de la psychologie de l'enfant – est totalement inédite, et en fait un livre de référence indispensable à tous ceux que ne laissent pas indifférents les questions fondamentales de la psychogenèse, les ressorts du devenir humain…

En évitant tout cadre rigide, toute allure systématique, l'auteur met à jour les liens, les correspondances, les parentés et disparités structurales entre Wallon, Freud et Piaget.

Il étudie tour à tour les rapports méconnus de Wallon à la psychanalyse et à Freud, ses rapports à la dialectique matérialistes, qui sont, eux, bien connus, encore que la leçon en soit souvent mal comprise et souvent mal écoutée et rarement écoutée. Une troisième étude analyse, à partir des critiques formulées par Wallon, un certain nombre de questions épistémologiques concernant l'œuvre de Piaget.

Enfin, le lecteur trouvera pour la première fois rassemblés les nombreux textes de Wallon sur la psychanalyse (environ 300 pages), dont une bonne moitié n'avait jamais été rééditée.

Émile Jalley est ancien élève de l'École Normale Supérieure, agrégé de philosophie, diplômé de l'Institut de psychologie de Paris. Il possède une formation psychanalytique et il est maître assistant à l'université René Descartes, Paris V.

2. Wallon : La Vie mentale, édition réalisée par Émile Jalley, Paris, Éditions sociales, 1982, 416, pp. 7-108, 373-416, 147 pages. VM 1.

Henri Wallon dans son époque/Introduction à la lecture de *la Vie mentale* par Émile Jalley/*La Vie mentale* par Henri Wallon/Index des noms/Index des matières/ Bibliographie/Index des termes techniques.

La Vie mentale représente aujourd'hui l'exposé le plus complet des conceptions psychologiques d'Henri Wallon. Ce texte, paru en 1938 dans l'*Encyclopédie française*, n'avait jamais été publié sous d'autres formes. Le travail d'Émile Jalley, maître assistant à l'Université René Descartes, Paris V, permet enfin à tous d'accéder à cette œuvre maîtresse – et pourtant inconnue – d'un de nos plus grands psychologues de l'enfance.

3. Henri Wallon : La vida mental, Introducción y edición de Émile Jalley, Editorial Crítica, Grupo editorial Grijalbo, Barcelona, 1985, 290 pages, pp. 7-24, 253-290, 57 pages. VM 2.

Henri Wallon (1879-1962) que fue, junto a Freud y Piaget, fundador de la psicologia cientifica, escribiô esta obra para la Encyclopédie française, donde fue publicada en 1938. Ahora se édita, por primera vez, en forma de libro. La vida mental es una sintesis exhaustiva, un inventario completo, claro y accesible de las concepciones de Wallon en el conjunto de los campos de la psicologia : no ya en psicologia genética, sino también en neurofisiologia, psicopatologia del nino y del adulto, psicologia escolar, psicologia social, psicologia del anciano, etc. La vida mental sera, desde ahora, referencia inexcusable para todo aquel que desee adentrarse en el estudio de las teorias cientifîcas del gran psicôlogo francés. (Ediciôn y prôlogo de Émile Jalley.)

4. « Wallon Henri » : Encyclopaedia Universalis, tome 18, Paris, 1985. EU 1985.

De la médecine à la psychologie. Les stades du développement de la personnalité. Alternance et intégration. Actualité de Wallon.

5. « Wilfred Bion » : ibid., tome 4, 1989. EU 1989 a.

L'étude psychanalytique des groupes. La psychose. La pensée.

6. « Concept d'opposition » : ibid., tome 16, 1989. EU 1989 b.

1. La philosophie critique et romantique allemande : Kant, Fichte, Schelling, Hegel, Freud et la pensée romantique.

2. La période contemporaine. La logique : Robert Blanché. La linguistique : de l'analyse lexicale à la phonologie de Jakobson. L'anthropologie : Claude Lévi-Strauss. La psychologie de l'enfant : Wallon et Piaget.

7. « Psychanalyse et concept d'opposition » : ibid., tome 19, 1989. EU 1989 c.

Le traitement des contraires dans le travail du rêve. Du sens opposé des mots primitifs. Principe de contraste et représentation indirecte. Les formes classiques du dualisme freudien. La polarité du jugement. Les couples opposés de pulsions partielles. Couples d'opposés et polarités dans la genèse du moi. De la psychanalyse du jeune enfant à Lacan.

8. « Psychologie génétique » : ibid., tome 19, 1989. EU 1989 d.

Développement. Explication. Sujet. Affectivité. Autre-autrui. Continité-discontinuité. Déséquilibre-équilibre : équilibre et équilibration selon Piaget, le principe freudien de constance. Différenciation-intégration. Antagonisme.

9. « Les stades du développement en psychologie de l'enfant et en psychanalyse » : ibid., Symposium, 1989. EU 1989e.

Historique. Deux types d'approche et deux types de causalité. Continuité et discontinuité. Les stades comme réalité ou comme convention. Le concept psychanalytique de stade. Hypothèse d'un modèle général.

10. « Les grandes orientations de la psychologie actuelle » : Encyclopédie médicochirurgicale, Paris, Éditions techniques, 1989. EMC 1989 f.

Problèmes généraux. Diversité de la psychologie. L'ancienne source allemande. Aspects caractéristiques du XIXe siècle. Définitions multiples de la psychologie. Sources de diversification : objets, domaines scientifiques, méthodes, champs d'application. Historique sommaire : source philosophique, source « scientifique » : physiologie et physique, sources sociales : l'institution psychiatrique, sources sociales : le travail industriel, sources sociales : l'école, sources sociales : la complexification des mentalités. Panorama des grands domaines scientifiques de la psychologie : psychologie expérimentale, psychologie de l'enfant, psychologie clinique, psychologie différentielle, psychologie sociale. La psychologie appliquée : psychologie scolaire, psychologie du travail, psychologie médicale, psychologie du sport. Les métiers de la psychologie : enfance et famille, santé, école et formation continue, travail, justice, exercice libéral, l'enseignement de la psychologie en France.

11. « Wallon Henri 1879-1962 » in : Encyclopédie Philosophique Universelle, III, Les Œuvres Philosophiques. Dictionnaire, Tome 2, Philosophie occidentale : 1889-1990, 1992, Pensées asiatiques, conceptualisation des sociétés traditionnelles, Répertoires, index, tables, PUF, 2016. EPU 1989 g.

L'enfant turbulent 1925. Les origines du caractère chez l'enfant 1934. L'évolution psychologique de l'enfant 1941. De l'acte à la pensée Essai de psychologie comparée 1942. Les origines de la pensée chez l'enfant 1945.

12. Henri Wallon : Psychologie et dialectique (avec L. Maury), présentation de Liliane Maury, postface d'Émile Jalley, Paris, Messidor, 1990, 245 pages, pp. 189-245, 58 pages.

Postface : Une dialectique entre la nature et l'histoire… Une psychologie conflictuelle de la personne. La spirale et le miroir. Wallon, Lacan, Hegel, Marx, Engels.

In memoriam Jean Hyppolite et Jean Beaufret, professeurs de philosophie à l'École normale supérieure. Émile Jalley, juillet 1990.

Sommaire : 1.0 – Importance historique de l'œuvre de Wallon. 1.1 – De la médecine à la psychologie. 1.2 – Complexité du modèle dialectique de Wallon. 1.3 – le noyau rationnel de la dialectique. 1.4 – Le concept de polarité. 1.5 – le modèle hégélien de la dialectique. 1.6 – le paradigme hégélo-marxien de la contradiction. 1.7 – Le passage de la quantité à la qualité. 1.8 – la négation de la négation. 1.9 – Unité de l'antagonisme et du non-antagonisme. 2.0. – Le modèle wallonien de la genèse de la personnalité. 2.1 – La spirale du devenir mental. 2.2. – La structure en miroir des paliers de l'identification. 2.3 – Résumé et conclusion.

Cet ouvrage, préparé et présenté par Liliane Maury et Émile Jalley, rassemble seize textes du célèbre psychologue français Henri Wallon. Ces contributions ou articles de revues, jamais rééditées depuis leur première parution, englobent les années 1926-1961. C'est dire qu'ils rendent compte de l'évolution de leur auteur. Ce choix correspond à trois axes différents de pensée. Un premier groupe est centré sur la psychologie de l'enfant ; il y est particulièrement question du développement de la personnalité. Un deuxième ensemble concerne les questions d'ordre historique et épistémologique touchant le rôle de la psychologie en tant que science. Le troisième regroupement envisage les applications de la psychologie aux sciences pédagogiques. On y trouvera par exemple un texte important dans lequel est posée la question essentielle de l'orientation scolaire.

Liliane Maury, chercheur au CNRS et docteur en psychologie, est chargée de cours à l'Université Paris XIII. Émile Jalley, ancien élève de l'École normale supérieure, est professeur de psychologie et d'épistémologie à l'université de Paris XIII.

13. Dictionnaire de la psychologie (Doron Roland, Parot Françoise), 72 articles d'Émile Jalley, Paris, PUF, 1991, 761 pages. DPDP 1991.

Adolescence – Affectivité – Alloplastique – Alternance fonctionnelle – Animisme – Antinomie – Attachement – Automatisme psychologique – Autoplastique – Autre – Biogénétique (Loi-) – Caractère – Comparaison – Complémentaire – Conscience gestuelle – Continuité – Contradiction – Corps – Couple (Pensée par-) – Crise – Définition – Dépendance – Dessin – Diachronie – Différenciation – Efficience – Enfant sauvage – Épiphénoménisme – Épistémologie – Équilibre – Espace mental – Fonctionnel – Geste – Groupement – Hérédité – Herméneutique – Histoire – Imaginaire – Instabilité – Intersubjectivité – Jeu – Jeux d'alternance – Linéarité – Main – Milieu – Mimétisme affectif – Mythe – Niveau – Objet – Palicinésie – Paradigme – Pensée – Positivisme – Posturale (Fonction-) – Posture – Prédisposition – Préhistoire – Préopération – Prépondérance – Prestance (Fonction de-) – Proprio-plastique (Activité-) – Réalisme enfantin – Réflexif – Sensori-moteur – Sociabilité Socialisation – Sublimation – Sujet – Surdimutité – Sympathie – Syncrétisme – Syndrome psychomoteur.

14. « Psychologie clinique » (en collaboration) : ibid., 1991, Encyclopédie Médico-Chirurgicale, 37032A10, 1-6, 6 pages. EMC 1991.

Expansion actuelle de la psychologie clinique. Sources : médecins et philosophes du XIXe siècle. Composantes historiques principales : psychologie différentielle et psychologie de l'enfant. Modèle américain : l'enfant, l'industrie, l'armée. Modèle français : psychologie de la vie quotidienne. Psychiatrie et psychopathologie. Psychologie pathologique. Psychanalyse. Psychologie médicale. Champ pratique. Recherche. Évolution en cours dans le domaine de la clinique.

15. Atlas de la psychologie (H. Benesch), direction de traduction de l'allemand avec augmentation, Paris, Livre de Poche, 1995, pp. 44-45, 298-299, 374-375, 416-417, 8 pages.

1. Le contexte professionnel en France. 2. Les métiers de la psychologie en France. 3. Le contexte et l'héritage de Piaget. 4. La psychanalyse de l'enfant. 5. Tendances de la psychologie clinique en France. 6. Techniques projectives et psychanalyse.

16. La psychologie moderne. Clartés, L'Encyclopédie, Les Lois de la Pensée, Philosophie, Linguistique, Sociologie, Religion. Les principes fondamentaux de la vie mentale, 1996, 16041-16043, 50 pages. PM 1996.

Le problème des origines de la psychologie. Les paradoxes de la psychologie. La psychopathologie. La psychologie clinique. La psychanalyse. La psychologie cognitive. Les domaines de la clinique. Les tendances actuelles.

17. Dictionnaire de la psychologie (W. D. Fröhlich), direction de traduction de l'allemand, adaptation et présentation, Paris, Livre de Poche, 1997, pp. 1-2.

18. « Psychanalyse, psychologie clinique et psychopathologie » : in *Psychologie clinique et psychopathologie* (R. Samacher et col.), Paris, Bréal, 1998, 15-60, 46 pages.

La psychanalyse. 1 – Le contexte français. A – L'expansion. B – Les raisons de cet intérêt. C. – La psychanalyse française. 2 – Le modèle lacanien. A – La structuration du sujet. B – Chaîne signifiante. C. – La critique des idéaux normatifs. 3. – Didier Anzieu. A – Une autre tradition. B – Le moi-peau. C – Le penser.

La psychologie clinique. 1 – L'expansion professionnelle. 2 - La spécificité française. A – L'humanisme. B – La psychanalyse. C – La personnalité. D – La nouvelle psychologie. 3 – La période 1950-1975. A – La médecine. B – La philosophie. À l'intérieur de la psychologie. 4 – Définitions récentes. A – Approfondissements théoriques. B – Perspectives méthodologiques. C – Formulations récentes. D – Conclusion. 5 – Le psychologue clinicien. A – Ses fonctions. B – Son attitude professionnelle.

La psychopathologie. 1. Repères généraux. A – Psychopathologie et psychologie pathologique. B –Psychopathologie et psychiatrie. C – Diversité des approches. 2 – L'approche humaniste. A – La psychopathologie psychanalytique. B – La psychopathologie structuraliste. C – La psychopathologie phénoménologique. D – La psychopathologie existentialiste. 3 – L'approche naturaliste. A – La psychopathologie athéorique. B – La psychopathologie béhavioriste. C – La psychopathologie biologique. D – La psychopathologie cognitiviste. E – La psychopathologie expérimentale. 4 – L'approche environnementaliste. A – La psychopathologie développementale. B – La psychopathologie écosystémique. C – L'ethnopsychopathologie. D – La psychopathologie éthologique. E – La psychopathologie sociale. F – Autres tendances.

19. Freud Wallon Lacan. L'enfant au miroir, Paris, E.P.E.L., 1998, 389 pages. FWL.

Le « stade du miroir » est lié à juste titre au nom de Jacques Lacan.

Les travaux d'Émile Jalley nous amènent à réfléchir sur les antécédents multiples de ce qui compose ce célèbre « stade du miroir », tant dans les domaines de l'éthologie, de la philosophie, de la psychologie que de la psychiatrie.

Émile Jalley nous livre son hypothèse, à savoir que le psychologue de l'enfance, Henri Wallon, a occupé une position de relais de nature singulière entre Lacan d'une part, Freud et Hegel d'autre part. Que Lacan ait critiqué la dérive psychologique de la psychanalyse, ne l'a pas empêché de tirer au préalable le meilleur parti de ce que lui offrait de plus consistant la psychologie française, en l'occurrence l'œuvre de Wallon. Cette perspective prend sa véritable signification en identifiant le champ de la pensée freudienne comme terrain d'origine aussi bien de la pensée lacanienne que des descriptions walloniennes. Émile Jalley dispose cette toile de fond sur l'horizon plus lointain de la philosophie, en particulier la philosophie romantique allemande.

20. Pierre Janet, in Olivier Douville et col. : Psychologie clinique tome 2. La psychologie clinique en dialogue, débats et enjeux, Émile Jalley : Janet, Paris, Dunod, 2001, 303 pages, pp. 52-57, 6 pages.

Biographie et contexte : 1. Quelques dates et repères. 2. Le comparatisme. 3. Un précurseur. A. Janet et la psychanalyse. B. Une psychologie de la conduite.

Une psychologie de l'activité et des conduites. 1. Deux modèles du psychisme. A. La « tension » psychologique. B. La « hiérarchie des tendances ». 2. Implications psychothérapiques.

21. Henri Wallon : L'Évolution psychologique de l'enfant, Texte introduit par Émile Jalley, Paris, Armand Colin, 2002, pp. 1-32, 182-187, 40 pages.

Introduction : Henri Wallon, pionnier de la recherche en psychologie de l'enfant. La construction d'une méthode. Organisation de l'ouvrage. La préface. Première partie. Ch. 1 : L'enfant et l'adulte. Ch. 2 : Comment étudier l'enfant ? Ch. 3 : Les facteurs du développement psychique. Deuxième partie : Les activités de l'enfant et son évolution mentale. Ch. 4 : L'acte et l'effet. Ch. 5 : Le jeu. Ch. 6 : Les disciplines mentales. Ch. 7 : Les alternances fonctionnelles. Troisième partie : Niveaux fonctionnels. Ch. 8 : Les domaines fonctionnels : stades et types. Ch. 9 : L'affectivité. Ch. 10 : L'acte moteur. Ch. 11 : La connaissance. Ch. 12 : La personne. La conclusion.

Henri Wallon, disparu en 1962, a été le grand fondateur en France de la psychologie moderne de l'enfant. Sans négliger, pour d'autres pays, le Suisse Jean Piaget, Arnold Gesell aux États-Unis, et bien entendu, Sigmund Freud et Charlotte Bühler pour l'aire de langue allemande. L'œuvre de Wallon occupe donc une part importante dans l'héritage original et caractéristique de la psychologie européenne, lui-même d'une grande valeur actuelle et potentielle pour l'enseignant, le chercheur, l'étudiant, et en général le lecteur contemporain.

Outre cela, L'Évolution psychologique de l'enfant (1941) représente l'exposé le plus synthétique et le plus complet de la pensée wallonienne. Du fait de la richesse interdisciplinaire de ses perspectives multiples, cet ouvrage reste d'un intérêt majeur, au-delà même de la psychologie de l'enfant, non seulement pour les psychologues des autres spécialités, mais aussi pour le public concerné par d'autres domaines du savoir, tels que les sciences de l'éducation, la psychanalyse, la médecine, les neurosciences, les sciences cognitives et, assurément, la philosophie.

23. La crise de la psychologie à l'université en France. 1. Origine et déterminisme, Paris, L'Harmattan, 2004, 530 pages. CPUF1.

À propos de cette « crise de la psychologie à l'université », deux ouvrages répondent au même titre mais avec des sous-titres et selon des angles différents. Complémentaires mais indépendants, ils peuvent être lus séparément. Dans ce premier volume, on s'interroge sur le réseau des toutes premières raisons historiques d'une telle crise dès 1945 puis 1968, tandis que dans un second, on étudiera ses mécanismes agissants dans la période plus récente depuis 1990.

Pour chacun de ces volumes, en dehors d'une lecture globale du livre, on peut centrer l'intérêt sur des perspectives variées, si l'on peut dire « à la carte », en utilisant les deux Index des matières et des noms.

Il apparaîtrait aujourd'hui que la mésentente évidente et profonde entre psychologie scientifique et psychologie clinique est due dans le cadre universitaire français à des circonstances historiques particulières, et encore relativement peu connues.

Des documents inédits en possession de l'auteur permettent de mieux comprendre actuellement pourquoi le psychanalyste Lagache a créé un système institutionnel où la psychanalyse s'entend si mal dans le cadre universitaire avec la psychologie objective. Élu non sans difficulté à La Sorbonne, il avait dû lancer un projet de licence en fait déjà préparé par son prédécesseur Guillaume (ch. 1, 2, 3, 4).

On le sait mieux à présent : c'est la psychanalyse qui s'est enchaînée elle-même voici quelque soixante années dans l'espace étroit de son actuel assujettissement universitaire.

Le niveau scientifique et culturel de nombre d'ouvrages de formation est d'une faiblesse vraiment inquiétante.

Aujourd'hui, hors de l'université, la psychologie clinique et la psychanalyse préservent une certaine vitalité en recourant à l'auto-formation continue. Mais dans l'espace universitaire, les difficultés ne manquent pas pour la psychologie au niveau tant de l'enseignement que de la recherche : ainsi dans des livres produits depuis quelque temps en vue de la formation des étudiants, on relève avec incrédulité nombre de propos presque dignes parfois des trop fameuses « perles du baccalauréat » (ch. 16). On n'en citera par charité ni les titres ni les auteurs.

L'imitation des sciences dures par la psychologie objective a pour corollaire naturel le rejet ruineux pour elle de toute perspective historique, dont la fécondité des premières peut à la rigueur se passer sans dommage important.

De fait, la psychologie objective reste confrontée à l'incapacité d'atteindre un objet toujours convoité peu ou prou sur l'inaccessible modèle des sciences dures, et aussi à l'obstination malheureuse de rejeter toute référence ayant dépassé à peu près les dix ans (ch. 8, 9, 10) : la stérilité scientifique se joint alors inévitablement à l'inculture historique.

On recense dès lors des formes bizarres de répétition d'un passé mort qui mériteraient mieux le terme de copillage que celui de plagiat (ch. 12).

On peut voir aussi des laboratoires importants où l'on travaille encore avec des préjugés méthodologiques vieillis et critiqués depuis des décennies (ch. 14).

Vu ce bilan malheureusement sévère, la jeune génération est dans la position inconfortable de devoir aller de l'avant, en inventant son propre avenir. Il faudrait s'y faire : des erreurs irréversibles ont été commises qui ne permettront plus de repriser le tissu détérioré et dès l'origine mal taillé des institutions antérieures. On ne répare pas un panier de fruits gâtés. Ce n'est plus une question de « budget ».

Cependant, des causes d'ordre plus général pèsent aussi sur l'ensemble de l'espace universitaire : le « choc financier » provoqué à long terme par le décret Savary de 1984 a introduit le phénomène très réel de la secondarisation de l'université (ch. 5, 6, 7).

S'y ajoute depuis quelques années une idéologie officielle, d'accent technologique et de tonalité bureaucratique, étouffante aussi bien pour les sciences de la nature que pour les sciences humaines, et qui vide progressivement l'espace institutionnel de toute espèce de signification, sans autre issue que toutes espèces imaginables de divertissement (ch. 17). Des textes significatifs de cet état d'esprit se trouvent déjà indéniablement dès l'année 2000, c'est-à-dire sous le pouvoir Jospin-Allègre.

24. La crise de la psychologie à l'université en France. 2. État des lieux depuis 1990, ibid., 2004, 514 pages, avec 17 tableaux de données numériques, Index des Matières et des Noms. CPUF2.

Ce second tome du même ouvrage, comme déjà mentionné, étudie les mécanismes actuels, mis en jeu dès la décennie 1990, de la « crise de la psychologie » dans le cadre particulier de l'université française.

Il existe aujourd'hui un contraste entre la vitalité expansive de la psychologie – même si la qualité en est parfois discutée – (revues populaires, thérapies, coaching) en dehors de l'université et sa situation critique à l'intérieur de l'université.

Ce problème doit d'abord être traité par des moyens spécifiques, à partir d'une réforme de l'espace institutionnel de la psychologie universitaire, et ce n'est pas l'organisation des professions de psychologues, pourtant nécessaire, dans l'espace extérieur à l'université qui pourra y aider. Les praticiens et les étudiants sont les premiers à avoir intérêt à prendre conscience de cette grosse difficulté. Cette question d'une réforme nécessaire de l'espace universitaire reste très mal entendue, et même déniée de façon obstinée.

La baisse de la productivité scientifique des universitaires psychologues, mesurable par des indices quantitatifs précis dans tous les domaines principaux : articles, livres, directions de doctorats, est régulière depuis trente ans. L'imposition d'un carcan autoritaire dans le profilage des carrières depuis une quinzaine d'années (Savary 1984, CNU 1992) a encore joué un rôle accélérateur tout aussi mesurable dans cette détérioration de pente continue.

La « dynamique » néfaste de cette crise spécifique à l'espace universitaire s'exprime par une lutte acharnée, épuisante, et surtout stérile et sans résultat de qualité viable, entre la psychologie cognitive et la psychologie clinique. Cependant, celle-ci qui représente 28 % des psychologues à l'université, produit 60 % des publications et organise 60 % des colloques – avec un avancement moyen d'1/3 moins rapide –, se présente dans un état de sujétion doctrinale et politique de plus en marqué.

La formation universitaire des psychologues fonctionne aujourd'hui dans une institution de structure « dissymétrique » – en image inversée et contradictoire –, entre les deux espaces universitaire et professionnel, structure vicieuse construite au détriment durable de la psychologie clinique, et largement inadaptée aux besoins réels de la demande sociale.

Par ailleurs, la crise de la « psychologie à l'université » (PAU) peut servir de modèle d'essai utile pour aborder l'analyse de la crise de l'ensemble de l'université, un problème délicat et beaucoup moins étudié jusqu'ici que la crise dans les autres secteurs, primaire et secondaire, de l'Éducation nationale. Il s'agit probablement d'une crise répandue d'une manière inégale, selon un modèle « en peau de léopard », un état de choses qui requiert une étude par secteurs et repousse toute tentative de solution administrative standard et préformée, dont toutes les versions ont échoué depuis des années.

Un des aspects de la solution consisterait d'abord dans la réforme du modèle de carrière très démotivant imposé depuis 1984, et qui a fait subir une perte d'au moins 20 % de pouvoir d'achat à 75 % des professeurs d'université (salaires équivalents à ceux de l'Espagne et du Portugal, de l'Italie et de la Grèce, du Brésil, 2 à 3 fois inférieurs environ selon les cas à ceux de l'Allemagne, de la Suisse, de la Belgique et de l'Angleterre, 9 fois inférieurs à ceux des USA). Autrement rien n'y fera, malgré le leurre d'une soi-disant uniformisation européenne. À cet égard, la politique annoncée de réduction du personnel secondaire et à terme universitaire ne représenterait rien autre chose qu'une sorte de passage à l'acte supplémentaire de caractère encore plus fatal et même létal.

25. La psychanalyse et la psychologie aujourd'hui en France : 1 : La psychanalyse - 2 : La psychologie, Paris, Vuibert, 2006, 495 pages. PPAF.

La psychanalyse (1re partie) est la seule « psychologie » qui ait réellement compté en France depuis 1950. De source et d'esprit européens, c'est en notre pays, sans négliger non plus l'Angleterre, qu'elle a connu pendant un demi-siècle ses développements les plus importants. Illustrée, outre Lacan et Anzieu, par une trentaine de créateurs de premier plan, elle s'y est développée largement en dehors de l'espace universitaire, alors que son implantation a toujours été mineure dans les études de psychologie à l'université. Ces propos sont peu habituels. On étudie en détail cette période particulièrement féconde de la psychanalyse française entre 1950 et 1980, formant l'école qui aura alors été la plus riche du monde, en dehors de la matrice viennoise initiale, dans cette branche du savoir, et qui l'égale aux périodes les plus représentatives et les plus glorieuses de notre génie culturel national – illustrée par exemple par la longue tradition des « Moralistes français ».

En revanche, la psychologie objective (2e partie), et ses diverses sous-disciplines : cognitive, sociale, développementale, différentielle, dès longtemps et de plus en plus sous l'obédience de la culture nord-américaine, dominent depuis soixante ans le champ de la psychologie universitaire, bien que de signification plutôt latérale dans les pratiques professionnelles, de couleur surtout clinique. Sans en être tout à fait absentes encore dans les années 50 à 80, les impulsions de langue française l'ont à peu près complètement désertée depuis.

Aujourd'hui, même si la psychologie clinique a beaucoup de vitalité professionnelle, on peut dire aussi que le souffle théorique novateur de la psychanalyse française a tendance à s'éteindre depuis une trentaine d'années. D'un autre côté, malgré la demande grandissante et décidée qu'en font les instances médiatique et politique, le paradigme des neurosciences, où cherche désormais abri la psychologie objective, présente souvent, à l'insu même de ses défenseurs, bien des résurgences d'une philosophie démodée du 19e siècle.

À l'orée de la construction européenne, l'avenir des sciences psychologiques en France demeure incertain, assurément problématique. En tout cas, les réduire à la médecine ne serait qu'une trop ancienne et stérile tentation. Reste à attendre le printemps, dont le gage demeurerait l'intérêt constant aussi bien des médias que d'un vaste public. Dans une telle situation, qui laisse encore ouverte la perspective de voir renaître une psychologie de tradition européenne, notre ouvrage, plutôt que de tourner les choses au noir, préférerait se présenter comme *Le livre blanc de la psychanalyse*. Tout devrait dépendre de la dynamique réelle de sa politique de survie.

Le livre actuel n'a pas jusqu'ici de précédent à plus d'un titre. En effet, il représente une perspective « encyclopédique » à plusieurs niveaux. Tout d'abord il n'est pas coutume de traiter dans le même ouvrage ce qui concerne respectivement la psychanalyse et la psychologie. Ce parti pris scissionniste présente l'inconvénient de compromettre toutes les possibilités de dialogue objectif entre ces deux « camps » : or celui-ci reste nécessaire même s'il n'est pas toujours agréable. En deuxième lieu, il n'existait pas non plus d'ouvrage traitant de l'ensemble des courants de la psychanalyse française, qui a été et demeure d'une certaine manière un très riche secteur de la culture internationale, et dont la diversité liée à l'œuvre d'une trentaine (redisons-le) de créateurs de qualité notoire est mal connue, même en France. Enfin le camp de la psychologie objective est lui-même divisé en plusieurs sous disciplines, en diverses écoles et tendances aussi, qui n'ont plus guère l'habitude, si elles l'ont jamais eu, de s'exposer et d'être confrontées dans le cadre du même ouvrage.

§ 19 : Par ailleurs, l'ouvrage en question représente pour l'auteur une étape dans la tentative plus vaste d'une critique générale des disciplines psychologiques, en particulier de la psychologie objective. Dans cette perspective, s'il est facile de critiquer la psychanalyse, il l'est moins de critiquer la psychologie scientifique, dont un examen attentif montre que la scientificité est pour le moins à questionner de la façon la plus sérieuse.

§ 20 : Ce n'est qu'en apparence, par leurre, que l'affaire du « Livre noir de la psychanalyse », en septembre 1995, a concerné la question relativement limitée des psychothérapies, de type soit psychanalytique soit cognitivo-comportemental. En réalité cette affaire touche aussi à la confrontation entre la psychanalyse et l'ensemble des sciences cognitives-neurosciences – dont la psychologie et la nouvelle psychopathologie cognitive liée elle-même à la récente psychiatrie biologique –, et plus largement entre deux conceptions différentes de la culture occidentale, l'une de type anglo-américain, l'autre de souche européenne. C'est ce que les péripéties laborieuses de la construction européenne risqueraient de montrer progressivement de mieux en mieux.

Or, il est clair aussi, de ce dernier point de vue, que le dialogue encore très actuel entre Wallon et Piaget, dont il va être question dans le prochain ouvrage, est impliqué dans ce débat.

26. Wallon et Piaget. Pour une critique de la psychologie contemporaine, Paris, L'Harmattan, 2006, 497 pages. WP.

Wallon et Piaget sont les deux plus grands psychologues de la culture francophone et aussi européenne. Leur dialogue fécond qui a duré une cinquantaine d'années a posé toutes les grandes questions fondamentales de la psychologie moderne dont la négligence depuis une trentaine d'années est source pour la psychologie cognitive moderne de difficultés de plus en plus insolubles.

Ces points concernent la définition des facteurs du développement de la personnalité, l'étude des interactions dans celui-ci de la maturation biologique et de l'environnement social, du langage et de la pensée, de l'affectivité et de la cognition. On peut dire que toute la problématique de la psychologie moderne se trouve concentrée dans ces quelques lignes.

Le point probablement le plus intéressant de ce dialogue, et jamais mis en évidence jusqu'ici, consiste dans l'étroite complémentarité au plan des applications pédagogiques : Wallon analyserait plutôt la composante « littéraire », et Piaget davantage la composante « scientifique », d'où se forme le courant unique de la pensée de l'enfant puis de l'adulte.

27. La guerre des psys continue. La psychanalyse française en lutte, ibid., 2007, 512 pages. GPC.

La guerre des psys qui a été relancée plutôt que déclenchée par la parution en 2005 du *Livre noir de la psychanalyse* a déjà connu et connaîtra encore d'autres rebondissements.

Un retour à certains textes fondamentaux longtemps négligés de Freud devrait d'abord permettre à la psychanalyse française de mieux ajuster sa réplique à la publicité de la nouvelle biopsychiatrie DSM-TCC-Psychotropes, en situant plus clairement son attitude à l'égard de partenaires tels que la psychologie, la médecine et la philosophie (ch. 1-5).

On présente ensuite une analyse critique des principaux ouvrages et autres contributions qui ont proposé une réponse au *Livre noir* : É. Roudinesco : *Pourquoi tant de haine ?* Navarin, 2005 ; *Philosophes dans la tourmente* (Fa), 2005 ; J.-A. Miller et col : *L'Antilivre noir de la psychanalyse*, Seuil, 2005 ; T. Nathan et col. : *La guerre des psys*, Les empêcheurs de penser en rond, 2005 ; F. Chaumon et col. : *Psychanalyse : vers une mise en ordre ?* Paris, La Dispute, 2006 ; Y. Brès : *Freud en liberté*, Paris, Ellipses, 2006 (ch. 6, 7, 8).

Cette analyse devrait permettre de mieux comprendre en quoi et pourquoi le nouveau biopouvoir généticien et comportementaliste de source états-unienne qui se propose aujourd'hui a pour allié naturel le fondamentalisme cognitiviste. De ce point de vue, l'ouvrage envisage de poursuivre de manière conséquente la tâche essentielle, même si ce n'est pas la seule, d'une critique généralisée de la psychologie objective contemporaine, amorcée par nos précédents ouvrages et qui se poursuivra dans les suivants.

Une partie de la psychiatrie française de tradition psychanalytique présente encore un front de résistance vestigial, qu'il y a lieu de prendre en considération dans le conflit actuel avec le nouveau paradigme biologisant (ch. 9).

On évoque également certaines figures célèbres, anciennes et récentes, de la culture européenne : Descartes, Wallon, Althusser, Deleuze, Derrida, Canguilhem (ch. 10). Car ce sont bien nos racines culturelles européennes qui sont aujourd'hui menacées par le nouveau biopouvoir cognitiviste de source états-unienne (ch. 11).

28. Critique de la raison en psychologie. La psychologie scientifique est-elle une science ? Ibid., 2007, 511 pages. CRP.

L'ouvrage se situe dans la ligne d'une critique de la raison scientifique de type kantien, mais appliquée au champ d'étude considérable de la psychologie moderne. Kant a produit ses trois critiques de la raison (1, 2, 3) dans le cadre des sciences de la nature, surtout de la physique classique de Newton (1), de la biologie naissante (3), de la psychologie encore en projet (1), de l'art de vivre aussi (2, 3) et enfin de l'art (3) tout court. Son entreprise ne pouvait pas alors s'appliquer aux sciences humaines et parmi elles à la psychologie scientifique encore à naître. Notre livre poursuit de manière conséquente et encore approfondie l'entreprise d'une critique généralisée des disciplines psychologiques commencée dans nos précédents ouvrages.

Il s'agit pour nous essentiellement de démonter la Tour Eiffel du cognitivisme qui, tout en se présentant comme une science, est à bien des égards une nouvelle et excessive philosophie. Piaget avait déjà écrit une *Épistémologie des sciences humaines*, mais dont le contenu, antérieur à l'apparition du cognitivisme, remonte aujourd'hui à une soixantaine d'années.

Une critique de type kantien dénonce trois modes de dysfonctionnements dans la psychologie contemporaine : chosification, discours antinomique, transposition du possible en réel, dont un cas particulier est la prophétie auto-réalisatrice, la fameuse *self-filfulling prophecy*.

Kant distingue ces trois types d'argumentation sophistique dans sa *Critique de la Raison pure* (1781), dont le premier seul concernerait la science de l'esprit (psychologie), le second la science de la nature (cosmologie), et le troisième la doctrine de l'être suprême ou Idéal transcendantal (théologie). Or il nous a paru intéressant d'en démontrer l'application concernant de nombreux exemples dans le cadre de la psychologie scientifique moderne.

Le premier mécanisme, bien repéré aussi par Bergson, substantifie les processus en entités abstraites dont la référence au réel échappe, par exemple avec les facteurs de personnalité de Cattell, etc. Ce mécanisme, qui touche à l'excès fréquent du processus de catégorisation (critique de type K1), procède par identification introjective du réel en pur possible, en chose mentale vide.

Le second mécanisme (critique de type K2) engendre des modélisations divergentes jusqu'à la contradiction et dont la synthèse n'est *a priori* jamais garantie (modèles cognitivistes de la mémoire et de la compréhension du langage).

Le troisième mécanisme (critique de type K3) présuppose le résultat dans l'hypothèse et projette les prémisses dans la conclusion, ainsi dans les multiples cas dénoncés d' « attente de l'expérimentateur ». À l'inverse du premier, il procède par identification projective du possible en réel.

Le troisième mécanisme, découvert d'abord par le sociologue R. B. Merton, puis le psychologue social Orne, et repris en économie par Keynes, s'avère par ailleurs comporter une illustration majeure dans la grande crise financière mondiale qui s'annonce et s'approfondit sans remède apparent dans la période actuelle : l'anticipation de la baisse des marchés boursiers est entre autres le mécanisme fatal qui en produit la réalisation.

29. La guerre de la psychanalyse ; 1. Hier, aujourd'hui, demain, ibid., 2008, 449 pages. GP1.

La guerre de la psychanalyse, celle qu'on lui fait mais celle aussi qu'elle a à faire, mettrait un terme à notre *Critique générale de la psychologie contemporaine*, parue en 8 volumes depuis 2004. Notre ouvrage actuel se compose de deux volumes, coordonnés mais qui peuvent être lus de manière indépendante.

Dans celui-ci, avec le sous-titre *Hier, aujourd'hui, demain* (tome 1), tout d'abord pour « aujourd'hui », on s'attache à recenser diverses perspectives en relation réciproque sur un champ de bataille très étendu : la phase finale du désastre de la psychologie clinique, opposée au bulletin de santé paradoxal d'une certaine psychanalyse orthodoxe (ch. 1, 2).

Puis les perspectives actuelles sur la crise à l'université (ch. 3).

Enfin le dialogue récent tissé entre un certain secteur des neurosciences en France – proposant un nouvel inconscient – et la psychanalyse (ch. 4).

Pour le passé – « hier », on envisage la question des antécédents de la psychanalyse et de la psychologie à travers toute l'histoire de la culture en Occident (ch. 5, 6, 7), celle aussi du thème du miroir dans l'histoire de la philosophie (ch. 8). Des anticipations très suggestives des thèmes principaux de la psychologie moderne existent dès les origines et de manière continue aussi à travers toute l'histoire de la philosophie, méritant d'être repérées et méditées.

Pour ce qui est du futur – « demain », on soutient que l'avenir de la psychanalyse en France, si elle en avait encore un, dépendra surtout de sa capacité critique, dans les divers champs de la psychologie scientifique, ceux aussi des autres sciences humaines et sociales (conclusion).

30. La guerre de la psychanalyse ; 2. Le front européen, ibid., 2008, 544 pages. GP2.

§ 42 : Dans ce deuxième volume, muni du sous-titre *Le front européen* (tome 2), on développe un propos d'apparence paradoxal mais vrai : à la thèse classique, juste mais partielle, selon laquelle la pénétration de la psychanalyse s'est heurtée à une forte résistance surtout dans l'université française, s'oppose aussi l'antithèse. La psychanalyse a été accueillie avec intérêt, critiquée de manière positive, et intégrée de façon créative, non seulement par les deux grands représentants de la psychologie francophone, Wallon (ch. 9, 10, 11) et Piaget (chapitre 12).

Mais aussi dans le vaste et multiforme territoire d'une psychologie de la personnalité, développée entre 1920 et 1980 environ (ch. 13).

Enfin, les développements nouveaux et originaux donnés aux techniques projectives par l'École française (Shentoub, Chabert et col.) issue principalement de Daniel Lagache et Didier Anzieu représentent également l'une des applications les plus conséquentes et les plus riches de la pensée psychanalytique depuis les années 1980 (ch. 14 et 15).

Un versant particulier de notre démarche critique, et qui forme un fil continu à travers nos ouvrages depuis le début, concerne nombre d'aspects cruciaux de la sociologie de la discipline : certains travers particuliers de la mentalité professionnelle de la recherche en psychologie – mise à contribution systématique de débutants mal formés dans la mise en œuvre concrète des pratiques expérimentales, répétitions monotones et reprises de seconde main, interventions trop précoces dans l'appareil de décision des revues –, mais plus profondément aussi le statut inconsistant et sans rigueur de la vérité scientifique dans la psychologie objective, une vision de la psychologie comme idéologie à l'appui de l'ordre établi du monde naturel et social, l'incapacité à prendre en compte l'émergence postmoderne d'une « nouvelle critique » dans les sciences de la nature et les sciences de l'esprit, sans compter aussi un aspect rarement souligné, à savoir le recours à une certaine forme de discours rhétorique propre à l'argumentation scientiste des psychologues : argument d'autorité, abus du raisonnement analogique, présentation raccourcie et médiatique, pratique d'un discours « moyen », passe-partout à l'endroit d'un public non spécialiste et curieux « suffisamment informé » (*good enough*), procédés à fin de conviction et à effets de prestidigitation variés.

Si les relations entre la psychologie et la psychanalyse sont loin d'être bonnes, celles entre ces deux corps du savoir et la philosophie le sont peut-être encore moins aujourd'hui, encore que ce soit la rupture entre la psychanalyse et la philosophie qui se soit produite la dernière, déjà dès les années 70. Or, du fait de ce divorce, si la psychologie, et même la psychanalyse ont perdu en grande partie leur « âme », la philosophie y aurait perdu de son côté une grande partie de son « corps ».

En fait, personne ne semble clairement se rendre compte de ce qui a été perdu, état de choses qui contribue entre autres à la formidable aliénation des sciences humaines et de la culture européennes dans le paradigme empiriste, sensualiste, atomiste, élémentariste, associationniste, positiviste, pragmatiste, conventionnaliste, artificialiste, mécaniciste, réductionniste, techniciste, actualiste, opportuniste, *anti-* et même *ir*rationnaliste, coloré enfin d'un dogmatisme éthico-religieux et politique naïf, de type états-unien.

Les trois objets de la philosophie ont été dès l'origine de la culture grecque le Moi, le Monde et Dieu, soit justement la psychologie (Hegel : *Geisteswissenschaft*), la cosmologie (Id. : *Narurwissenschaft*), et la théologie (Kant, 1781).

Mais s'il est vrai que « Dieu », ou plutôt « l'idée de Dieu » ne soient, à plus d'un égard, qu'une hypostase, ou même plutôt une « extase » du Moi (Feuerbach), ce que Kant appelle l'Idéal transcendantal devrait bien être envisagé comme la prémonition de ce que la psychanalyse appellera pour son compte Moi idéal, Idéal du moi, soit encore Surmoi. La psychologie et la psychanalyse concerneraient donc inconsciemment – *bewusstlos* – la majeure partie du champ originel de la philosophie – deux sur trois de ses domaines d'objets – et c'est pourquoi la psychanalyse aurait bien fait de s'intéresser, mais il n'est jamais trop tard, entre autres à l'immense chapitre très important de la pensée religieuse couvrant l'énorme période forclose du IIIe siècle au XVIe siècle environ. Car « il y a de l'or dans ce fumier », – *inest aurum in isto stercore* – comme disait déjà Leibniz à propos d'Aristote.

Un certain nombre de comptes rendus sur nos travaux en ont souligné la dimension paradoxale et intéressante selon quoi la dimension archéologique tournée vers l'histoire la plus ancienne de la discipline n'en excluait pas non plus l'aspect inverse de « reprendre l'actualité à chaud », par exemple à propos de la double question de la crise de l'université comme de la crise de la psychologie à l'intérieur de cette crise d'ensemble. Enfin dans notre présent ouvrage nous intervenons sur la question de l'évaluation scientifique en dénonçant le caractère idéologique et les biais divers liés au fameux « facteur d'impact ».

31-32. Psychanalyse et psychologie (2008-2010). Interventions sur la crise. Tome 1. Propositions de base, Questions d'actualité, Repères historiques, Pour l'équilibre des deux psychologies à l'université, 292 p., **Tome 2, Psychanalyse et neuroscience, La vérité de la science, La querelle de l'évaluation des enseignants chercheurs**, ibid., 2010, 309 pages. PP1. PP2.

La (non-)vérité, ou plutôt la (mi-)vérité de la psychanalyse peut se décliner dans la liste des thèses-antithèses suivantes : (in)compatibilité traditionnelle de la psychanalyse avec la philosophie, comme avec la psychologie, comme avec la médecine, et aujourd'hui avec la neuroscience.

Une telle (in)compatibilité, sous ces diverses formes, ne peut être prise en compte que sur la base d'une logique de l'opposition, de type contradictoriel, antinomique, oppositive, ou encore dialectique, à opposer à la simple logique aristotélicienne du tout vrai/tout faux. L'histoire de cette logique oppositionnelle, formant une véritable tradition de la pensée complexe, offre une ligne continue à travers tout le développement de la mentalité européenne mais pas seulement : entre autres Platon, Chrysippe, Proclus, Eckhart, Nicolas de Cues, Boehme, Ignace de Loyola, Pascal, Descartes, Montesquieu, Voltaire, Diderot, Rousseau, Kant, Hegel, Marx, Engels, Lénine, Mao Zedong.

L' (in)compatibilité de la psychanalyse et de la neuroscience ne fait pas difficulté si l'on considère la réalité humaine sur ses deux versants : selon un double lien de conjonction et de disjonction entre sa composante matérielle, physique, corporelle, somatique et son autre composante spirituelle, morale, mentale, psychique. L'homme est bien sujet, personne, personnalité, mais sur le support d'une machine corporelle organique. Il ne s'agit de rien d'autre que de l'antique question des rapports d'union-séparation de l'âme et du corps. Leibniz dit : « nous sommes mécaniques dans les trois quarts de nos actions. »

Le concept postmoderne de la science se réduit, pour l'utilitarisme anglo-saxon régnant, à une base de technosciences efficaces, surmonté d'une superstructure idéologique, qui est ce qui s'appelle communément la « science ». Or, cette couche idéologique de la science se réduit à la doxa – l'opinion – platonicienne, étant entendu qu'il existe de l'opinion droite, c'est-à-dire de la doxa plus ou moins fondée, plus ou moins probable, admissible comme une « vérité » provisoire et relative.

De façon antinomique, il (n') y a (de) science véritablement assurée (ni) de l'objet délimité et (pas plus) de l'objet total. Toute science d'un champ délimité d'objets se formule en représentations d'objets, et de la sorte réfère à la science du sujet, conscient-inconscient, qui n'est rien d'autre que la psychanalyse, à savoir la science fondamentale. Ni plus ni moins.

Dès lors une hypothèse de travail plausible s'offre sans absurdité à l'examen : le sujet pulsionnel inconscient de la psychanalyse supporte et enferme le sujet épistémique conscient-inconscient de la psychologie cognitive de Piaget : le sujet est relié, par le système de ses représentations d'objets, à l'ensemble de son univers, intérieur comme extérieur. Tel est déjà le sens réel du cogito cartésien, du Je pense kantien, dont la texture est inconsciente, ou plutôt l'inconscient.

La réduction du point de vue de l'objet à celui du sujet représente la vérité de l'idéalisme. Mais la vérité complémentaire du matérialisme tient au fait que le sujet affectif-cognitif tient son existence d'une base matérielle biologico-sociale. Mais encore est-ce le sujet qui s'avère capable de se retourner vers l'horizon matériel des objets comme vers le monde de ses propres représentations, pour énoncer une telle position. Le sujet conscient-inconscient est seul capable de formuler cette vérité dialectique conjointe du matérialisme comme de l'idéalisme.

Face à cette science fondamentale du sujet inconscient que serait la psychanalyse, la psychologie à visée scientifique, qu'il y a lieu de distinguer de la neuroscience, n'a rien été de mieux jusqu'ici qu'une idéologie de l'homme-machine, en particulier la psychologie objective universitaire de type français depuis les années 50.

La liste des difficultés rencontrées par la psychologie à visée scientifique serait extrêmement longue. On a déjà évoqué plus haut parmi celles-ci la catégorisation abusive (K1) tout comme la prophétie autoréalisatrice (K3). Par ailleurs, le fait que des propositions contradictoires peuvent trouver une validation expérimentale y est de rencontre courante (K2), invalidant le fameux principe de Popper. Un même mot peut signifier des choses différentes. Une même réalité peut être désignée par des mots différents. Bacon avait déjà reconnu les diverses sortes d'idoles (idola) susceptibles de gêner la recherche scientifique (Jalley, 2008.1, Prop. 40).

Dans le désastre universitaire actuel, où s'inscrit le triste bilan de la psychologie universitaire française, le renouveau d'une psychologie cognitive expérimentale au Collège de France, en même temps qu'à l'École Normale Supérieure, est un signe certes encourageant, mais qui semble peiner jusqu'ici à indiquer un dialogue et un mode de coordination éventuelle, quel qu'il soit, avec la psychanalyse. Il semblerait du reste y avoir des désaccords plus ou moins (in)formulés sur ce point entre neuroscientifiques français.

La gnoséologie des disciplines psychologiques implique une prise de partie qui prenne en compte aussi bien les questions d'actualité que les questions historiques, dans une perspective où le présent et le passé renforcent leur éclairage réciproque. Faute de quoi la psychologie comme la psychanalyse ne peuvent, l'une comme l'autre, que tâtonner et trébucher dans l'ombre, ou alors à la queue leu leu comme les aveugles de Bruegel.

La crise française comporte une surdétermination d'ordre politique, moral, culturel, scientifique, dont la psychanalyse sociale aurait à trouver la clef explicative du côté du facteur de servitude (in)volontaire de La Béotie, laquelle aurait pour autre nom l'aliénation aussi bien individuelle que collective (*Entfremdung*) (in)consciente décrite par Hegel et Marx. À cet égard, la conscience actuelle du présent de la vie nationale française est obérée par le poids d'un passé de crimes collectifs qui ne passent pas.

Dans cette crise nationale globale, la maladie mortelle de l'université représente le facteur qui ne peut que conduire à sa perte inexorable le système actuel de l'organisation sociale. Ceci en conjonction avec le facteur d'un autre ordre qu'est l'iniquité fiscale, certes grave mais réformable en principe sous condition d'une volonté politique manquante. Alors que les effets cumulatifs de la déchéance culturelle liée à la crise universitaire ne sont pas réversibles et forment comme l'équivalent de ce que nous avons appelé une sorte de cancer généralisé de l'institution. On répare une bicyclette, mais pas un panier de pommes pourries.

La police de l'administration scientifique mise en place par les nouvelles instances du genre AERES (Agence d'évaluation de la recherche et de l'enseignement supérieur) représente un attentat inqualifiable contre la tradition culturelle européenne. Elle met en jeu de façon mécanique et non critique l'impertinence d'une « critériologie » des formes culturelles. Celle-ci se double de la reconnaissance passive d'une soi-disant excellence américaine en surplomb de la misère européenne. L'« impact factor » est un indice quantitatif grossier appartenant à l'univers trivial de l'utilitarisme anglo-saxon. L'étroitesse de l'empirisme traditionnel s'y conjugue avec la brutalité du néo-libéralisme contemporain.

Le niveau d'improductivité, de servilité anglomaniaque et d'absence d'originalité, touchant leurs travaux « scientifiques », des membres de la

Commission de l'AERES fonctionnant pour les disciplines psychologiques est consternant et facilement mesurable d'après les données de leur CV figurant sur le Web. Chacun d'eux produirait, au cours de 25 ans de carrière, environ 1,5 page par mois, dans 85 % des cas en anglais de cuisine, et dans 85 % des cas aussi en s'y mettant par collectifs de 2-3 à 5-6 personnes. Plus un livre personnel au cours de leur carrière. Encore ces données sont-elles supérieures d'environ 30 % à la moyenne de la plèbe des collègues. L'excellence de cette nomenklatura se marque aussi et enfin par la production de quelques « ouvrages » collectifs (en moyenne 4), les deux tiers de la production actuelle, sous forme de recueils de contributions plus ou moins disparates générées, souvent même déjà en équipes, à l'occasion de colloques et autres congrès. La diffusion des résultats d'une telle enquête n'a produit à ce jour aucun effet public, ni de leur part ni de celle de leurs victimes.

La guerre de destruction menée contre la psychanalyse est un phénomène particulièrement spectaculaire en France, à travers des épisodes multiples surtout depuis 2004 : Rapport Inserm sur les psychothérapies, *Livre noir de la psychanalyse* de 2005, Nouvelle liste des revues qualifiantes de l'AERES de 2009, Livre d'Onfray sur *Le crépuscule d'une idole* de 2010, Décret scélérat du 20 mai 2010 sur la psychothérapie, Livres de Roudinesco (*Mais pourquoi tant de haine ?*) et de Jalley (*Anti-Onfray 1*, *Anti-Onfray 2*, *Anti-Onfray 3*). À cet égard, il est clair que l'offensive destructive d'Onfray contre la psychanalyse œuvre dans le même sens que le décret du 20 mai, avec pour effet pervers ajouté l'extermination des autres disciplines psychologiques, comme de l'ensemble des sciences humaines, et au-delà, des humanités, ce qui n'est encore perçu que par peu d'observateurs. Qui plus est, la réduction de la réalité humaine à la seule perspective d'investigation des sciences de la nature s'accompagne de soi de la liquidation implicite mais décisive de l'humanisme traditionnel lié à l'ensemble de l'héritage gréco-judéo-chrétien.

L'un des problèmes que semble rencontrer aujourd'hui la psychanalyse à l'université est l'articulation entre les deux niveaux, l'un théorique, déclaratif, métapsychologique, et l'autre pratique, procédural, clinique. Cette impossibilité de fait à coordonner les deux mouvements de la dialectique théorico-pratique, l'un descendant et l'autre ascendant, est la raison pour laquelle les discussions nuageuses à la mode sur la « formation professionnalisante » tournent à vide, emportées par une sorte de novlangue de caractère babélien. On cherche le point d'articulation toujours en remontant du bas vers le haut, jamais l'inverse. L'obstination d'une telle démarche ne peut que rater toujours.

La cause essentielle, mais pas la seule, d'une telle difficulté réside dans le fait que la psychologie-et-la-psychanalyse sont probablement les plus difficiles de toutes les sciences, en raison d'abord de leur objet, le moins simple et le moins général, le plus complexe et le plus spécial, à savoir l'individu concret muni de l'ensemble maximal de variables interactives, d'ordre à la fois biologique, psychologique et social, ceci selon les deux dimensions de la conscience et de l'inconscient. Cet état de choses évidemment comporte de soi une grande complexité des questions d'ordre simultanément historique, méthodologique, épistémologique et gnoséologique.

Or cette situation hypercomplexe des questions théoriques en psychologie et en psychanalyse est un état de choses dont la réclamation pragmatique insistante venue des exigences assurément légitimes de la formation professionnelle n'a en général aucune espèce d'idée, aiguillonnée qu'elle est par un praticisme totalement inconscient de l'hypercomplexité de la réalité psychique, sur laquelle il n'est pas possible d'agir seulement par des procédures adroites, parfois avisées, mais non fondamentalement instruites. De telles incompréhensions ont fini par développer à long terme un état de déculturation aussi affairé que futile, en tout cas absolument dramatique. Comme si les psychologues n'étaient que des praticiens, des gens de métiers, des professionnels : à l'instar des infirmiers, mécaniciens, cuisiniers, et toutes sortes d'habiletés utiles. Même les médecins préservent encore, pour un temps limité peut-être, un sens plus élevé de leur pratique. Il ne faut pas alors s'étonner qu'ils affichent un tel mépris à l'égard de ce que sont devenus les psychologues en France.

Pour revenir à la crise de la psychologie, ou plutôt des deux psychologies à l'université, on peut illustrer l'histoire des rapports entre la psychanalyse et la psychologie à visée scientifique par deux « analogies » intéressantes, la première empruntée à Marx, l'autre à Mao Zedong.

En premier lieu, les rapports entre psychanalyse et psychologie à visée scientifique se laissent lire sur un mode assez comparable à celui décrit par Marx à propos de l'extorsion de la plus-value (*Überwert*) ou surtravail dans l'exploitation du travail salarié par le capital. Le salariat y reçoit pour prix de sa force de travail un montant de valeur moindre que le montant de la valeur globale qu'il produit au profit des deux partenaires de l'échange économique. Ce processus se passe plus ou moins à l'insu des deux parties, comme dans l'inconscient social, sous forme d'une sorte de ruse (Hegel) ou de duperie, une espèce de comédie sociale hypocrite dans le genre de celles déjà entrevues par certains auteurs du XVIIIe siècle (Turcaret de Lesage).

De son côté, Mao Zedong distingue de manière remarquable et digne d'attention entre contradiction principale et contradiction secondaire, entre forme principale et forme secondaire de la contradiction. En ajoutant qu'une contradiction secondaire peut devenir principale, et de caractère létal pour le système, lorsqu'elle n'est pas traitée à temps, quand il eût fallu, avant le dégât irréparable, avant que l'avalanche ne déboule sans remède. Et c'est bien ce qui semble être arrivé dans les relations entre les deux psychologies à l'université, dont il y a lieu de célébrer aujourd'hui les obsèques, sous les auspices de Dame Médecine, qui ramasse par terre leur succession commune.

De ce point de vue, il est remarquable que l'œuvre d'Émile Jalley, qui comprend 37 (+ 40 + 24) volumes produits entre 2004 et 2017, quelque 18 000 pages – plus 2 000 autres antérieurement – d'une grande qualité d'écriture comme d'une densité de pensée et d'une exhaustivité interdomaniale remarquables, n'aura servi à rien, lue par un public régulier de 150 personnes tout au plus. Au contraire, elle aura été l'objet d'un refoulement et d'un boycott aussi durables que systématiques de la part de l'establishment universitaire, tout comme de la clientèle d'influence de celui-ci dans l'espace externe, même de la part des psychanalystes auxquels cette œuvre prétendait avec naïveté préparer des armes pour se défendre contre leurs adversaires, aussi bien à l'intérieur qu'à l'extérieur de l'université. On pourra signaler un remarquable compte rendu de Marie-Claude Lambotte dans la revue *Essaim* dirigée par Éric Porge, le seul jamais écrit sur mon livre le plus difficile : *Critique de la raison en psychologie*, des recensions fidèles de l'ensemble de mes ouvrages dans *Psychologie clinique* et le *Bulletin de Psychologie*, produites par Robert Samacher et Olivier Douville, mes amis persévérants à travers le désert de l'intérêt public, un compte rendu aussi sur mon tout premier livre d'Anne Bourgain dans *Les Cahiers de l'infantile*. J'ai également été toujours l'objet d'un intérêt très attentif, au *Journal des Psychologues*, de la part de Delphine Coetgheluck et de Maryse Siksou, de Patrick Conrath et enfin de Claude Tapia, lui dès le tout début de la dernière étape de mes travaux en 2004. Mon livre sur *La psychanalyse et la psychologie aujourd'hui en France* (Vuibert, 2006), sans autre équivalent, présentant la trentaine des psychanalystes importants de l'école française, accumulant les critiques pointues contre les diverses disciplines de la psychologie scientifique, est tombé complètement à plat, aurait même été mis au pilon. Même mon livre de quelque 200 pages sur *Anti-Onfray 1*, d'un contenu percutant qui laisse jusqu'ici sans réponse le dénommé, est vendu jusqu'ici au compte-gouttes, presque sous le manteau.

33. Un Franc-Comtois à Paris, Un berger du Jura devenu universitaire, ibid., 2010, 452 pages. FCP.

Cet ouvrage est une autobiographie, qui présente l'intérêt, entre autres questions, par rapport aux problèmes présentés précédemment, d'évoquer beaucoup de données sur les sources anciennes, dès avant 1968, de la crise de l'Éducation nationale, mais également sur la galère de la faculté de psychologie dans l'université parisienne des années 1968 à 2000.

Par ailleurs, j'ai accompli mes études secondaires dans le collège des jésuites de Dole, qui avait été créé en 1582 dans la Comté espagnole sous les auspices du roi Philippe II d'Espagne, successeur de Charles Quint. Le règlement intérieur y était de façon très étonnante demeuré le même en 1945 qu'au XVIIe siècle : les élèves y étaient soumis à 5 heures de cours plus 5 heures d'études personnelles par jour, lourde performance demandée à l'enfant, mais selon une formule d'un équilibre remarquable. On pratiquait beaucoup les sports et les jeux collectifs. On était très mis au courant de la vie sociale. De telles informations jusqu'ici n'existaient jusqu'ici nulle part sauf de façon au moins raccourcie dans un livre ancien de Georges Snyders sur *La pédagogie en France aux XVIIe et XVIIIe siècles*. Il importe de savoir que les jésuites ont été les véritables créateurs de l'enseignement secondaire moderne de formule française, avec la notion d'études de philosophie et/ou de sciences venant faire chapeau sur une base d'études littéraires. Par ailleurs, les jésuites préservaient la singularité d'une répartition équilibrée des élèves dans leurs établissements, mélangeant à l'origine selon trois tiers la noblesse, la bourgeoisie et la source paysanne et campagnarde. Conception très démocratique pour l'époque.

34. Anti-Onfray 1, Freud et la psychanalyse, ibid., 2010, 185 pages. AO1.

Le livre de Michel Onfray offre le paradoxe très surprenant d'être construit par un philosophe peu sensible au principe élémentaire de la logique, qui est la cohérence interne. L'ouvrage est en effet miné par une contradiction majeure. D'une part Freud est présenté comme quelqu'un qui aurait tiré sa doctrine tout entière de sa fantaisie corrompue. D'autre part, il en aurait dérobé tous les éléments à l'extérieur. C'est l'un ou l'autre, mais pas tout l'un et tout l'autre, ou alors les deux, mais en proportion raisonnable. Une lecture attentive montre que l'ouvrage comprend encore une trentaine d'autres contradictions presque tout aussi gênantes. Par ailleurs, le ton passionnel du dialogue de l'auteur avec Freud est le même que ce qu'il pourrait être si ce dernier était son psychanalyste, ce que la disparition de celui-ci a tout de même rendu impossible à jamais. Et comme le psychanalysé se mêle en outre fréquemment de psychanalyser le psychanalyste imaginaire, l'issue de sa cure en est rendue très difficile, sinon même impossible. C'est là une façon inattendue et originale de reconnaître la valeur de la psychanalyse, tout en montrant qu'elle ne peut conduire qu'à l'échec, ce qui est encore une façon de se contredire. Ce livre est le symptôme de la souffrance profonde de toute une époque et de ses difficultés à maintenir ses repères dans la culture moderne.

Le livre de Michel Onfray est un ouvrage de caractère paradoxal : écrit avec brio par un enseignant et un débatteur plein de qualités, il n'en présente pas moins de graves défauts dans sa cohérence logique. La thèse principale défendue par l'auteur accumule déjà les contradictions : Freud est présenté par lui comme quelqu'un qui aurait tiré sa doctrine tout entière de sa dynamique intérieure. Et alors celui-ci tantôt le dissimule et tantôt s'en glorifie selon les occasions : première contradiction. Par ailleurs, deuxième contradiction, Freud aurait aussi dérobé tous les éléments de sa doctrine à l'extérieur. Mais alors tantôt encore il le camoufle avec grand soin, tantôt il avoue volontiers une partie de ses emprunts : troisième contradiction. Une autre forme grave de contradiction tient au fait qu'il arrive fréquemment à l'auteur de critiquer la psychanalyse au moyen de notions empruntées à la psychanalyse elle-même. En effet, celui-ci donne souvent l'impression dans son livre de psychanalyser Freud en même temps d'ailleurs que de produire sans le savoir son auto-analyse.

Il y a plus grave : la résistance que l'auteur oppose à la reconnaissance de la psychanalyse se tient sur la même ligne de défense que Freud dénonçait déjà dès les années 1920, voici presque un siècle. Rien n'aurait changé à cet égard. Michel Onfray en est encore acharné à dénier l'existence et le rôle de la sexualité infantile, en général reconnu aujourd'hui couramment et sans problème par l'opinion commune. Il en est encore à écarter la notion d'inconscient de toute compréhension de la vie mentale. Et enfin il ouvre en réalité de cette manière la porte à la propension actuelle des autorités médicales à réduire l'ensemble des faits humains à la vie organique. Sans parler d'un cadre de connotations où pointe l'oreille de certaines formes inacceptables d'intolérance religieuse et culturelle, au prétexte seul avouable d'une critique philosophique générale des monothéismes.

Le grand intérêt de ce livre d'Onfray, en dépit même de ses graves défauts, est d'être le symptôme de la souffrance profonde de toute une époque, inscrite elle-même en France au sein d'une configuration de crise vaste et multiforme : opposition d'une contre-université à l'université officielle, débat sur le statut de la psychanalyse au sein des sciences humaines et des autres sciences, difficultés pour l'individu comme pour les groupes à maintenir leurs repères dans la culture moderne, enfin conflit social et politique larvé, avec divergence de plus en plus sensible entre une tendance populiste et un bastion élitiste.

35. Anti-Onfray 2, Les réactions au livre de Michel Onfray : débat central, dossiers de presse, psychanalyse théorique, ibid., 2010, 312 pages. AO2.

36. Anti-Onfray 3, Les réactions au livre de Michel Onfray : clinique, psychopathologie, philosophie, lettres, histoire, sciences sociales, politique, réactions de l'étranger, le décret scélérat sur la psychothérapie, ibid., 2010, 351 p. AO3.

§ 76 : La parution du livre de Michel Onfray *Le crépuscule d'une idole. L'affabulation freudienne* en avril 2010 a été la source d'une grande abondance de débats qui se sont d'abord cristallisés presque immédiatement sous la forme de deux livres.

Le premier d'Élisabeth Roudinesco et de cinq collaborateurs intitulé *Mais pourquoi tant de haine ?* , d'une longueur de 80 pages, paru au Seuil en mai 2010, a d'abord conclu une première phase de débat public, assez brève dans le temps (avril), entre les deux adversaires.

Le second livre a été celui d'Émile Jalley intitulé *Anti-Onfray 1* paru chez L'Harmattan en juin 2010, sensiblement plus long (185 p.) et centré de manière différente, notamment sur des problèmes épistémologiques de fond. Un troisième est paru en Belgique, courant juin, que nous ne connaissons pas encore, de Serafino Malaguarnera, psychanalyste à Bruxelles, et intitulé *Critique du Crépuscule d'une idole* de M. Onfray, disponible en ligne.

En même temps, le contexte plus vaste est tel que, de façon indépendante et anticipant quelque peu la parution de ces deux ouvrages (É. R. et É. J.), la première phase initiale de débat entre les deux protagonistes, mais surtout un débat plus étendu autour du livre d'Onfray ont donné lieu à un retentissement très important sur la Toile, plus de 200 textes formant 600 pages, plus que l'ensemble des textes produits d'abord par les deux leaders (M. Onfray et É. Roudinesco), textes souvent de très grande qualité de contenu et aussi d'une grande variété de champs, et surtout à peu près tous favorables à la psychanalyse, bien davantage en tout cas que dans le discours public.

Ces textes ont été réunis, avec introduction, conclusion et commentaires suivis et interpolés dans deux volumes, soit donc dans *Anti-Onfray 2* : débat central entre les deux principaux adversaires, dossiers de presse, défense doctrinale de la psychanalyse, et aussi dans le volume *Anti-Onfray 3* : attitude des praticiens et des usagers de la psychanalyse, psychopathologie psychanalytique, positions des philosophes, du milieu littéraire, de la science historique, des sciences sociales, questions politiques de l'antisémitisme et de la pensée d'extrême droite, réactions de l'étranger.

Dans l'affaire Onfray, Onfray dépasse Onfray. Son attaque virulente centrée contre la psychanalyse déborde donc en fait ce champ, comme déjà dit plus haut, vers une mise en question de l'ensemble des sciences psychologiques, comme de toutes les sciences humaines, ainsi que de toute culture philosophique et littéraire, donc des humanités, y compris la dénégation de l'héritage gréco-judéo-chrétien formant la base de l'humanisme occidental. C'est la conséquence d'un matérialisme sommaire réduisant toute forme de pensée à un biographisme rudimentaire, lui-même basé sur un physiologisme grossier.

Par là même, c'est sa propre démarche de pensée, s'il en avait une, qu'Onfray remet en question, et rend même impossible, comme il arrive à tous les adeptes du scepticisme radical, ce qu'il est en fait sans le savoir. Celui qui doute et nie à propos de tout le fait à propos de cela même qu'il fait. La pensée que rien ne vaut rien ne vaut elle-même rien. Onfray est moins un penseur qu'un rhéteur.

De même que sa critique dogmatique et sans nuances du « monothéisme » le fait basculer vers toutes les formes connues d'idéologies racistes (antijudaïsme, anticléricalisme, islamophobie). La pensée « politique » d'Onfray conjugue de manière captieuse des thèmes libertaires avec des motifs empruntés en particulier à la Nouvelle Droite (Club de l'Horloge). Ce radicalisme infiltré de syncrétisme est à la base de ce que d'aucuns ont appelé une « philosophie au bulldozer » (Badiou).

Dans la démarche d'Onfray, l'enchaînement des dénégations successives portant, à partir de celle de la psychanalyse, sur l'ensemble des domaines culturels organisant l'humanisme occidental, permet de bien saisir, de façon indirecte, mais aussi complémentaire que convaincante, que la psychanalyse est une science fondamentale par rapport aux autres disciplines des sciences humaines et sociales, comme des humanités classiques.

Si des critiques peuvent être adressées à l'épistémologie fondamentale de Freud, elles sont d'un niveau de profondeur sans aucune mesure avec ce que peut en percevoir l'esprit à courte vue d'Onfray. Il y en aurait principalement deux.

Les sources historiques de Freud, liées à l'histoire particulière de l'École physicaliste de Berlin (Helmholtz, Du Bois-Reymond) et à des informations latérales issues de l'idéologie scientifico-métaphysique de Fechner, comme des vues mystico-philosophiques de Schopenhauer et de Barbara Low, ne lui ont pas permis de rattacher ses deux principes contradictoires de constance et de tendance vers le zéro à la formulation antinomique des deux grands principes de la thermodynamique classique (Carnot, Clausius, Boltzmann) : premièrement, l'énergie de l'univers se conserve en quantité (anti-entropie, contre-entropie, néguentropie), mais deuxièmement se dégrade en qualité (entropie). Le principe de la conservation de l'énergie avait du reste toute une histoire antécédente (les philosophes Descartes et Leibniz, le physicien Mayer).

Par ailleurs, Freud ne parvient pas à formuler nettement que la psychanalyse est à la fois une science de la nature et une science de l'esprit (selon la distinction introduite d'abord par Hegel dans son *Encyclopédie* : *Natur-/Geisteswissenschaften*), une science naturelle et une science humaine et sociale. Tout en disant que la psychanalyse est un « pont vers les sciences de l'esprit » (*Brücke nach Geisteswissenschaften*), Freud accentue la conception de la psychanalyse comme science de la nature.

On reproche toujours à la psychanalyse de n'être pas une science au prétexte qu'elle n'applique pas la méthodologie de la vérification expérimentale au sens étroit et technique où la mettent en œuvre les sciences physico-chimiques comme aussi biologiques. Or on n'a jamais au nom d'un tel argument osé faire un pareil reproche à l'histoire, à la sociologie, à la linguistique même. Ne parlons pas de l'idéal de rigueur particulier mis en œuvre par les sciences logico-mathématiques, qui sont une forme spécifique de sciences dures, et dont la méthodologie a cependant peu à voir avec celle des sciences de la nature.

Le décret du 20 mai 2010 sur la psychothérapie comporte la conséquence de fait de la mise en bière suivie des obsèques de l'ensemble des disciplines psychologiques à l'université, placées désormais sous la tutelle de la psychiatrie de tradition médicale, elle-même menacée de compression en même temps que d'autres spécialités médicales et même la médecine générale. L'entreprise d'Onfray œuvre en fait et même tout à fait dans le même sens de la destruction de la psychanalyse, bien plus, ainsi qu'on vient de le dire, dans le sens de l'élimination du reste des disciplines psychologiques, comme d'ailleurs de toute existence des sciences humaines et des disciplines humanistes, ne devant subsister alors que les sciences de la nature, comme mode d'approche d'une version nouvelle et encore plus monotone, même si plus compliquée, de l'homme-machine, d'un *homo informaticus-oeconomicus*, modèle indispensable à l'expansion sans entraves de l'hypercapitalisme à forme financière (Hilferding 1910), muni de la figure institutionnelle connexe du parlementaro-capitalisme (Badiou).

L'événement néfaste représenté par le décret du 20 mai 2010 est l'aboutissement d'un réseau de causalité à multiples filières : conflit intra-universitaire entre la psychanalyse et la psychologie scientifique, redoublé dans l'espace extra-universitaire par le facteur de pression constitué par le double pouvoir politique et médical (rôle important de la personnalité d'un Accoyer), comme aussi par le facteur complexe de conflit entre les associations psychanalytiques, générant un manque d'unité fatal devant la détermination du camp adverse. Ce dernier facteur est le plus mal connu du fait d'une quasi-absence de littérature méthodique, claire et consultable par le public sur ce milieu qui demeure confidentiel.

La décadence générale de la culture française est patente en particulier depuis la disparition de la génération des intellectuels philosophes de la période des années 1970-2000 : Barthes (+1984), Foucault (+1984),

Canguilhem (+1995), Deleuze (+ 1995), Lyotard (+1998), Derrida (+2004). Elle est perceptible dans tels dossiers plus ou moins fréquents d'hebdomadaires sur les « intellectuels français », instituant par exemple des classements en fonction de la « notoriété » ou de l'« influence ». Après les pensées dures, marxistes (Althusser, Goldmann, Lefebvre), puis anti-historiques structuralistes et poststructuralistes (Barthes, Foucault, Deleuze, Derrida), on a vu surgir un nouvel espace de la pensée molle, minimale, en réseau lâche, filamentaire, de densité allégée, à degré de théorisation restreint, répondant à des besoins de confort moral, de résilience personnelle et de prothèse idéologique. Et c'est en ce cadre d'un déclin collectif de la pensée que se situe l'entreprise d'Onfray, dans cette décadence à décor médiatique de la culture française, à ceci près que lui, au lieu de « faire du bien » comme un Cyrulnik et d'autres, forme antithèse à ce premier rôle, incarnant plutôt une sorte de génie du mal, qui « excelle dans le déboulonnage des idoles culturelles ».

Le rôle d'un Onfray est plutôt d'accélérer une telle décadence, alors que la plupart des autres personnalités connues d'un tel paysage intellectuel ne font que la gérer de façon conservatrice. C'est pourquoi ses attaques contre l'édifice consistant de la psychanalyse et la personnalité majeure de Freud revêtent un caractère tellement spectaculaire, dans un état de crise culturelle et sociale où le recours à la fonction psychothérapique s'avère d'une utilité ressentie par une proportion croissante de sujets en état de malaise personnel et interpersonnel.

Divers auteurs décrivent le personnage d'un intellectuel en phase terminale, défini par sa seule notoriété médiatique, marqué par la réserve à l'égard de l'engagement, l'orientation vers les problèmes sociétaux désinsérés des débats politiques, soucieux de réduire son degré de conceptualisation pour conquérir un public, support en définitive d'une forme de pensée essentiellement superficielle, accessible à l'entendement commun de l'Homme-machine requis par le système. Pensée donc facile et machinale, dont certains prédisent l'expansion croissante dans la transition en cours de la « graphosphère » à la « vidéosphère », qui devrait mettre en vedette un soi-disant certain « e-intellectuel ». Ce thème n'est pas tout à fait nouveau et a déjà été en vogue avec la mode des conceptions de MacLuhan dans les années 70.

Au plan politique, une telle évolution se caractérise par un mode d'organisation où le culte d'un individualisme conforme à des normes d'un standard monotone se conjugue avec la promotion d'un système de contrainte géré par une aristocratie de technocrates, élevée elle-même selon un principe de façade démocratique mais tendant plutôt à la préservation de l'ordre établi du système qu'à son évolution. Le pacte de servitude (in)volontaire de la foule se lie dans de tels réseaux à la résistance au changement, orientant le système politique souvent vers des formes variables de monarchie démocratique, voire de césarisme à enveloppe républicaine, portées par le procès du « délire d'élection » (Major), soit encore de la (dés)illusion électorale. Le propre de telles organisations sociales est de générer une forme d'anesthésie mentale, de paralysie critique consentie, contagieuse, un mode d'aliénation participative en profondeur et progressivement inamendable.

Certains politologues (Raffaele Simone suivant Ortega y Gasset, Pasolini, Tocqueville, de même Jean-Claude Michéa) décrivent comment les Européens votent de plus en plus rarement à gauche, se demandant alors si l'Occident vire à droite. Comme si l'extinction totale des « idées de gauche » résultait d'une sorte de mutation de l'esprit du temps, cependant que les idéaux de gauche paraissent ternes et répulsifs, que ce soit le goût de l'égalité ou le respect des personnes. On voit dès lors apparaître une droite adaptée à un monde de *fun* et de consumérisme effréné, la main dans la main avec les multinationales du *soft power*. Dépourvue de l'allure autoritaire de ses devancières, celle-là est aussi implacable que celles-ci à l'égard des pauvres et des minorités immigrées, attentive aussi à l'œil des caméras, foncièrement populiste, transgressant volontiers le jeu parlementaire, invoquant de manière incantatoire le suffrage populaire comme un chèque signé en blanc. Cette droite ne sert guère que les intérêts d'une oligarchie étroite et d'un petit troupeau médiatique d'invités au banquet. Mais son art serait de s'adapter à la psyché contemporaine, en cherchant à hébéter les volontés plutôt qu'à les briser. Tocqueville parlait d'un « despotisme plus étendu et plus doux, qui dégraderait les hommes sans les tourmenter ». Raffaele Simone parle de « monstre doux », de pieuvre suave. En regard, toute forme d'opposition est démunie, paraît d'emblée gangrenée par les normes de l'adversaire, vidée de ses propres ambitions (Aude Lancelin, Nouvel Observateur n° 2396).

Les historiens traditionnels (André Alba dans Malet-Isaac) ont décrit déjà d'une certaine manière des phénomènes apparentés en disant que certains peuples parfois accordaient tout au pouvoir contre l'ordre et la paix sociale, soit encore échangeaient avec le prince « le repos contre la liberté », par exemple après les troubles de la Fronde, ou encore après la

Terreur et le Directoire. Il se dit parfois aussi, dans un ordre d'idées assez proche, que les peuples ont les dirigeants, les intellectuels, la culture qu'ils méritent, qu'ils se donnent en fonction de ce qu'ils sont. Comme si les masses étaient en quelque façon et à un certain degré (ir)responsables de l'usage de leur volonté générale dans la négociation du contrat social.

Ce sont des phénomènes de ce genre que la « psychologie collective analytique », soit encore la « psychanalyse sociale », devraient s'attacher à mieux prendre en compte, d'un point de vue théorique certes puisque ce sont des modes spectaculaires de destins de l'inconscient, mais du point de vue pragmatique aussi parce que c'est le moyen pour la pensée psychanalytique contemporaine de se situer dans cet espace de la crise générale moderne, en particulier française, d'y localiser et d'y fixer ses adversaires, comme de savoir leur répondre de manière appropriée.

37. Le débat sur la psychanalyse dans la crise en France, tome 1 : Onfray, Janet, Reich, Sartre, Politzer, etc., ibid., 2011, 261 pages. DP1.

Cet ouvrage, faisant suite à la série des Anti-Onfray 1, 2 et 3, se propose en premier lieu la discussion critique et la réfutation du second ouvrage de Michel Onfray, intitulé « Apostille », et paru en octobre 2010. Onfray voudrait bien la psychanalyse mais sans Freud, nouvelle contradiction à ajouter à celles dont il a déjà coutume, en désaccord relatif sur ce point avec certains de ses alliés du livre noir sur la psychanalyse qui préféreraient remplacer plus complètement encore le docteur Freud par les médecins et pharmaciens de Molière.

Des auteurs comme Reich, Janet, Sartre, mais surtout Politzer, nous ont paru importants à revisiter dans la perspective d'une telle réfutation. Leur évaluation correcte échappe complètement à Onfray qui prétendrait les annexer à son propos, alors qu'ils viennent bien plutôt à l'appui de la psychanalyse.

Par ailleurs, en dehors de nos propres travaux, la prise en compte d'une réévaluation de la psychanalyse s'avère difficile dans la période actuelle, avec certaines tentatives toutes récentes, laborieuses mais timides, d'un « droit d'inventaire sur Freud » (Marmion et col. 2010).

Les deux volumes de cet ouvrage se complètent, mais peuvent être lus de manière complémentaire. Dans l'état des choses, des solutions seraient à portée, mais la volonté et l'unité politiques des intéressés manquent encore. La psychanalyse doit réfléchir sur ses problèmes tant externes qu'internes, en tout cas discuter davantage son lien possible avec les neurosciences comme avec la médecine et le peu qui reste de la psychologie à l'université.

38. Le débat sur la psychanalyse dans la crise en France, tome 2 : (In)culture, (dé)formation, aliénation, ibid., 2011, 244 pages. DP2.

Les vues très discutées de Michel Onfray sur la psychanalyse s'inscrivent dans le cadre d'une crise globale de la société française, dont elles forment l'un des vrais symptômes, et dont certains aspects très visibles ont été plus particulièrement retenus ici : le désengagement critique d'une production intellectuelle médiocre et limitée à des sujets de vie banale, la crise généralisée d'une école publique primaire, secondaire et supérieure mise en concurrence concertée avec un secteur privé conquérant, enfin l'aliénation privative progressive du patrimoine national.

On en vient alors de là à plusieurs autres questions d'actualité clinique et sociale : la psychanalyse face à ses critiques vulgaires dans le champ médical, face aussi à l'expansion dangereuse des psychotropes, face enfin aux empiétements résolus des pouvoirs publics. En même temps surgiraient des formes nouvelles et encore mal connues de censure littéraire par les moyens modernes de la (dés)information. Les deux volumes de notre ouvrage se complètent, mais peuvent être lus de manière complémentaire. Dans l'état des choses, des solutions seraient à portée, mais la volonté et l'unité politiques des intéressés manquent encore. La psychanalyse doit réfléchir sur ses problèmes tant externes qu'internes, en tout cas discuter davantage son lien possible avec les neurosciences comme avec la médecine et le peu qui reste de la psychologie à l'université.

39. Six Manifestes contre le DSM, tome 1 : Présentation et commentaires, ibid., 2011, 228 pages. SM1.

La rédaction, en la période resserrée de tout juste un an (2010-2011), de six Manifestes contre le DSM représente l'un des événements les plus importants dans les sciences de la vie mentale, depuis la disparition de Jacques Lacan et de Jean Piaget en 1980-1981. Le DSM, ou Manuel Diagnostique et Statistique des Troubles Mentaux, de source essentiellement nord-américaine n'en prétend pas moins à une hégémonie croissante mais de plus en plus discutée aussi sur l'ensemble de l'espace mondial.

Or la rédaction et la publication communes des Six Manifestes de Ravenne-Italie (2), Paris-France, Barcelone-Espagne, Buenos Aires-Argentine et São João Del Rei-Brésil, organise le fait sans précédent de la première émergence réelle d'un front unique des cultures latines contre l'impérialisme idéologico-scientifique nord-américain en matière de soins psychiques.

Les deux volumes de notre ouvrage sont coordonnés mais peuvent être lus séparément. Dans ce tome 1, nous présentons d'abord ces six manifestes, dont trois ont été traduits par nos soins, en les assortissant de commentaires et d'annotations personnels. On s'intéresse ensuite à présenter pour la première fois aussi le cadre philosophique de ce que nous appelons « les divers visages de l'empirisme nord-américain ».

40. Six Manifestes contre le DSM, tome 2 : Suite des commentaires : Censure, Crise de l'enseignement, ibid., 2011, 234 pages. SM2.

Le DSM n'est que l'une des manifestations, certes spectaculaire, d'un impérialisme idéologico-scientifique propre à l'empirisme nord-américain. En fait, l'esprit d'autoritarisme technocratique propre au DSM est présent aussi bien ailleurs qu'en psychiatrie, dans d'autres secteurs de notre vie sociale. Tout d'abord, une telle configuration exercerait une emprise diffuse mais incontestable en un domaine tel que la circulation et le contrôle de l'information par le Web. Il y aurait lieu de parler d'une forme incontestable de filtrage et même de censure de la psychanalyse par un tel canal ainsi du reste que par d'autres médias, télévision, radio et presse, comme on l'avait déjà montré dans Anti-Onfray 2 et Anti-Onfray 3. On poursuit également les analyses entreprises dans *Le débat sur la psychanalyse dans la crise en France* tome 2, à propos des enseignements primaire et secondaire, sur lesquels aussi pèse aujourd'hui le paradigme, essentiellement lié à l'empirisme nord-américain, d'un homme-cybermachine, offrant un modèle de formatage mental pour les enfants destinés, par un tri social précoce et irréversible, à « la fabrique des citoyens de deuxième classe ».

Les deux tomes de cet ouvrage sont coordonnés mais peuvent être lus séparément. Plutôt que d'un mythique conflit des civilisations, il y a lieu de parler déjà au sein de la culture occidentale elle-même d'un conflit entre les deux paradigmes du sujet et de l'homme-cybermachine

41. Mes soirées chez Lacan. Préface : É. Jalley, pages 11-39, 29 pages. Interviews à : Ch. Melman, M. Czermak, M. Drazien, Cl. Landman, J.-J. Tyszler, M.-Ch. Cadeau. Par le soin de : C. Fanelli, J. Jerkov, D. Sainte Fare Carnot. Roma, Editori Internazionali Riuniti, 2011. MSL.

La Préface d'Émile Jalley décrit, en les rattachant à ses propres souvenirs des années 1950-1960, certaines circonstances du contexte intellectuel et historique de la carrière de Jacques Lacan.

On parle aussi de l'intérêt toujours actuel de la pensée-Lacan par rapport à ce qui se profile depuis les années 1980 mais surtout 2000 comme une crise de la psychanalyse en France.

Les habitudes d'égocentrisme dans la gestion du pouvoir groupal sont telles dans certains milieux actuels de la psychanalyse que, malgré l'intérêt réel de son texte dont le concours lui avait été explicitement demandé par le Prince régnant sur ces grenouilles (La Fontaine), le nom d'Émile Jalley n'a même pas été reproduit sur la couverture de l'ouvrage.

42. La crise de la philosophie en France au XXIe siècle. De Parménide et Héraclite à Lacan, Paris, L'Harmattan, 2013, 388 pages. CPF21.

Ce livre est écrit en jumelage avec un second intitulé **Althusser et quelques autres, Notes de cours 1958-1959. Hyppolite, Badiou, Lacan, Hegel, Marx, Alain, Wallon**, dont on parle plus loin.

Il a existé un paradigme de la démarche dialectique en philosophie, illustré par une succession riche et continue d'auteurs entre Platon et Lacan. Ce paradigme concerne un noyau rationnel de la contradiction formé de trois temps : une double composante statique (structure) et dynamique (mouvement), ainsi que l'articulation de ces deux versants en un produit. Hegel a rendu hommage à Descartes de l'avoir retrouvé à l'aube des temps modernes. Or c'est de ce paradigme de la contradiction dialectique que la philosophie en France ne semble plus avoir su faire usage dans la période consécutive à 1968. L'usure de ce paradigme d'origine judaïque, grecque, française et germanique aurait alors cédé la place à l'invasion des variantes d'un hyperempirisme anglo-américain, de type scientiste, opportuniste et niveleur. Ce mouvement aurait été servi en France par l'expansion de l'idéologie structuraliste postérieure aux années 60. Lacan semble à peu près le seul parmi ses contemporains à avoir maintenu et enrichi aussi les traits de ce paradigme dialectique par sa démarche de pensée, sous forme d'un hypermodèle transdialectique 2/3/4.

Le désenchantement à l'égard du paradigme classique de la dialectique se perçoit de façon significative dans le remarquable panorama qui a été produit de la philosophie française entre 1960 et 2000 par Alain Badiou (2008, 2013).

Le déclin de ce paradigme dialectique classique comporte le corollaire d'un effacement de l'humanisme européen traditionnel, dont relèvent à la fois la mise en question de la psychanalyse, l'intrusion d'un mode de pensée convenant à l'homme cyber-machine, et la nouvelle nosologie biologisante en psychiatrie. On verra aussi le tableau et les graphiques des pages 74-87.

43. Louis Althusser et quelques autres. Hyppolite, Badiou, Hegel, Marx, Alain, Wallon. Notes de cours 1959-1960, ibid., 2013, 390 pages. LAQA.

Ce livre est écrit en jumelage avec le précédent intitulé **La crise de la philosophie en France au XXIe siècle**, dont il question plus haut.

Les Cours pour la préparation à l'agrégation de philosophie de l'année 1958-1959 de Gilles Deleuze, Louis Althusser et Jean Hyppolite forment **150 pages de documents originaux et d'une remarquable qualité de pensée, qui restaient jusqu'à ce jour totalement inconnus.** Leur situation historique au tournant des années 60, en fait des témoignages précieux et irremplaçables de l'état encore brillant de la philosophie universitaire, dans la période de transition de l'existentialisme (1945-1955) au structuralisme (1960-1980), en même temps période progressive de la disparition de la pensée dialectique sous la pression invasive d'une « pensée-à-droite » (1980) (Terray), avec laquelle va s'installer la crise de la philosophie française au XXIe siècle.

L'intérêt de ces Cours est aussi de révéler un **Louis Althusser très étonnant, en tout cas totalement différent de ce qu'en a fait l'histoire à partir de 1965**, auparavant passionné par la psychologie et soutenant la descendance continue de Marx à partir de toute la pensée politique dès le début du 17e siècle. **Un véritable scoop.**

D'autres types dialectiques s'identifient dans cette période d'avant 1960, dans la lecture que la philosophe Alain fait d'auteurs tels Hegel et Marx, de même que dans les démarches des psychologues Henri Wallon et Germaine Wallon.

44. Richard Kroner, De Kant à Hegel (1921-1924), 2 vol., traduction par Marc Géraud, Introduction par Émile Jalley (Tome 1, pp. 7-18, 12 pages), ibid., 2013, 395, 338 pages. VKBH.

La période de l'Idéalisme allemand, celle illustrée par la double figure de la philosophie critique puis romantique allemande, est justement celle qui va « De Kant à Hegel », d'environ 1780 à 1820. Cette période, d'abord fécondée par les courants multiples du luthérianisme, du développement scientifique (Newton, Lavoisier), et de la pensée prérévolutionnaire française, aura été à la source de toutes les grandes formules du génie moderne (Marx, Freud, Einstein même, et autres paradigmes des sciences humaines et sociales).

Ce « moment allemand » serait d'une importance comparable à celles du « moment grec » (IV-IIIe siècles av. J.-C.) et même, selon Alain Badiou, d'un « moment français » compris entre 1960 et 1980 environ.

La crise actuelle de la philosophie, et de certains des savoirs connexes dans la culture (psychologie, psychanalyse, pensées économique et politique) devrait inviter à un retour, nécessaire et salutaire, aux sources de cette période 1780-1820, d'où ont surgi pour l'esprit moderne, après la phase préparatoire de la pensée française classique (Descartes, Pascal) puis des Lumières (Diderot, Voltaire, Rousseau), les deux démarches de pensée somme toute assez parentes de Marx et de Freud. Or c'est leur invalidation supposée qui ferait aujourd'hui question, au point de paraître boucher l'avenir de toute nouvelle avancée.

La tendance à écraser la science sur la technologie est un autre aspect encore de cette même crise fondamentale, à l'enseigne d'un hyperempirisme pragmatique anglo-saxon. Cette forme caricaturale de la religion dans l'utilitarisme du « fait brut », joint au déni de toute conflictualité interne, est la clef de ce qui se présente couramment de nos jours comme la vulgate néolibérale (Hayek, Friedman, Rueff, Baudin, etc.).

Le livre célèbre de Richard Kroner intitulé « De Kant à Hegel » (1920-1924) a toujours passé, aux yeux des connaisseurs en ce champ, pour le plus important de l'école allemande d'histoire de la philosophie depuis la fin du XIXe siècle (Prandtl, Fischer, Zeller, Windelband).

L'ouvrage est construit comme sur une double spire.

Le premier volume va de la « critique de la raison » inaugurée par Kant (1770-1798), sur le trajet de « Platon, Aristote, Leibniz et Galilée », jusqu'à la « philosophie de la nature » de Schelling (1794-1804), en passant d'abord par les premiers critiques du kantisme (Jacobi, Reinold, Maimon) mais surtout la monumentale « doctrine de la science » de Fichte (1792-1804). À partir de Kant, Fichte et Schelling offriront les deux premières marches de l'escalier dont les trois suivantes formeront la magistrale synthèse hégélienne (Logique, Nature, Esprit) à partir de 1801. En fait, ce premier volume ne fait que dégager le premier tour de cette spirale Kant-Fichte-Schelling qui, à partir des premiers travaux des deux derniers, conduira plus tard à Hegel.

Le second volume développe, comme dans un second tour de spire plus large, les premiers résultats présentés par le premier. Schelling convertira l'idéalisme de Kant d'abord dans une philosophie de la nature (1797-1802), pour en faire, mais en compliquant la version fichtéenne, une philosophie de l'identité évoluant elle-même vers une philosophie de l'esprit. Alors intervient Hegel pour produire une Encyclopédie (1807-1830) intégrant la Logique (Fichte-Hegel), la Nature (Schelling-Hegel) et l'Esprit (Fichte-Schelling-Hegel-[Freud]), dans le cadre d'une philosophie de l'histoire (Hegel-[Marx]). On étudie au passage des « spectateurs » importants de cette vaste entreprise : Schiller (1795) et Schleiermacher (1797).

Logique (Lacan), Nature (Deleuze), Esprit (Foucault), on n'aura encore parlé que de cela entre 1960 et 1990, mais dans le décousu et plutôt dans la polyphonie, voire parfois la cacophonie. Aujourd'hui que ces brillants oiseaux sont partis, on voudrait tout réduire à la Nature, cependant que celle-ci s'effiloche et se détruit sous nos yeux.

45. Badiou avec Lacan. Roudinesco, Assoun, Granon-Laffont, ibid., 2014, 204 pages. BALA.

Alain Badiou (né en 1937) est l'un des philosophes notables du moment présent. Tandis que Lacan (1901-1981) apparaît avec le recul croissant comme le penseur français le plus important du XXe siècle. Le dialogue établi par Badiou avec la pensée-Lacan aura duré jusqu'ici pendant une quarantaine d'années (1975-2012). Le moment fort en est selon nous Le Séminaire consacré en 1994-1995 par Badiou à Lacan à l'exergue de ce qu'il appelle l'« antiphilosophie », et qui n'est ni plus ni moins qu'une forme particulièrement critique de pensée philosophique. Par ailleurs, le fait qu'un philosophe aussi conséquent que Badiou considère Lacan comme un penseur de très grande dimension doit avertir la psychanalyse elle-même du paradoxe que celui-ci n'aura pas été seulement le plus grand des psychanalystes français.

Élisabeth Roudinesco intervient dans une deuxième partie de notre livre principalement au titre d'être l'auteur commun avec Alain Badiou de leur ouvrage sur *Lacan passé présent dialogue* paru en 2012 à l'occasion du centenaire de la naissance de Lacan. Cependant Émile Jalley s'autorise aussi, à l'occasion de la discussion de cet ouvrage, un certain nombre de remarques sur l'ensemble de l'œuvre d'Élisabeth Roudinesco, notamment mais pas seulement à propos de la question de l'antipsychologisme, dans la mesure où celle-ci est liée à la question de la crise actuelle commune de la psychologie comme de la psychanalyse, ainsi qu'à la question d'une antidialectique, devenue le fanion d'une pensée française aujourd'hui comme au point mort.

46. La « théorie du genre » dans le débat français. Butler, Freud, Lacan, Stoller, Chomsky, Sapir-Whorf, Simondon, Wallon, Piaget, ibid., 2014, 150 pages. TGDF.

La question du genre passionne le débat public évidemment par le contenu de sexualité qu'elle met en jeu. Mais au-delà d'un tel attrait elle affronte deux camps hostiles autour de la très ancienne question dans l'histoire de la philosophie de l'opposition entre la nature et la culture. Du côté de la nature se trouve ici le positivisme scientifique et parfois scientiste en même temps qu'un naturalisme « spiritualiste » sommaire défendu par la théologie catholique officielle. Du côté de la culture se trouve l'idéalisme sociologique de Judith Butler qui rejoint paradoxalement la position dépassée d'un béhaviorisme social. Dans ce débat, nature et culture s'affrontent sous forme de thèse et d'antithèse, mais sans synthèse possible, entre autres par manque de participation des philosophes comme des psychologues et des psychanalystes, qui laissent seuls, en chiens de faïence, naturalisme biologique et théologique d'une part, sociologues butlériens et consorts d'autre part.

Judith Butler a partiellement raison au niveau de la pratique politique. Mais comme son modèle théorique pèche par incomplétude, il en résulte le caractère superficiel d'une pratique sans effet profond sur le réel, sinon souvent de diversion. Tandis que ses adversaires encouragent un conservatisme social crispé. **La crise socio-politique actuelle dans un pays comme la France montre qu'il ne suffit pas d'alléger les contraintes qui pèsent sur les femmes et les homosexuels.**

Pourtant l'histoire de la philosophie, comme aussi de la psychanalyse (Freud, Lacan), ainsi que de la psychologie (Wallon, Piaget) avait bien avant mis en chantier, touchant le couple nature-culture, la voie ternaire dialectique à même de surmonter le binarisme stérile où se trouve acculé le débat sociétal en cours. Situation d'autant plus regrettable qu'elle se trouve avoir une incidence sur le système déjà en crise grave de l'organisation scolaire.

47. Sándor Radó : L'angoisse de castration chez la femme, trad. Marc Géraud, Préface par Émile Jalley, 9-27, 19 pages, ibid., 2014, 120 pages. ACF.

Sándor Radó (1890-1972), d'origine hongroise comme Ferenczi, a été l'un des représentants importants de la première génération des psychanalystes viennois.

Aucun de ses ouvrages n'avait été jusqu'ici traduit en français, ce qui explique en partie l'oubli injuste où est tombée sa réputation dans notre pays.

L'angoisse de castration n'a pas la même origine, la même phénoménologie et le même destin chez le garçon et chez la fille. De ce point de vue, Sándor Radó entend rester fidèle à la doctrine de Freud tout en l'enrichissant. La clef psychique de la sexualité féminine normale et pathologique serait d'après lui le conflit développé, en général à partir du stade phallique, par le système de défense établi entre un narcissisme de nature plus « masculine » et un masochisme érogène d'essence plus « féminine ». L'angoisse de castration signifie alors la menace d'un danger de retour de la pulsion masochiste vers le moi narcissique. Sandor Radó a été sans fondement sérieux accusé de phallocentrisme. Au contraire, son hypothèse lui permet de proposer une symptomatologie aussi originale que cohérente de l'univers des situations singulières de la féminité.

Sándor Radó reconstruit toute la diversité des situations « singulières » de la psychologie normale et pathologique de la femme : sublimation de type « masculin », tyrannie du devoir, homosexualité, frigidité, névroses hystérique et obsessionnelle, névroses actuelles, phobies diverses, perversions variées, psychosomatique.

S. Radó anticipe d'une certaine façon les idées de Lacan sur la psychosexualité humaine où s'oppose la relative abstraction d'un générique masculin à la singularité radicale des situations féminines.

48. Thomas Piketty « Marx du 21e siècle ? », ibid., 2014, 278 pages. TPFM.

Le livre de Thomas Piketty sur *Le Capital au XXIe* siècle renouvelle avec une grande originalité, dans le contexte de la demande politique de notre époque, l'ouvrage classique écrit par Karl Marx sur le même sujet voici 150 ans.

D'après les travaux de Piketty, le capital national est distribué en proportion fortement décroissante sur la moitié supérieure de la population, cependant que la moitié inférieure n'en possède à peu près rien.

L'inégalité des revenus entre les classes supérieures et les classes populaires ne cesse de s'accroître selon un principe de divergence croissante depuis 35 ans. Cela n'empêche pas une nouveauté par rapport au XIXe siècle : la consolidation d'une assez large classe moyenne qui aspire à recevoir une partie plus grande du revenu du capital. Telle est la clef du succès phénoménal du livre aux États-Unis, même en Chine. La contestation vient d'abord du milieu plutôt que du bas.

Le 1 % des Privilégiés de l'Ancien Régime subsiste toujours en France, avec en dot une part presque équivalente à un quart du patrimoine national, ce que l'on peine à croire.

Ce livre a été conçu en jumelage avec un autre, dont il est question ci-après, intitulé : Thomas Piketty : *La mécanique des inégalités en France : injustice fiscale, crise de l'enseignement, contre-réforme sociale, (dé)colonisation.* Mais chacun peut être lu de façon indépendante.

49. Thomas Piketty : la mécanique des inégalités en France, injustice fiscale, crise de l'enseignement, contre-réforme sociale, (dé)colonisation, ibid., 2014, 280 pages. TPMIF.

Les deux symptômes majeurs de la maladie française sont l'injustice fiscale et la crise de l'enseignement. Le premier serait remédiable à court terme sous réserve d'une véritable volonté politique. Le second résulte d'une pathologie institutionnelle indurée depuis les années 1950, et est devenu de plus en plus difficile à ressaisir.

Thomas Piketty s'intéresse à ces deux questions comme à des bancs d'essai, et même des mécanismes d'appui connexe à son hypothèse d'un accroissement progressif des inégalités patrimoniales depuis les années 1980.

Inégalité fiscale : l'hypofiscalisation et l'hyperfiscalisation relatives de deux grandes classes, celle « d'en haut » et celle « d'en bas » – constat d'une évidence contraire à tous les préjugés reçus –, jouent à l'évidence dans le sens de l'ouverture croissante du spectre des inégalités dans la répartition du revenu social et de son épargne.

Inégalité scolaire : de son côté, le dispositif institutionnel de l'Éducation nationale n'a pas d'autre fonction réelle, contrairement à la rhétorique officielle imposée au public, que d'ouvrir le chemin, vers « le haut » et vers « le bas », à la distribution inégalitaire des revenus et des patrimoines.

Un exemple historique privilégié est la création par les jésuites de l'enseignement secondaire, conçu comme « égalitaire » au XVIIe siècle puis faisant choix dès le XIXe siècle d'un parti bien plus « inégalitaire ». L'enseignement public depuis les années 1870 aurait évolué de la même manière.

Inégalité socio-économique : au bénéfice de l'accroissement des inégalités de revenus et de capital joue également la régression progressive de l'« État social » institué par le Conseil National de la Résistance en 1943.

Ce sont les dépenses énormes occasionnées par près de 25 années de guerres continuelles (1939-1962) qui ont compromis, dans tous les secteurs du système éducatif, la continuité et la cohérence d'un programme national de formation des maîtres d'un niveau de compétence suffisant.

L'**inégalité civique et politique** représente l'autre face malencontreuse de cet héritage social lié aux difficultés de la (dé)colonisation.

Ce livre a été conçu en jumelage avec un autre intitulé : « Thomas Piketty « Marx du XXIe siècle ? », dont il est question plus haut. Mais chacun, comme déjà dit, peut être lu de façon indépendante.

50. Henri Wallon : Qua trinh phat trien tall y cua tré em Loi tua cua Émile Jalley, Nguoi dich : Ta Thi Phuong Thuy, Nha xuat ban Thé Gioi, traduction en vietnamien de L'Évolution psychologique de l'enfant, avec le soutien des programmes d'aide à la publication de l'Ambassade de France au Vietnam et de l'Institut français, 2014, 314 pages. HWV.

51. Association psychanalytique internationale : Bergler, Bibring, Fenichel, Glover, Laforgue, Nunberg, Strachey : Le Congrès de Marienbad 1936. Un rendez-vous manqué avec Lacan, traduction de Marc Géraud, Introduction par Émile Jalley (55 pages), ibid., 2015, 148 pages. API.

Le Congrès de Marienbad, tenu en 1936, a été le XIVe Congrès de l'Association Psychanalytique Internationale (API), l'avant-dernier tenu avant la Deuxième Guerre mondiale – le XVe et ultime ayant été tenu à Paris en 1938 alors que Freud s'est déjà exilé à Londres.

Le Congrès de Marienbad est connu par la circonstance que Jacques Lacan y a été empêché par le Président Ernest Jones de prononcer jusqu'au bout sa première intervention sur la scène internationale à propos du stade du miroir.

Cependant, les conférenciers et leurs interventions en étaient restés jusqu'ici inconnus du public. Celles-ci mettent en jeu les conceptions différentes, à propos des résultats thérapeutiques de la psychanalyse, de l'École Viennoise représentée par les partisans d'Anna Freud et de l'École anglaise défendue par ceux de Mélanie Klein.

Lacan a rejeté sans hésitation le premier modèle mais plutôt assimilé de façon originale le second.

Les réponses ultérieures de Jacques Lacan aux conférenciers de Marienbad occupent une cinquantaine de pages de textes produits sur une vingtaine d'années (1954-1972). Seulement indiquées ici, elles ouvrent une fenêtre partielle inédite et plus qu'intéressante sur son œuvre immense, et dont une grande part reste à déchiffrer et à défricher.

Les débats de Marienbad intéressent par ailleurs l'époque actuelle par la confrontation très serrée et très argumentée qu'ils établissent entre les résultats de la psychanalyse et ceux des psychothérapies, dans une perspective de large ouverture et sans parti pris, posant l'hégémonie mais sans exclusive et dans la complémentarité de la première sur les secondes.

Il en ressort que, sans négliger en rien ceux des psychothérapies, les résultats de la psychanalyse seraient plus profonds et plus durables.

C'est ce type de perspective, ouverte sur une synthèse entre contraires apparents, qui paraît manquer beaucoup dans le débat français contemporain, à cet égard et à bien d'autres, par exemple à propos encore de la théorie du genre.

Il était prévu à l'origine du projet de ce livre d'y faire figurer en annexe les réponses produites par Jacques Lacan, tout au long de sa carrière, aux sept orateurs du Congrès de Marienbad. Celles-ci, qui forment une cinquantaine de pages, produites sur une quarantaine d'années, sont d'un très grand intérêt. Malheureusement, l'autorisation n'en a pas été donnée par les héritiers de Jacques Lacan, et on peut trouver que c'est dommage.

52. Karl Bühler : Le développement psychologique de l'enfant, Iena, Fischer, 1918 traduction par Marc Géraud, Introduction par Émile Jalley (165 pages), ibid., 2015, 507 pages. KB.

Le livre de Karl Bühler sur « le développement psychologique de l'enfant » est le premier grand ouvrage général de psychologie développementale, paru en 1918, à une époque où la carrière des grands psychologues Henri Wallon et Jean Piaget n'a pas encore vraiment débuté.

Karl Bühler s'accorde sur beaucoup de choses avec la psychanalyse, dont curieusement il ne parle pas, bien que professeur à l'Université de Vienne à l'époque où Freud y travaille. Il reconnaît la première place à l'affect dans la première phase du développement. Puis une place privilégiée au langage comme moteur principal du développement de la pensée. Il voit aussi le dessin comme un support manuel de la parole (Leroi-Gourhan). Enfin, Bühler distingue trois fonctions du langage : expressive, interpellative et représentative qui préfigurent indiscutablement les trois instances lacaniennes : Réel, Symbolique, Imaginaire. Par ailleurs, une page étonnante du livre dit déjà à peu près tout ce qui s'est redit par la suite sur la conduite de l'enfant devant le miroir. Mais de telles rencontres ont toujours existé dans l'histoire des idées.

Enfin, la conception que Bühler se forme de la psychologie de l'enfant l'ouvre à une interdisciplinarité encyclopédique avec l'ensemble des sciences naturelles, humaines et sociales (psychobiologie, pédiatrie, anthropologie, linguistique, esthétique), mais surtout à un souci d'alliance essentielle avec les applications pédagogiques, dans la visée d'une psychopédagogie fondamentale dont le secret a été perdu en France depuis la disparition d'Henri Wallon en 1960. Et dont le présent aurait le plus grand besoin.

53. Hermann Samuel Reimarus : Fragments de l'anonyme de Wolfenbüttel édités par Gotthold Ephraim Lessing, traduction par Marc Géraud, Introduction par Émile Jalley (89 pages), ibid., 370 pages, 2015. HSR.

Gotthold Ephraim Lessing (1729-1781) est un écrivain allemand des Lumières, contemporain de Kant. Dans ce livre (1774-1477), il utilise le subterfuge d'exposer ses opinions personnelles sous couvert de celles, particulièrement subversives pour l'orthodoxie religieuse, d'un théologien luthérien dont la carrière avait été d'une trentaine d'années antérieure à la sienne : Hermann Samuel Reimarus (1694-1768 ; 1744).

Dans leur démarche commune, l'idée d'un christianisme raisonnable, sous forme d'une religion naturelle, d'une religion rationnelle pratique, distincte du christianisme apostolique, d'un déisme sans la divinité du Christ, ouvre ici désormais la porte à une libre pensée œuvrant pour un humanisme de la tolérance, respectant « la langue et le livre de la nature ».

Jésus a échoué dans son projet d'être reconnu comme le Roi des juifs. Ses disciples ont détourné son corps après son supplice. Le miracle de la Pentecôte est une fable inventée trente ans après par la plume de Luc. L'examen sérieux des quatre évangélistes montre des contradictions intenables. Jésus n'a jamais baptisé lui-même ni demandé qu'on baptise. Une partie des juifs croyait déjà à la résurrection des morts, à la double venue d'un Messie, et à l'installation par lui d'un règne visible. Une révélation universelle à partir d'un seul lieu était chose d'emblée impossible. Il n'y a ni péché originel, ni prédestination ni enfer. Pas de chute à racheter par on ne sait quel sacrifice divin. Il n'y a de foi que du catéchisme ou du charbonnier. La trinité est une élaboration qui n'existe pas dans l'Évangile. Les miracles ont été inventés par les écrivains. La Traversée de la mer Rouge est une invention impossible dans les faits. Les prophéties sont des allégories tirées par les cheveux. Les martyres ne sont pas davantage une preuve de vérité.

54, 55, 56, 57, 58, 59. Henri Wallon : Œuvres 1 : Délire d'interprétation, Psychologie pathologique, Principes de psychologie appliquée, Les mécanismes de la mémoire ; Œuvres 2 1903-1929 ; Œuvres 3 1930-1937 ; Œuvres 4 1938-1950 ; Œuvres 5 1951-1956 ; Œuvres 6 1957-1963, ibid., 2015, 3130 pages. HW.

Henri Wallon (1879-1962) est le plus grand psychologue français. Lui, avec l'Autrichien Sigmund Freud (1856-1939) et le Suisse Jean Piaget (1896-1980) ont formé le trio des psychologues les plus importants au sein de la culture européenne et même mondiale.

Si inhabituelle qu'elle soit, une telle affirmation par rapport à Freud, Wallon et Piaget n'est pas si difficile à argumenter.

On connaît la liste limitée des noms incontestables de la psychologie américaine : Watson, Hull, Skinner. Witkin ? Osgood ? Miller ? Ce qui n'empêche pas une abondante production quantitative, incontestablement la plus importante du monde.

En France ne manquent pas les noms estimables, au moins jusqu'en 1939 : Ribot, Janet, Foucault, Bourdon, Blondel, Dumas, Delacroix, Burloud, Guillaume. Ensuite, il y a Piéron, Lagache (Fraisse ? Reuchlin ? On veut rire…) Mais aucun, il faut bien le dire, n'approche la taille de ces trois « géants » (Zazzo 1983).

Par ailleurs, Henri Wallon a été, avec Paul Langevin (1872-1946), l'un des physiciens importants de son époque, l'auteur d'un Plan Langevin-Wallon (1947) de réforme de l'enseignement, qui n'a jamais été sérieusement étudié par les autorités. Il a aussi été le créateur d'une psychologie scolaire progressivement rognée avant de disparaître. Ce sont des causes importantes, entre autres, de la grave crise actuelle de l'Éducation nationale.

On republie dans cette nouvelle édition en 7 volumes la moitié environ de l'œuvre d'Henri Wallon, plus celle de son épouse et collaboratrice Germaine Wallon-Rousset (1893-1953).

Tout d'abord, Le Tome I comprend 4 livres importants de Wallon.

– Sa thèse sur *Le Délire de persécution* (1909) annonce celle de Jacques Lacan sur la psychose paranoïaque (1932), qui du reste la mentionnera.

– Sa *Psychologie pathologique* (1926), le premier ouvrage français de synthèse sur ce sujet, amorce un dialogue intéressant de la psychologie de l'époque avec la psychanalyse.

– Les *Principes de psychologie appliquée* (1930) installent la personne individuelle au centre de la psychologie du travail, de la psychologie des tests, de la psychologie commerciale et de la psychologie de la justice.

– *Les mécanismes de la mémoire* (1951) inaugurent une nouvelle psychologie expérimentale ouverte aux notions de « fonction » et de « style individuel ».

À la suite, les Tomes 2, 3, 4, 5, 6 publient 318 articles oubliés d'Henri Wallon sur l'ensemble des champs de la psychologie scientifique. Ceux-ci recouvrent de manière encyclopédique des thèmes aussi variés que : la psychologie de l'enfant ; la psychologie de l'éducation et l'orientation scolaire ; la psychologie pathologique ; la psychologie générale ; la psychologie appliquée ; la psychologie du travail ; l'orientation professionnelle ; la psychologie différentielle ; la psychométrie ; la psychologie sociale ; la psychanalyse ; la psychologie anthropologique et comparée ; la psychologie esthétique ; l'épistémologie et la philosophie ; la réforme de l'enseignement ; la politique générale.

Une grille commode des numéros d'articles (pages 10 et 11 dans chaque volume) permet de s'orienter parmi ces thèmes à travers les 5 volumes consacrés aux articles.

60. Germaine Wallon : Les notions morales chez l'enfant, 1949, ibid., 2015, 250 pages. GW.

Enfin, le Tome 7 de cette réédition volumineuse porte sur *Les Notions morales chez l'enfant* (1949) de Germaine Wallon-Rousset (1893-1953), l'épouse et collaboratrice d'Henri Wallon.

L'auteur fait une étude comparative, au point de vue des différentes valeurs du jugement moral, en montrant leurs ressemblances et leurs différences, chez garçons et filles d'âge scolaire : méchanceté, bonté, bravoure, malhonnêteté, action honteuse.

Les conclusions originales, sur la relative « autophilie sexuelle » de la morale enfantine, se prêtent à d'intéressantes comparaisons sur ces points de vue avec les vues classiques de la psychanalyse, également avec la perspective de Jean Piaget sur le jugement moral (1932), mais aussi d'autres auteurs (Bianka Zazzo 1958, Kohlberg 1958).

Par une telle autophilie sexuelle, l'auteur veut dire qu'au cours de cette période scolaire (la période de latence selon Freud), chacun des deux sexes s'estime préférable, se survalorise par rapport à l'autre du point de vue des valeurs considérées : bonté, etc. Ce qui ouvre une perspective peut-être limitée, mais intéressante sur une discussion récente touchant la question du « genre » dans le cadre scolaire.

Le Laboratoire de Psychobiologie de l'enfant, auquel ont appartenu Germaine Wallon-Rousset, mais aussi André Ombredanne, les époux Zazzo, Cécile Beizmann, Hélène Gratiot-Alphandéry, Eugénie Evart-Chmielniski, et qui a été dirigé par Henri Wallon, situé au lieu aujourd'hui de l'INETOP (rue Gay-Lussac), a été le site de recherches en psychologie de l'enfance et de l'adolescence probablement le plus fécond en France entre 1922 et 1962.

La réédition de ce livre de Germaine Wallon est bienvenue en cette période d'interrogation sur les valeurs de l'école laïque et républicaine.

Elle intéresse aussi par exemple le débat français d'actualité sur la « question du genre », rendue stérile par l'attitude d'une débilité obtuse de partisans tels que les champions de la « Manif pour tous ».

61. La réforme du collège. Sauver l'école. Une question de vie ou de mort, Paris, ibid., 2015. RCQVM.

La société française ressemble d'une certaine manière à la grande métaphore de la *République* de Platon : ceux du haut (la tête), ceux du milieu (le cœur) et ceux du bas (le ventre), dont l'équilibre dans l'inégalité est appelé par lui la « justice ».

D'après le travail de Landais-Piketty-Saaz sur la « révolution fiscale » (2010), ceux du haut (10 %) possèdent presque le plus gros morceau du gâteau social (62 % du capital), ceux du milieu (40 %) bien moins (34 %), et ceux du bas (50 %) presque rien (4 %).

C'est dans ce contexte social très âpre d'inégalité économique et patrimoniale qu'intervient la réforme du collège. Or celle-ci, au prétexte de la « démocratie », pourrait bien se présenter comme une mystification en image inversée, un mirage, un leurre, un appât qui aurait pour fonction de faire accepter à l'ensemble du corps social, mais surtout à ceux de l'hémi-France d'en bas la part d'injustice nécessaire à la fiction égalitaire de la grande machine parlementaire sociale-libérale.

L'inégalité scolaire, liée notamment à la concurrence de deux écoles, n'est pas un problème susceptible d'être traité à part, car elle appartient à un nœud gordien surdéterminé d'inégalités diverses qui se renforcent.

C'est par l'inégalité fiscale, celle notamment touchant le capital (Thomas Piketty, 2010, 2013) qu'il s'agirait de commencer, alors que nul, quel que soit sa couleur politique, aujourd'hui ne souhaite même l'envisager.

62. Johann Gottlieb Fichte : La doctrine de la science 1794. Tome 1 ibid., 2015, 248 pages. DS1.

Ce livre a été conçu en jumelage avec un second lui servant de commentaire et intitulé : **Émile Jalley : La Doctrine de la science 1794 de Johann Gottlieb Fichte. Naissance et devenir de l'impérialisme allemand. Tome 2.**

Johann Gottlieb (1762-1814) est un grand philosophe allemand, « fils » de Kant et « père » de Hegel. Il a été l'inventeur de la nouvelle dialectique moderne, dont feront usage Hegel, puis Marx, avant d'autres (Engels, Lénine, Mao Zédong, Bachelard, Merleau-Ponty, Sartre).

Le texte de Fichte que nous présentons ici sur la *Doctrine de la science* passe pour l'un des, sinon même le plus difficile de la littérature philosophique depuis l'Antiquité grecque. Il se présente même comme une forme de rébus, de rêve qui peut exercer une sorte de fascination poétique.

En contraste avec cet ésotérisme théorique, Fichte, auteur des *Discours à la nation allemande*, a été le premier promoteur, à vrai dire inspiré déjà par Frédéric II le Grand, d'un nationalisme lui-même à la source d'un pangermanisme qui, pour avoir pris des formes nouvelles, n'a pas cessé d'être d'actualité.

Philosophes allemands, Fichte, Hegel et Marx ont ceci d'exceptionnel d'avoir eu, bien au-delà de tous les autres philosophes, l'influence la plus considérable sur la réalité historique. Comparables à certains égards sur ce point aux grands fondateurs de religions : Bouddha, Jésus, Mahomet.

Fiche a été également un précurseur important d'idées modernes en psychologie développementale et en psychanalyse (Freud, Wallon, Piaget, Gesell), et à l'origine aussi en partie de la phénoménologie et de l'existentialisme.

63. Émile Jalley : La Doctrine de la science 1794 de Johann Gottlieb Fichte. Naissance et devenir de l'impérialisme allemand. Tome 2, ibid., 2015, 241 pages. DS2.

Ce livre a été écrit en jumelage avec le précédent intitulé : **Johann Gottlieb Fichte : La doctrine de la science 1794. Tome 1**.

On s'attache d'abord à l'analyse comparative des différents commentaires qui ont été produits du livre de Fichte : Rivaud, Bréhier, Philonenko, Hyppolite, Kroner, Guéroult.

On étudie ensuite la question de la naissance du nationalisme et même de l'impérialisme allemand à partir de Fichte puis de Hegel, le premier adversaire et l'autre partisan de Napoléon.

Le phylum suit une ligne à peu près continue au moins depuis Frédéric le Grand (1712-1786) : Herder (1744-1803), Fichte (1762-1814), Hegel (1770-1831), les frères Humboldt (1767-1835 ; 1769-1859), Adam Müller, Savigny (1779-1861), Blücher (1742-1819), Metternich (1773-1859), Clausewitz (1780-1831), Bismarck (1862-1890), Bülow, La Ligue Pangermanique (1890), Bley, Forster, Reimer (1905), Tanneberg, Naumann (1915), Cheradame (1916), Hitler (1925). [voir Andler].

Mais l'idée d'une Germanie impériale, d'un impérialisme germanique a existé bien avant, dans la descendance d'un Charlemagne invoquée comme fondateur, avec les empereurs saxons (Xe siècle), puis ceux de la dynastie Hohenstaufen (XIIe et XIIIe siècles), enfin des dynasties Habsbourg (XVe – XVIIIe siècle), Wittelsbach, Saxe, Wurtemberg et Hohenzollern (1871-1918). Malgré certaines périodes d'affaiblissement voire d'éclipse.

Un second courant, universaliste, de l'idéologie allemande, l'autre face du visage ambigu de Faust, se tient à l'écart du premier : Kant, Goethe, Schiller. Les cas de Nietzsche et de Richard Wagner sont plus indécis.

En tout cas, le fait patent d'une domination économique et politique de l'Allemagne sur l'Europe et par ce biais sur la France est refoulé hors de la conscience publique dans le débat français, hormis les philippiques occasionnelles sur le seul bouc émissaire Heidegger.

Dans un tout autre ordre d'idées, il me semble que la thèse développée par mon ouvrage de 2013 sur *La crise de la philosophie en France au XXIe siècle*, – à savoir que la clé en est un double refoulement de Marx et de Freud (Tout sauf Marx et Freud, TSMF) – est, même si juste, insuffisamment argumentée du point de vue d'études précises en matière d'histoire des idéologies depuis les années 1939.

Aux philosophes professionnels, cette thèse peut sembler banale, naïve, primaire, peut-être même sotte et vulgaire. Il est vrai qu'il leur faut aujourd'hui des mets bien plus délicats pour plaire à leur goût si sophistiqué, depuis la mort de Dieu avant le grand dépassement de la métaphysique, naguère proclamés par Nietzsche et Heidegger.

Or l'examen de tous les ouvrages reconnus en ce domaine (environ 25 titres depuis 1955 environ) tend à confirmer une telle hypothèse. Et c'est ce que nous montrerons d'abord dans un prochain livre sur la *Critique de la raison philosophique.*

Il ne s'agit pas de « préconiser » un retour à Marx et à Freud : sur le Radeau de la Méduse tout le monde s'en moque, chacun n'y fait que guetter la mort de son voisin pour pouvoir en dévorer le cadavre, sauf à tout le moins le jeter à la mer pour mieux s'étaler à sa place.

Il est vrai aussi qu'aujourd'hui, le poids massif de la montagne d'argent, le couvercle d'or même, qui écrase l'humanité, représente la forme principale de l'« aliénation » au sens philosophique (l'*Entfremdung* d'Hegel et de Marx) comme à celui de la psychopathologie, situation qui devrait empêcher les philosophes de dormir, s'ils s'intéressaient moins à la séquence monotone des méandres de leur carrière universitaire. Mais autour de cette question, comme autour de celle du politique en général, ils tournent en caquetant comme des canards qui ont trouvé un couteau dans la boue de leur bassecour. De fait, ce que l'on appelle de nos jours « philosophie politique » se tient à un niveau de conservatisme et conformisme médiatique, néolibéral et pro-atlantique que l'on n'imagine pas (Jean-Pierre Dupuy, Bruno Latour, etc.).

En ce qui concerne la psychanalyse – autre objet important du refoulement moderne – il y a Lacan, l'un des tout premiers philosophes du XXe siècle, il existe donc la très dense composante philosophique de la pensée-Lacan, et il faudrait que les philosophes s'efforcent d'abord d'y comprendre quelque chose. Du moins est-ce l'avis d'Alain Badiou, et sur ce point au moins, il a raison.

Par ailleurs, en dehors du veau d'or plus que jamais debout, Dieu n'est pas si mort que cela : le voilà qui rentre en force par la fenêtre, à travers les tourments délicieux de la conscience religieuse, si préoccupée de renouer avec l'antique mamelle du spiritualisme, dont s'est abreuvé avec une constance obstinée un large courant de la pensée française depuis la Restauration jusqu'au néothomisme (Renouvier, Lachelier, Hamelin, Lequier, Maritain, Lavelle, Blondel, Guitton, Ricoeur…).

Certains auteurs en économie contemporaine devraient attirer l'attention des philosophes au moins sérieux et responsables quant au souci d'approcher la modernité : outre Piketty, Économistes atterrés, Gaël Giraud, Pierre Ivorra, Steve Keen, François Morin.

La première question est de savoir, parmi eux, qui fréquente qui, qui s'entend avec qui, et pourquoi ? Ils ne l'annoncent pas forcément. La question clé, le pont aux ânes, la boussole, étant, à cet égard, de savoir comment chacun se situe par rapport aux thèses fondamentales du modèle marxiste, à commencer par la pensée de Marx lui-même d'après ses propres textes, et avant tout *Le Capital*. Mais cela chacun ne l'annoncera pas forcément non plus.

Des questions du même genre devraient être familières aux philosophes dans leur domaine : après les carrefours principaux que représentent des auteurs tels que Descartes, Kant, Hegel, comment les philosophes ultérieurs se positionnent-ils ? Spinoza et Leibniz par rapport à Descartes ? Fichte, Schelling et Hegel par rapport à Kant ? Marx par rapport à Hegel ?

64. Elsa Köhler : La personnalité de l'enfant de trois ans, traduction par Marc Géraud, Introduction par Émile Jalley, ibid., 2016. EK.

Elsa Köhler (1899-1940) est une psychologue allemande, disciple de Karl Bühler, qui a joué un rôle pionnier à Vienne, dans les années 1920-1940, touchant la création de la psychologie de l'enfance et des sciences de l'éducation. Son influence s'est exercée aussi sur le système scolaire suédois, connu aujourd'hui comme l'un des plus performants au monde.

Son ouvrage le plus important : *La Personnalité de l'enfant de trois ans* (1926) a joué un rôle historique important en France, où il a d'abord été connu, cité et utilisé par Henri Wallon, le plus grand psychologue français, dans son ouvrage majeur de 1934 sur *Les Origines du caractère chez l'enfant*. Puis à nouveau à partir de là, par Jacques Lacan, le plus célèbre psychanalyste français, à plusieurs reprises dans ses *Écrits* (1966 ; 1946, 1948).

Ce qui stimule l'intérêt commun des deux auteurs, c'est la question des formes primitives de la conscience où interviennent des conduites d'une valeur clinique majeure telles que les monologues dialogués et le transitivisme.

Mais bien au-delà de ces rencontres locales, le lecteur moderne aura l'occasion dans ce livre injustement méconnu de découvrir un style de psychologie d'un humanisme riche et concret, de tradition proprement européenne, et qui tranche totalement avec la rhétorique scientiste qui a marqué de plus en plus, depuis déjà une cinquantaine d'années, l'américanisation d'une psychologie obsédée par le modèle d'un homme cyber-machine.

Remarques : L'idéologie française est le thème de recherche auquel Émile Jalley se consacre, dans la perspective de la préparation d'un probablement « dernier » livre.

Ce premier thème comporte l'élargissement vers un thème à la fois plus précis et plus englobant :

Critique de la raison philosophique. Essai sur le malaise dans la culture française.

Le dernier ? Parce que l'auteur pense avoir, pour ce qui le concerne, épuisé le sujet de ce qui touche la crise de la psychologie et celle de la philosophie dans le cadre d'ensemble de la crise généralisée de la culture, de la politique, et de l'ordre économique et social au sein de l'espace français.

La psychologie et la philosophie sont aujourd'hui réduites à l'état de cadavres, de momies, de têtes réduites, dont il ne reste pas grand-chose à dire. Ce diagnostic vaut au moins pour la psychologie. Touchant la philosophie, on a l'impression qu'en dehors de l'histoire de la philosophie elle-même qui reste un noble métier, les philosophes qui se risquent à voler de leurs propres ailes se réclament vaguement du (post)structuralisme voire même de la phénoménologie. Le fait d'être soupçonnés de marxisme, voire de simple dialecticomanie, étant assimilé à une sorte de crime contre les humanités. D'autres s'activent comme de petites ménagères, en balayant soigneusement devant leur porte (la *Pauvre Belgique* vue par Baudelaire), face à l'espace, devenu absurde pour eux comme pour tous, de la vie quotidienne. Voyez les Onfray, les Ferry.

L'objet d'étude qui intéresse l'auteur serait plutôt l'économie, les opinions et les théories économiques. L'économie est, parmi les sciences humaines, la plus difficile de toutes – encore bien plus que la psychologie rabaissée à l'état de barbarie par le discours béhavioristo-cognitiviste régnant –, ceci en raison de la complexité mouvante de ses objets (par exemple la circulation monétaire), ainsi que de la pesante composante idéologique qui y intervient (les contradictions quotidiennes et à jet continu celles des économistes qui pontifient dans les « débats de société »).

Malheureusement, cet objet est d'un abord difficile pour un non-spécialiste qui, comme moi, a développé sa carrière dans un tout autre champ.

Cependant, la lecture de Thomas Piketty, et le fait de lui avoir consacré deux volumes d'une masse d'environ 600 pages m'ont placé devant l'évidence d'un retour incompressible de la pensée-Marx, à l'encontre du refoulement déployé à son endroit par la génération des philosophes des années 1960-1980. Marx est tout aussi dépassé, mais pas plus, et tout aussi incontournable que Platon, Descartes, Kant, Hegel, Heidegger.

65. La psychanalyse pendant et après Lacan. Bion, Blanco, Gaddini, Kohut, Kernberg, Stoller, Robion, Tome 1, ibid., 2016. PPAL1.

66. La psychanalyse pendant et après Lacan, Robion. Remarques sur Jacques Lacan, Tome 2, ibid., 2016, 474 pages. PPAL2.

Jacques Lacan (1901-1981) demeure une sorte d'Everest au milieu du paysage français.

La psychanalyse, qui a été son champ scientifique, est en réalité une sorte de paléontologie psychique, savoir fondamental mais pas plus « utile » au fond à l'utilitarisme moderne que l'anthropopaléontologie physique qu'ont honorée les travaux d'un Yves Coppens.

Certes, la psychanalyse sait d'une certaine manière mieux qu'elles ce que savent les mathématiques, la physique, la biologie, les sciences humaines et sociales (la psychologie, la sociologie, l'économie), même si ces sciences ne veulent pas le savoir, et même si la psychanalyse proclamée en crise ne voulait plus rien en savoir. Oui, la psychanalyse sait « où tout ça tend », même et encore lorsqu'elle le tait.

Car enfin, à quoi bon le dire, et le redire, ce que chacun, pourvu qu'il soit de bonne volonté, peut apprendre par l'étude patiente, et d'abord par sa propre analyse ?

Rien n'interdit aux autres de se débrouiller avec d'autres moyens, y compris ceux de la chimie. Après tout, « ça » peut réussir à certains !

La psychanalyse est le savoir fondamental du Sujet sur le Sujet ainsi que sur tous les objets qu'il porte, tous ses objets. Même si les sciences, devenues adultes, peuvent se passer d'un tel fondement comme d'un luxe inutile. Compte tenu aussi d'ailleurs de ce que ce fondement est en soi fragile, labile, car le fait d'un Sujet troué, sans fond, abyssal par nature.

En revanche, la psychanalyse a ceci en propre qu'elle parle toutes sortes de langues, capables aussitôt de se comprendre entre elles, pour peu qu'on ait de l'oreille. Une et plurielle.

Enfin, les freudiens sont aussi les fils de Spinoza : « Tout ce qui est très précieux est aussi difficile que rare ».

Chacun des 2 Tomes a l'autre pour complémentaire, mais tous deux peuvent se lire de manière indépendante.

67, 68, 69, 70, 71. Critique de la raison philosophique, ibid., 2017. CRPH 1, 2, 3, 4, 5.
67. La preuve par l'ordre et la mesure, 285 pages,
68. La preuve par l'histoire de la philosophie (1), 234 pages,
69. La preuve par l'histoire de la philosophie (2), 220 pages,
70. La preuve par la psychologie, 251 pages,
71. La preuve par le discours médiatique, 314 pages.

Notre livre peut se lire selon quatre « preuves » indépendantes bien que complémentaires : preuve cartésienne selon l'ordre et la mesure (tome 1), preuve kantienne-hégélienne selon l'histoire de la philosophie (tomes 2 et 3), preuve scientifique selon la psychologie de l'enfance (tome 4), enfin preuve populaire prise dans l'espace médiatique (tome 5).

La philosophie française avait été depuis 1939 au moins la plus productive au monde. Mais dès les années 1980, elle s'est laissée détourner vers une philosophie de poche, par le chemin anglo-américain d'une anti-dialectique contre nature.

Bien au contraire, la psychologie développementale européenne (Freud, Wallon, Piaget) lui démontrait depuis près d'un siècle (1900-1980) l'exemple d'une dialectique naturelle de l'esprit, d'abord binaire, puis ternaire dès l'âge de raison (7 ans). Dialectique dont le noyau rationnel – structure et histoire – a été utilisé en fait, selon des modèles différents, mais depuis toujours par presque toutes les philosophies occidentales connues.

Le savoir humain est comme un arbre, dont les racines puis le tronc sont les savoirs sur l'esprit inconscient et conscient, les branches qui sortent de ce tronc étant les sciences formelles, les sciences de la nature et les sciences de l'homme, le feuillage de l'arbre se formant alors de l'entrelacement de leurs applications techniques et pratiques particulières.

D'emblée, les applications pédagogiques iraient de soi : évidence des notions et des définitions, analyse subordonnée à la synthèse, totalisation en spirale amplifiante.

72. Georg Wilhelm Friedrich Hegel : La *Phénoménologie de l'esprit*, 1807, traduction de Marc Géraud, Postface d'Émile Jalley : Logique et structure dans le Plan de la *Phénoménologie de l'esprit* et dans l'œuvre de Hegel, ibid., 2017, 472 pages, 51 pages. PHE.

La *Phénoménologie de l'esprit* est le texte le plus traduit de Hegel depuis 75 ans (1941, 1991, 1993, 2006), comme si ce texte exerçait une fascination liée à la recherche d'un « secret ». En fait, il y en aurait peut-être plusieurs.

Tout d'abord, il existe un trajet VKBH assez précis (*Von Kant bis Hegel* : Kroner, 1921-1923). De même que Fichte réécrit la *Critique de la raison pure* (1781) de Kant dans sa *Doctrine de la science* (1794), de même Hegel réécrit cette *Doctrine* de Fichte dans sa *Phénoménologie de l'esprit* (1807).

Or il le fait en tentant de dépasser la psychologie des fonctions du Moi, établie pour la première fois par Fichte (1794), vers un plan fait de cercles concentriques établis le long d'une ligne ascendante (ceci deviné par Kojève), et amorce du futur développement en spirale de l'*Encyclopédie*.

Par ailleurs, le livre de 1807 « agit » la dialectique dans un procès de création géniale, mais sans en produire encore la formule théorique claire selon ses deux composantes de base : genèse et figure, histoire et structure, Héraclite et Parménide. Cela s'annonce dans la *Propédeutique* (1809), puis s'effectue dans la *Logique* (1812), avant de trouver son déploiement parachevé dans l'*Encyclopédie*.

Un autre aspect du « secret » est que la *Phénoménologie de l'esprit* se présente comme un tout où s'annonce de façon métonymique un autre tout (1817-1827-1830), dans lequel le premier viendra se ranger à terme comme une partie.

Un dernier aspect du « secret » est que cette articulation bifide histoire-structure n'est rien d'autre que celle d'un « noyau rationnel de la dialectique », qui fonctionnera de manière à peu près semblable mais avec d'autre contenus chez Marx, puis chez Freud, et comme il en existe déjà de multiples exemplifications à travers toute l'histoire de la philosophie. **Les « logiques » utilisées par Hegel, Marx et Freud sont quasiment « la même ».**

Hegel dépasse Hegel, comme si un Surhomme avait tenté de se faire supporter par-dessus ses propres épaules. Et c'est cette espèce de tour de force exceptionnel qui est la source probable de la fascination qu'exerce le Hegel de 1807.

73. En mémoire de Gilbert Simondon. Philosophe et psychologue français (1924-1989), ibid., 2017, 268 pages. EMGS.

Gilbert Simondon (1924-1989) est un philosophe et psychologue français qui appartient à la dernière génération, à l'articulation des années 1960, des philosophes français encore attachés au paradigme d'une démarche d'allure dialectique en philosophie (Bachelard, Merleau-Ponty, Sartre).

On examine de ce point de vue les trois derniers titres parus de G. Simondon : *Sur la technique* (2014), *Sur la psychologie* (2015), *Sur la philosophie* (2016).

On fait ensuite la revue des 17 ouvrages parus sur la pensée de G. Simondon entre 1993 et 2016.

L'examen de la « dialectique » chez Simondon montre près de 600 occurrences – selon les critères – avec une vingtaine seulement dans le registre critique, mais le reste dans celui incontestable d'une acceptation positive.

L'étude comparée des démarches respectives de Simondon et de Hegel montre à la fois des analogies et des différences. La marque de

Hegel, venue par Jean Hyppolite et importante, est pourtant nuancée, dans la démarche de Simondon par d'autres influences : Fichte, Schelling, et Bergson.

Les philosophes ne représentent que 50 % des intervenants dans les études simondoniennes, ce qui constitue un facteur aussi positif que négatif : la pensée de Simondon touche un public appréciable, mais la philosophie de la technique n'est pas tout, et l'intérêt marqué pour elle a contrarié aussi jusqu'alors l'approche de sa composante philosophique authentique.

74. Trajectoires. Une autobiographie intellectuelle, ibid., 2017, 260 pages. TRA.

Ce livre se présente comme une autobiographie intellectuelle de l'auteur. En même temps qu'il s'éprouve comme un adieu à sa carrière d'écrivain.

On commence par une revue du contenu des travaux de l'auteur dans des domaines variés qui ont quelque chose de commun : la curiosité pour les sources et les formes du malaise dans la civilisation en France (chapitre 1).

La psychologie est l'un des objets les plus importants de la culture, celui aussi où la crise universitaire semble avoir eu les symptômes les plus spectaculaires et les effets à long terme les plus dévastateurs. L'auteur y a été mêlé, dans l'espace parisien essentiel, pendant toute sa carrière (45 ans) comme passager et témoin sur un vrai Radeau de la Méduse (chapitres 2 et 3).

L'effondrement de l'institution éducative, dès les années 1960, dévalant de l'espace universitaire jusqu'au niveau primaire, a été l'un des corollaires majeurs de cette crise de la psychologie, mais il est venu au surplus de l'invasion d'un modèle managérial de toute l'existence importé des États-Unis (chapitre 5).

Le « Nouveau malaise dans la civilisation » (Castarède-Dock, 2017) se trouve définir de manière convergente ce qui a toujours été justement le principal objet d'É. Jalley, mais nettement centré sur l'espace français, et envisagé selon certaines composantes privilégiées : conflit néfaste entre psychologie et psychanalyse, pathologie de l'institution universitaire, dysfonctionnements des enseignements primaire et secondaire, platitude de la culture de masse, encavernement de la philosophie depuis 1960.

On peut trouver séduisante, de ce point de vue, l'hypothèse d'une **borderlinisation de l'existence sociale** formulée par la psychanalyse récente (Castarède, Dock, chapitre 6). Cependant qu'intéresse aussi la perspective d'un meilleur dialogue de la psychanalyse avec les neurosciences (discussion avec Jacques Robion, chapitre 4).

Chapitre 2

« L'irrémédiable »[9]

Il m'a paru que le récit de ma carrière universitaire proprement dite pourra intéresser les curieux en ce que, entre 1955 (promotion ENS lettres) et 2000 (retraite), j'ai **assisté de bout en bout à l'effritement puis à l'effondrement de l'institution universitaire, pendant plus d'une quarantaine années**, à partir du poste d'observatoire de l'une de ses disciplines assez significatives – la psychologie, et en outre à Paris, le centre de tout en ce pays. Le public a aujourd'hui le plus grand mal à croire qu'il ne s'agit désormais que d'un champ de ruines où ne s'affairent plus que des mannequins, « des chapeaux et des manteaux, qui peuvent couvrir des spectres et des hommes feints qui ne se remuent que par ressorts » (Descartes, Méditation 2, Pléiade, p. 281).

Une partie des propos qui suivent sont repris dans *Un Franc-Comtois à Paris* (2010) d'un assez long passage (pages 335-368) que j'ai transformé en y ménageant tant des coupures que des adjonctions (vers 2014), sans plus rien y ajouter jusqu'aujourd'hui sur les réaménagements récents opérés sur le cadavre de la discipline. D'où un ensemble qui produit parfois des effets de décalage et d'anachronisme que j'ai laissés tels quels, le bon sens ordinaire admettant que rien n'est parfait.

J'ai hésité longtemps sur le titre à donner à cette sorte de rocher surgi au milieu du désert (Ayers Rock en Australie), que j'aurais voulu d'abord appeler tombeau de l'Université 1 et 2. Je me suis dit ensuite que ma carrière ainsi que celles de mes collègues agrégés normaliens égarés dans la psychologie – mais les autres n'y sont pas moins aliénés – évoquait assez bien l'épisode bien connu du « **Radeau de la Méduse** », dérivant au fil de quelque trente-cinq années dans des conditions de famine de plus en plus tragiques. Mais en définitive, il m'a semblé plus approprié d'emprunter deux titres aux *Fleurs du **mal*** de Baudelaire, titre qui a pour

[9] Charles Baudelaire : *Les Fleurs du mal*, 101-84.

moi le mérite de consonner de loin avec celui non moins célèbre du ***Malaise dans la civilisation*** du Freud. Va donc pour « L'irrémédiable » (101-84) et pour « Sépulture » (80-70).

Parfois mon récit entrera dans une Amazone institutionnelle où le lecteur de la jeune génération pourra se sentir noyé (LAFMA ?, LAES ?). Je dirai plus loin qu'en racontant tout cela, j'ai le sentiment d'avoir traversé un interminable « tunnel », comme Wallon disait vers 1960 avoir l'impression de voir y entrer avec toute la discipline.

Je pense aussi que la psychologie est l'un des objets les plus importants de la culture humaniste, ce que les psychologues ne savent pas forcément, et que la description de son agonie interminable entre 1950 et 2000 est l'une des clés à même de nous ouvrir à la compréhension de cette espèce de sentiment d'engouffrement progressif qui s'empare de toute la nation française au cours de cet effarant procès en cours des élections présidentielles 2017. Alors commençons

J'ai débuté comme assistant de psychologie générale en 1966 à Nancy, puis comme maître assistant dans l'équipe de Gilbert Simondon à Paris V-René Descartes, à la rentrée d'octobre 1968.

Après une année comme professeur de philosophie au Lycée de jeunes filles Frédéric Chopin (1963-1964), j'avais été recruté comme assistant de psychologie à l'université de Nancy à la rentrée 1964 sous la responsabilité du philosophe et psychologue Raymond Ruyer. Nommé maître assistant en 1967, mais habitant à Antony (92) depuis 1965, je restais alors à faire la navette en train entre Paris et Nancy jusqu' à 1968. Ce n'est qu'à la rentrée 1968, après les événements de mai que j'ai été recruté alors à La Sorbonne-Paris V comme maître assistant dans l'équipe de psychologie générale de Gilbert Simondon.

Aujourd'hui, on sait que G. Simondon a été l'un des penseurs importants du siècle dernier. Gilles Deleuze le savait, alors que voici cinquante ans, rats et souris couinaient autour de lui à l'Université René-Descartes Paris V.

Je suis encore aujourd'hui (1935-2017) le dernier collègue, avec Yvon Brès, à subsister de la structure universitaire installée avant 1968, au moins parmi ceux qui continuent à avoir une certaine activité d'écriture. Dès l'origine, j'ai développé une conception interdisciplinaire et comparative de l'enseignement et de la recherche en psychologie. Même si par la suite je me suis défini comme situé dans le champ de la psychologie clinique, coordonné à ceux de l'épistémologie et de l'histoire de la psychologie. Mais j'ai toujours maintenu des attaches avec la psychologie générale et la psychologie développementale surtout.

La liste des normaliens qui ont travaillé dans le champ universitaire de la psychologie mériterait d'être reconstituée, au moins pour l'histoire : Théodule Ribot (1882), Henri Bergson (1878), Pierre Janet (1883), Georges Dumas (1895), Charles Blondel (1897), Henri Wallon (1899), Daniel Lagache (1924), Philippe Malrieu (1931), Maurice Merleau-Ponty (1926), Georges Snyders (1937), Gilbert Simondon (1944), Didier Anzieu (1944), Jean Laplanche (1944), Yvon Brès (1946), Pierre Gréco (1946), François Jodelet (1950), Émile Jalley (1955), Jean-François Richard (1955), Jacqueline Carroy (1965), Stéphane Thibierge (1978), Ariane Bilheran (1999). Il se peut que j'en oublie quelques-uns, mais peu.

Dans la philosophie française des XIXe et XXe siècles, il a toujours existé un courant spécialement centré par l'intérêt sur les questions psychologiques : Bergson, Sartre, Merleau-Ponty en sont des exemples. À l'opposé existait un courant plus intéressé par la philosophie des sciences dures et de la nature, et qui se préoccupait beaucoup d'une critique du « psychologisme », comme on disait. Ce courant hostile à la psychologie s'est prolongé plus récemment à travers tout le brillant filon structuraliste des années 70 à 80 : Barthes, Foucault, Deleuze, Althusser, Derrida, Badiou aujourd'hui, sous le couvert de ce qu'on appelait l'« antihumanisme ».

Dès la fin du XIXe siècle jusqu'après la Deuxième Guerre mondiale, une longue série de psychologues universitaires qui ont été en général des personnalités d'un haut niveau de culture, et même parfois des savants de grande classe, ont toujours été recrutés à partir de l'agrégation de philosophie : Ribot, Janet, Dumas, Bourdon, Guillaume, Delacroix, Blondel, Burloud, Foucault, Piéron, Wallon, Lagache, Favez-Boutonier, Anzieu, Debesse, Oléron, Simondon, Bresson, Laplanche, Brès, Jalley, Carroy. Ce recrutement des enseignants de psychologie à partir d'une formation philosophique s'est tari définitivement aux environs des années 68. J'ai été à peu près le dernier, et encore Jacqueline Carroy après moi, à être recruté selon cette tradition.

Dès l'École normale, je commençais à m'intéresser à la psychologie à partir du jour où Jean Hyppolite m'avait donné un exposé à faire sur « La science des rêves » de Freud. En même temps, je ressentais que la psychologie était quelque chose d'autre que la psychanalyse, et je lisais bizarrement des choses aussi positivistes et même scientistes que *La psychologie expérimentale* de Piéron dans la petite collection Armand Colin.

Lorsqu'on eut besoin d'un assistant de psychologie à l'université de Nancy, on pensa alors à moi. Cela se fit par la double intervention des deux germanistes Carol Heitz et l'ex-doyen Pierre Grappin, qui avait quitté peu avant Nancy pour Nanterre.

Le premier à avoir entendu parler du besoin de ce poste est Heitz, avec qui je m'étais depuis assez longtemps lié d'amitié par l'intermédiaire de Grappin.

Pierre Grappin était d'une famille originaire de mon canton jurassien de Bletterans. Il avait une simple mais plaisante maison de campagne assortie d'un grand jardin à Villevieux, village où ma mère a fini sa carrière d'institutrice. C'est par ma grand-tante Augusta, qui connaissait la mère et la tante de Grappin, dont les origines étaient liées au Bois de Nance, que son existence comme universitaire normalien m'avait été signalée. Aussi, dès que j'avais appris dans le courant de la classe de philo ce qu'étaient vaguement Normal'Sup et la khâgne qui y conduisait, je m'étais enhardi pour aller le voir pendant les vacances de Pâques chez lui, où il m'avait reçu dans son jardin pour m'expliquer ce qu'étaient ces institutions, tous deux assis à l'ombre d'un grand rosier près d'une petite cabane à outils. C'est à partir de ses indications que j'avais d'abord écrit pendant les grandes vacances aux khâgnes d'Henri-IV, Louis-Le-Grand et Lyon. J'ai vu assez régulièrement Pierre Grappin surtout à Villevieux entre 1952 et 1965 à peu près.

J'avais rencontré dans sa maison du Jura son élève Carol Heitz avec qui il finissait à l'époque de fabriquer leur *Dictionnaire moderne* de l'allemand, publié chez Larousse en 1963, et qui est connu depuis comme un ouvrage classique. Heitz était maître-assistant d'allemand à l'université de Nancy, où il donnait un cours fort intéressant sur l'architecture carolingienne et romane allemande, qui me captivait beaucoup. J'avais rapporté d'un voyage en Allemagne de l'Est à Pâques 1964 un livre édité là-bas sur les églises romanes de la DDR, qui l'avait beaucoup intéressé et dont il avait projeté les vues à ses étudiants.

Karol Heitz était un juif roumain de langue allemande, instituteur à l'origine, qui avait fui, averti par un instinct sûr, devant l'avancée des troupes russes en Europe Centrale. La nuit du bombardement de Dresde, il disait avoir vu l'horizon du ciel dans cette direction-là marqué d'une vague mais perceptible lueur bien que la distance fût de trois cents kilomètres. Adolescent, il avait été suivi à quelque distance par un loup, comme il en existait encore dans ces pays, alors qu'il allait voir en ski son oncle pasteur dans un village voisin. À l'approche du village, le loup s'était arrêté pour hululer longuement, comme regrettant l'interruption de cette promenade en compagnie.

Donc averti de la création de ce poste de psychologie, Heitz avait téléphoné à Paris à Grappin, qui en avait alors fait autant à son ami le germaniste Schneider de Nancy, lui ayant succédé dans la fonction de doyen lors de son départ, et qui m'avait donc proposé et imposé à la section de psychologie, celle-ci ne sachant d'ailleurs où trouver un candidat valable.

Le latiniste Rousselet, un normalien un peu plus âgé que moi, s'était fait le messager de ses collègues psychologues pour m'informer du vœu de l'université et s'enquérir si j'acceptais. Il est clair que le développement courant du téléphone a modifié complètement les relations entre les gens. Il avait ensuite été convenu – et le collègue Jodelet, Chargé d'enseignement en psychologie sociale, s'était chargé de me le formuler – que je devrais suivre des formations complémentaires à l'Institut de psychologie de Paris. Je devais enseigner la psychologie générale au niveau du Certificat de Licence de même nom, à peu près tout seul, à une quarantaine d'étudiants. Le philosophe Raimond Ruyer complétait cet enseignement de licence censé être dispensé par moi, en donnant un cours de psychopathologie : j'en ai gardé un exemplaire dont je trouve qu'il tiendrait encore un rang honorable à côté de ce qui s'est fait depuis.

Ayant déménagé de Nancy à Antony pour les besoins de la carrière de Michèle, ma première femme aujourd'hui disparue, je fus donc dans la nécessité, nommé assistant à Nancy, de prendre le train chaque semaine pour venir faire mes cours. On appelait cela plus tard un prof-jet, pour désigner les enseignants qui se servaient du TGV pour faire l'aller et retour entre Paris et leur poste de province dans la journée. Mais à l'époque, on était encore loin du TGV. Je prenais le train à la gare de l'Est tôt le mardi matin, après déjà dix minutes de marche à pied et environ une demi-heure de métro. La durée du voyage était d'environ quatre heures. En arrivant, et après déposé avoir ma petite valise blanche – flash – à l'Hôtel Poincaré, je déjeunais en général dans une brasserie située sur la grande place de la gare, qui portait à l'époque le nom de Thiers, orné qu'elle était en son centre d'une statue de ce ridicule petit gnome, dont l'histoire digne de ce nom se souvient seulement avec honte qu'il n'aura été que l'assassin de la Commune de Paris. Toujours est-il que les Nancéiens, si conservateurs soient-ils au plan politique, ont débaptisé depuis leur grande place Thiers.

Au début de l'après-midi, je regagnais ma chambre d'hôtel, où je continuais en général à écrire la rédaction de mes cours, ce dont je vais reparler dans un instant. Puis je gagnais l'université par la rue de l'Armée Patton, et le Boulevard Albert-Premier, en passant au coin de la place Godefroi de Bouillon près de l'appartement du mon collègue Raimond Ruyer, dont je pouvais apercevoir à l'occasion, à travers la grande fenêtre de son immeuble bourgeois, la tête studieuse penchée sur l'écriture de son prochain livre.

J'entrais dans mon bureau que je partageais avec le latiniste Rousselet, le collègue que l'université avait envoyé en délégation chez moi. À cette époque, on considérait comme normal que même les assistants aient un bureau quasi-personnel. Par ailleurs, ils étaient astreints à 125 heures de cours, pour avoir le temps de poursuivre leurs thèses pendant trois ans, tandis que les maîtres assistants étaient soumis à 150 heures, et les professeurs à 75 heures. Les enseignants, quels que soient leurs rangs, étaient détachés de toute espèce de tâche d'ordre administratif, gestionnaire, voire matériel. Il suffisait de demander à Madame Gérard, la responsable en chef du secrétariat général, la dactylographie et la reprographie d'un document de cinq pages en cinquante exemplaires pour le trouver la semaine suivante dans son casier à courrier. À l'entrée de l'université, le portier connaissait tous les enseignants par leur nom et les saluait le premier du porche ou de sa logette dans le hall.

J'entrais faire le TP (Travaux pratiques) de psychologie expérimentale dans la grande salle de la bibliothèque. On m'avait suggéré et j'avais pris l'engagement de développer cet enseignement, dont mon prédécesseur François Bresson quelques années avant n'avait laissé que l'amorce sous forme de rares appareils coûteux et inutilisables, achetés pour la forme - un enregistreur graphique à bande. Or, j'avais ramené de l'Institut de psychologie de Paris, avec la permission de Paul Fraisse, le matériel utilisé pour le Certificat de Licence de psychologie expérimentale, et l'avais recopié pour mes propres séances de TP à Nancy. Je reprenais la base dactylographique des documents écrits en usage à l'Institut de Paris. Pour ce qui est du matériel lui-même, je le faisais en certains cas copier par des artisans - je me souviens d'un menuisier –, mais je le faisais commander également dans les maisons spécialisées – Boulitte rue Bobillot à Paris, etc. Il me suffisait de rédiger un « bon de commande » signé de ma main, sur un papier à lettres à simple en-tête de l'université, et de le donner, sans en référer à personne, à madame Gérard, pour qu'aussitôt la commande soit suivie et payée. Je bénéficiais de la confiance totale et aveugle du doyen Schneider. Voilà ce qu'était l'université française encore avant 68.

Je ne copiais pas de manière servile le TP tel qu'il était fait à La Sorbonne : j'ajoutais à chaque expérience qui prenait environ deux heures encore deux heures de cours-commentaire de mon cru, dont j'allais chercher les informations dans tous les ouvrages disponibles de l'époque.

Le soir, je mangeais en général à la Mutzig, près de la place Stanislas : une choucroute, une potée lorraine, une part de munster, un pichet de vin d'Alsace, ce n'était pas très cher à l'époque, en tout cas accessible à mon modeste salaire.

Le lendemain, je faisais cours : trois heures de cours magistral, chacun sur un sujet différent, par exemple la mémoire, puis la psychologie de la forme, et enfin la psychanalyse. On n'a jamais vu cela nulle part.

La quatrième heure était consacrée à un TD (Travaux dirigés), qui était en fait encore un autre cours, mais sur un sujet plus local, par exemple « la communication animale et le langage humain ». Parfois je conviais les étudiants à parler d'abord, pour commenter un texte en général emprunté aux Morceaux choisis de Cuvillier pour la psychologie, qui étaient excellents pour l'époque.

Je parlais debout les mains appuyées sur le bord de la chaire, large comme à la Sorbonne, et à laquelle on montait par trois marches, de façon magnifique et dramatique, dans une tension intérieure formidable, en lisant mon cours, tout en regardant assez le public pour faire semblant de ne pas lire : c'était le grand art des tout meilleurs jadis à La Sorbonne. J'ajoutais parfois une broderie de mon cru, comme dans les prestations musicales des grands musiciens de jadis, toujours assorties d'ornementations. Cet art oratoire se conserve encore en partie à la Chambre des députés, où parlent beaucoup d'avocats. Comme mon cours était remarquablement bien écrit, le résultat de cette improvisation déguisée et bien canalisée était impressionnant. Je parlais comme Saint-Just à la Convention nationale, je m'identifiais inconsciemment à Hegel dans sa chaire de Berlin. J'officiais dans l'enseignement supérieur de manière quasi sacerdotale, en fonctionnaire de la république, au service de la nation, toujours cravaté comme me l'avait appris ma mère institutrice. Si j'avais pu mettre les longues cravates de soie blanche enroulées autour du cou telles qu'on les portait de Kant à Hegel, Von Kant bis Hegel, je l'aurais fait. C'était d'ailleurs la mentalité de Bergson, tel qu'on le voit habillé, en costume d'apparat mondain, à l'entrée du Collège de France. Par ailleurs, il est certain que l'écriture de ses livres, d'une élégance claire et serrée si particulière, n'est rien d'autre que la transposition de celle de ses cours, et qu'il écrit à peu près comme il parlait. C'est immédiatement perceptible, à qui au moins a jamais préparé ses cours par écrit, espèce rare aujourd'hui, évidemment.

Les étudiants avaient compris tout de suite que je n'étais pas un enseignant de modèle ordinaire. Ma réputation avait gagné rapidement dans le petit cercle des collègues, auprès de Raimond Ruyer, du doyen Schneider. On savait au bout de quinze qu'on pouvait me laisser piloter tout seul. Les étudiants ne bougeaient pas, sauf leurs mains que l'on voyait écrire tout ce que je disais. J'ai dit que j'ajoutais de la broderie au texte de base. D'emblée, j'avais compris, déjà dans l'enseignement secondaire, qu'il est important pour l'enseignant de savoir lire sur le visage de celui qui écoute la mimique d'approbation particulière, fût-elle immobile ou muette, qui signale s'il a bien enregistré. C'est dans le cas où ce signal faisait doute que je redisais la même chose, mais sous une autre forme en usant de synonymes. Dans la nouvelle génération, c'est le genre de préoccupation qui ne retient à peu près plus personne, car le souci d'autrui manque. Quelques rares spécimens le font encore d'instinct, ce qui se perçoit immédiatement pour l'habitué.

En attendant le train pour rentrer le mercredi, je lisais le *Nouvel Observateur*, et je continuais pendant le voyage, si bien que je l'avais fini en arrivant en gare de l'Est.

Je passais le reste de la semaine à l'écriture de mon enseignement. Michèle faisait la même chose avec son enseignement d'agrégation à Fontenay-aux-Roses. Les deux premières années, je traitais une vingtaine de grandes questions fondamentales en psychologie, une dizaine, de portée générale, faisant l'objet d'un grand cours semestriel de douze heures - la psychanalyse -, le reste, de champ plus restreint, de séances de deux heures - la réaction conditionnelle classique et instrumentale, etc.

Aucun enseignant de la discipline n'a jamais ni osé ni su se montrer capable de traiter de sujets aussi opposés au même public d'étudiants, ainsi la psychanalyse et le béhaviorisme, envisagés à la suite une heure chacun dans la même matinée. Cela suppose le maniement de la pensée oppositive et dialectique. Et c'est d'une telle absence que la discipline est aujourd'hui moribonde.

Au bout de ces deux années, j'avais produit quelque quatre cents pages de textes, qui auraient pu faire directement, y compris les TD de psychologie expérimentale, l'objet d'une publication sous forme d'un cours de psychologie. Le jeune « Hegel à Nancy » - j'avais trente ans - n'y pensait même pas. Je me demande pourquoi je n'avais aucune ambition pour une carrière de professeur : au fond, je l'étais déjà, et le grand Ruyer me traitait comme un collègue. Les années précédentes, je me voyais encore expliquer à Michèle, au cours d'un verre au Parc de la Pépinière, à proximité de la Place Stanislas, que je me voyais bien jusqu'à la fin de mes jours professeur, même de l'enseignant secondaire, à Nancy.

Par la suite, j'ai continué à écrire des cours, un peu moins dans l'équipe Simondon à Paris V, parce que les maîtres assistants produisaient des cours polycopiés en équipes qui se répartissaient plus ou moins le travail. À nouveau lorsque j'ai été nommé professeur à Paris XIII. On peut dire que pendant ma carrière j'ai produit environ 2 000 pages de ces cours écrits, que l'on aurait pu directement transformer en ouvrages. J'ai repris une partie d'entre eux, environ deux cents pages, dans la série des huit livres que j'ai publiés entre 2004 et 2008. Je n'ai toujours rien fait du reste de ces cours, si je ne l'ai pas jeté lors d'un nettoyage récent de documents, pensant que le contenu en manquait d'actualité, mais à tort et par excès de modestie.

Lorsqu'il m'arrive de relire ce que j'ai écrit voici longtemps, j'éprouve toujours ce que Freud a appelé l'*Unheimlichkeit*, l'impression d'inquiétante étrangeté. J'ai le sentiment que cela a été écrit, non par moi, mais par quelqu'un d'autre, et ce qui me frappe toujours, en même temps que la rigueur classique et l'élégance précise de l'écriture, c'est la pertinence et la profondeur du contenu. Je me dis que ce n'est pas moi qui ai écrit quelque chose d'aussi bien. De plus en plus, j'ai tendance à écrire des phrases plus longues, en ménageant davantage de subordonnées et d'incises. Je me sens écrire, sur les questions de plus en plus difficiles, surplombantes et riches en contenus, à la manière des grands philosophes critiques et romantiques - Kant et Hegel. Il est clair que le goût français n'aime pas trop cela. Regardez donc gambiller certains journalistes du *Nouvel Observateur*, pour ne pas dire grand-chose. Ce que je voudrais dire aussi en passant, c'est que c'est la traduction serrée et bien ajustée des auteurs latins et grecs en khâgne - avec Hugueny, Houillon et Lacroix : César, Tite-Live, Cicéron, Tacite, Homère, Eschyle, Sophocle, Platon, qui m'a appris à découper convenablement la phrase dans l'écriture française. C'est insensé que l'on puisse encore continuer à discuter de cela. L'écriture ample des Bossuet, Chateaubriand, aussi bien que celle plus resserrée de Pascal, La Rochefoucauld sont modelées sur de tels moules.

Raimond Ruyer était un philosophe très bien informé dans le domaine de la psychologie, des sciences biologiques, des sciences de l'information aussi - la cybernétique. Il produisait des livres nombreux, et on le connaissait assez bien à l'époque. Son idée principale venait du panpsychisme de Leibniz, selon quoi les organisations complexes étaient régies par une sorte d'animation, de principe de contrôle, espèce de champ magnétique à la limite, qu'il appelait « survol absolu ». Les marxistes se moquaient de lui, ceux au moins qui n'étaient pas assez incultes pour n'en avoir jamais entendu parler, en disant que c'était de l'« idéalisme », un avatar de la pensée théologique. C'était un grand homme mince, d'une attention à l'autre, d'une courtoisie, d'une affabilité, et surtout d'un sens de l'égalité collégiale qui m'apparurent rapidement d'un autre monde, dès que je connus un peu plus tard les mœurs de chiens enragés en vigueur dans l'arène de la Sorbonne d'après 68.

Chez les philosophes, il y avait aussi Louis Vax, que Grappin appelait le Spinoza de Château-Salins, un petit homme, d'esprit mobile, ouvert et très ingénieux, qui avait fait une thèse d'esthétique sur *La séduction de l'étrange*, et que l'on voyait en conversation avec Ruyer, toujours la même après-midi par semaine, à travers la vitre de la Brasserie Thiers, sur la grande place de la gare.

Mes relations avec mes collègues de grades supérieurs, François Jodelet en psychologie sociale qui venait enseigner de Paris comme moi, et Georges Snyders en psychologie de l'enfant, tous deux normaliens, étaient d'une simplicité cordiale, comme je ne devais jamais en revoir par la suite dans l'arène parisienne.

Le régime de vie que j'ai décrit plus haut, et qui me faisait travailler soixante heures par semaine me valut assez rapidement une fatigue générale qui se traduisit par une primo-infection, ce qui est assez rare à l'âge de 30 ans. Je fus arrêté en congé-maladie au début de ma troisième année d'assistanat, par tranches de six mois trois fois de suite, donc pendant dix-huit mois, qui s'achevèrent en plein dans la période des événements de 1968. Comme je m'ennuyais malgré en tout en congé, j'en avais profité pour subir les épreuves de la licence de psychologie, puis de la maîtrise, qui venait à peine d'être créée, plus d'un DES (plus tard DESS) en formation au test de Rorschach. Ma maîtrise combinait de façon originale la psychologie expérimentale et la psychopathologie. Un chercheur de chez Paul Fraisse, Dominique Lépine, se moquait de ma naïveté à conquérir des diplômes, dont lui-même ne devait pas être trop pourvu, comme d'autres « chercheurs de pointe » dans l'entourage de ce tyrannosaure. J'ai encore mes cartes d'étudiant entre 1966 et 1969.

Mon départ au début de ma troisième année d'assistanat coïncida tout juste avec l'arrivée d'Yvon Brès comme professeur de psychologie générale, donc pour me chapeauter au moment où je lui échappais. Je me souviens du début de la séance où je vins annoncer mon départ aux étudiants de la nouvelle promotion, en présence de Brès, et du remplaçant qu'on m'avait trouvé, et qui s'appelait Cuisinier.

Parmi les enseignants de la Sorbonne qui présidaient aux épreuves du Certificat de psychologie de l'enfant que j'affrontais en 1968, se trouvait un assistant, que j'avais connu comme professeur de philosophie à Nancy, Guy Berger. Il était le mari en cours de divorce d'une femme dont il disait avoir été à son grand dam le Pygmalion, et qui fit plus tard carrière sous le nom d'Hélène Cixous, ce que nous ne devinions pas alors au fond de ces provinces. Plus tard, après cette rencontre inopinée à la Sorbonne, Berger, qui nous avait fréquentés jusqu'alors assez régulièrement, les Maurel et mon couple, disparut totalement de mon existence et de mes intérêts, quittant d'ailleurs la psychologie où je l'aurais autrement rencontré, pour les sciences de l'éducation. Il était de ceux qui, avec Althusser, avaient osé me dire dans la conversation qu'ils me trouvaient un peu « névrosé ». Et eux donc ! Au moins Althusser, trop timide pour me le dire en face, me l'avait-il fait savoir par le canal de l'incontournable et impayable Jacques Lautman.

Récemment, j'ai été stupéfait de découvrir sur Internet une interview-confession du collègue retraité Berger racontant qu'il aurait fait partie du comité auto-coopté d'environ vingt-cinq excellences qui aurait choisi l'équipe fondatrice de l'université de Vincennes : en auraient fait partie Berger donc, Hélène Cixous, Alain Badiou, Gérard Genette. Et d'autres, dont on aimerait bien savoir si longtemps après de la plume de Berger, quels ils étaient, car ce serait très intéressant pour l'histoire des institutions universitaires, en particulier pour l'évaluation correcte et enfin dépassionnée de leur qualité démocratique. Pourtant, le contenu et la forme de la conversation de Berger ne m'avaient jamais donné l'impression qu'on pût jamais le considérer comme une excellence en quoi que ce soit.

En dehors du Lycée puis de l'Université, le climat intellectuel de Nancy était marqué à l'époque par l'effort de rapprochement dans le dialogue entre catholiques et communistes, à partir surtout des milieux enseignants. Si incongrus qu'apparaissent aujourd'hui de tels épisodes, on organisait par exemple dans le grand caveau de la brasserie Thiers des colloques de plusieurs soirées où se confrontait l'évaluation de la qualité des preuves de l'existence de Dieu avec celle de l'acceptabilité de la rigueur des bases du matérialisme dialectique, le genre de dialogue dont il n'était pas facile que pût sortir la perspective d'un humanisme politique commun.

☆

À Pâques 1964, j'avais fait un premier voyage en République démocratique allemande avec ma femme et une de ses collègues germanistes au Lycée, qui y était envoyée au titre de je ne sais plus quelle mission pédagogique, et qui avait recruté le service de notre voiture, alors une toute neuve Simca 1300. Le premier soir, nous avions dormi dans une auberge à Fulda. Le lendemain, en avançant vers la frontière, de grands panneaux nous signalaient la survenue prochaine de la famine : « Dernières possibilités d'approvisionnement ». Un fois arrivés là-bas, on nous avait donné un guide, un vieux monsieur assez âgé, monsieur Jahn, avec loden et chapeau verts, qui nous avait expliqué qu'il était du Parti Paysan - donc que le Parti communiste n'était pas le seul. Il nous avait promenés partout dans la campagne, dont j'avais beaucoup apprécié le côté brumeux et forestier, en cette encore assez froide période de Pâques. On avait mangé souvent de l'oie délicieuse, avec des pommes de terre et du chou, dans les auberges. En ville, à Dresde, une erreur de conduite qui m'avait fait prendre à l'envers la direction d'un sens giratoire avait amusé le policier de service et fait rire autour de lui la population. Les enfants et les jeunes gens nous assaillaient pour que nous leur donnions des « bics ».

Le but du voyage avait été Dresde, comme on vient de le dire. Des émissions de télévision récentes ont montré les reconstitutions merveilleuses, celles entre beaucoup d'autres de l'extraordinaire église-théâtre circulaire appelée *Frauenkirche*. En 1964, la ville donnait encore, vingt ans après, un spectacle de désolation. De façon surprenante, seuls le Palais Ducal, avec sa célèbre galerie dite Zwinger - l'intérieur de l'église adjacente du Palais j'en suis moins sûr, présentaient un aspect intact et normal. On visitait aussi l'extraordinaire Galerie de peintures du Palais (*GemäldeGalerie*). La *Frauenkirche* n'était plus qu'un énorme tas de pierres noires dont on disait qu'on le conserverait en témoin de la guerre. En 1970, à Berlin, on disait encore cela du grand palais des rois de Prusse à Berlin, symbole de l'impérialisme pangermaniste, qu'il ne serait pas question de rebâtir un jour. Les nombreuses autres églises baroques de Dresde avaient été redressées, tandis que l'intérieur en avait été de façon simple et sommaire recrépi au ciment brut. D'immenses quartiers apparaissaient comme de vastes terrains vagues en aménagement pour des constructions sortant encore à peine du sol. On a refait de nos jours aussi bien cette merveilleuse église que le très beau palais des rois de Prusse.

Il y avait eu une visite intéressante à l'usine des porcelaines de Saxe de Meissen, où l'on travaillait encore selon les traditions anciennes.

Nicole Sourdive, la collègue communiste, ne supportait pas la moindre apparence de critique sur le pays, et nous expliquait sur les autoroutes que la forte odeur des gaz d'essence, très perceptible, était due aux conditions difficiles de la compétition économico-politique avec le capitalisme. Au retour, je l'avais vue un peu excédée par mon insistance à visiter les trois extraordinaires cathédrales des grands empereurs allemands de Moyen-âge : Spire, Mayence et Worms. À la troisième, impatiente de retrouver ses enfants à Nancy, elle n'en pouvait plus.

Une après-midi, l'excellent Jahn nous avait emmenés visiter une ville ouvrière à la frontière polonaise, Eisenhüttenstadt. On voyait des panneaux à la gloire des ouvriers d'élite, le poing levé à la soviétique - si mon souvenir est bon. Ce jour-là, nous avions emmené avec nous un jeune officier de police serré dans une redingote de cuir noir à ceinture, et, comme au café, j'avais commandé une bière, il m'avait fait remarquer par Nicole en allemand, que, dans ce pays, normalement cela ne se faisait pas.

Nous sommes retournés en Allemagne plusieurs années plus tard, en 1970 - j'avais donc quitté Nancy depuis deux ans pour la Sorbonne-Paris V. Mais je me permets d'anticiper sur cette période dont on parlera plus loin, pour finir avec cette question de nos relations avec la DDR. L'occasion en était la commémoration du bicentenaire de la naissance de Hegel en 1770. Nous étions partis avec l'élève préférée de ma femme, Annette Bloch-Picard, en passant à l'aller visiter la cathédrale de Laon. Je me souviens ensuite d'une auberge le long de la Moselle, ce que les Allemands appellent une Weinstube, puis de la cathédrale de Bamberg et de son célèbre « chevalier » (*Reiter*), une statue gothique bien connue des amateurs d'art. Le premier soir à Berlin, nous fûmes dans les ennuis. Comme ma femme était venue à ce Congrès Hegel sans y être orateur, notre logement n'avait pas été prévu, et nous découvrîmes que le prix des hôtels au tarif particulier - en tous cas pour les étrangers, était exorbitant et dépassait en tout état de cause nos moyens financiers. L'affaire s'arrangea par l'intermédiaire d'un assistant en philosophie de l'université, qui s'était mis à courtiser Annette dès son notre arrivée. Ce personnage, Vincent Von Wroblevski, était le descendant direct du général prussien qui avait commandé une partie des troupes de la Commune de Paris, et dont le nom est encore attaché aux combats qui se sont alors déroulés sur les hauteurs des environs de Paris, Châtenay-Malabry, je crois. On décida sans problème de nous installer dans la maison de repos des membres de l'Université Humboldt de Berlin à Zeuthen. On nous conduisit alors dans une résidence merveilleuse, d'architecture XIXe siècle, avec un mobilier intérieur de style approprié, établie au bord de l'un des grands lacs situés dans la couronne de forêts qui entourent Berlin, et qui sont reliés en réseau avec la rivière nommée la Spree. Il y avait un embarcadère entouré de grands arbres avec des bateaux. Le matin au lever, une servante vint se faire ordonner par nous le petit déjeuner.

Au tout début du colloque, si ma mémoire est bonne, un dépôt de gerbes fleuries avait eu lieu au nom de l'État et de l'Université Humboldt, où Hegel avait jadis enseigné, sur la tombe de celui-ci, dans un cimetière presque voisin, à proximité aussi de la grande avenue Unter den Linden. Le large ruban rouge de la gerbe, que j'ai photographiée à même la tombe, portait l'inscription suivante dont une partie seulement lisible : « Marxismus Leninismus und Sektion Marxistische-Leninistische Philosophie der Humboldt-Universität zu Berlin dem hervorragendsten Denker und Philoso-phen G.W.F. Hegel zum 200 Geburstag », ce qui veut dire : « le marxisme-léninisme et la section de philosophie marxiste-léniniste de l'Université Humboldt de Berlin au très éminent penseur et philosophe Georg Wilhelm Friedrich Hegel pour le 200e anniversaire de sa naissance ».

La tombe du grand homme est de manière assez surprenante de proportion tout à fait modeste, en comparaison de celle située à quelques mètres de celle de son immense prédécesseur, Fichte, professeur et recteur de la même Université, qui y repose d'ailleurs comme en faisant de l'ombre à la tombe plus petite et de couleur gris sombre de son épouse. Le tombeau de Fichte, nettement plus important, est une sorte d'obélisque de marbre blanc avec son buste en médaillon sculpté sur la face antérieure. Celui de Hegel par contre est un simple rectangle de marbre roux de taille modeste, la tombe somme toute d'un homme très ordinaire, comme si on l'avait enterré à la hâte après son décès du choléra.

De pareil endroit se dégage, pour un philosophe, surtout conscient de ce qu'ont été de pareils titans dans l'histoire de la culture, une impression extraordinaire. Pour moi, le tombeau de Napoléon aux Invalides n'est que du pipeau.

Les conférences du Colloque avaient lieu évidemment dans l'Université. À un moment, une universitaire allemande a demandé que les étrangers, qui ne maniaient pas assez bien sa langue nationale à son goût, s'expriment dans leurs propres langues nationales, surtout le français, ce qui n'était ni fort gentil ni très courtois.

Il y eut aussi un concert officiel, où je me souviens de quelque chose de Mozart. Mais surtout, le clou des cérémonies festives fut à la fin du Congrès une réception au Ministère de l'Intérieur, dans une immense salle munie d'un buffet gigantesque installé sur une unique et immense table centrale, et où coulaient à flots tous les alcools désirables, bière évidemment, mais aussi cognac et vodka. Dans une tribune, un orchestre jouait à fond de la musique à boire genre bavarois. Au bout d'une demi-heure, un philosophe français catholique assez connu, et d'un teint rougeaud indiquant d'emblée qu'il était assez porté sur la bouteille, Bruaire - rapidement décédé par la suite, était complètement bourré.

En sortant de la salle pour aller aux toilettes, je crois, et en fouinant un peu et avec une certaine curiosité dans les couloirs environnants, je tombais sur un spectacle surprenant. Par la porte ouverte d'une salle assombrie, je vis un homme seul assis devant une télé, et qui regardait fixement le discours prononcé par le Premier ministre Honecker à l'occasion de la fin du Congrès. Et je me rendis compte au bout de quelques instants, assis de biais et sans bouger derrière lui, que le spectateur de la télévision n'était autre que Honecker lui-même regardant

Honecker, dans l'ombre vaguement éclairée par l'écran, et apparemment très intéressé, sinon fasciné par sa propre prestation.

Il y eut une visite du Musée de Berlin, notamment de ce Pergamon-Museum qui contient presque autant de marbres volés à Pergame que n'en contient le British Museum des ruines du Parthénon. Notre hôte était un Professeur de l'Université Humboldt courtois mais d'une allure et d'une dignité imposantes, dont l'élocution centrait d'emblée l'attention, et d'un genre de maintien dont les universitaires français d'aujourd'hui feraient bien de reprendre un peu de la graine.

Il y eut aussi une promenade en bateau, du genre de nos bateaux-mouches parisiens, sur la Spree, en compagnie d'une vieille militante révolutionnaire qui était ravie de parler et de se laisser photographier avec des français.

Un spectacle impressionnant, et qui semblait attirer régulièrement un assez grand public, était la relève de la garde autour du monument aux victimes du fascisme. Les soldats, habillés en tous points comme ceux de la Wehrmacht, sauf le casque qui était russe ou de forme proche, évoluaient au pas de l'oie prussien.

J'avais pris des photos des foules de rues, des arrêts de voitures aux feux rouges, de la circulation aussi sur les autoroutes, pour montrer que les gens étaient habillés à peu près comme dans nos villes du « monde libre », et aussi que les autos y étaient assez nombreuses, que le trafic à l'entrée de Berlin était assez important, alors que notre presse quotidienne de l'époque décrivait couramment ce pays comme une contrée de sauvages. Lorsque je montrais parfois ces photos plus tard en France, d'ailleurs faites de manière non professionnelle, les gens haussaient les épaules d'une manière incrédule.

Au retour sur l'autoroute, nous vîmes un train rempli de chars d'assaut, des soldats aussi - russes ou allemands ? manœuvrer dans la campagne.

Nous étions aussi allés à la Stasi avec Wroblewski, où on nous avait accueillis très aimablement pour tamponner nos passeports.

Je me souviens au retour de la magnifique Résidence baroque de Würzbourg. Mais avant, encore en DDR, de la visite, par un petit matin rempli de brouillard, de l'église de Naumburg, où se trouvent les extraordinaires statues des ducs saxons, lui en chevalier médiéval, avec sa tête de taureau prêt à pourfendre l'ennemi, et surtout elle, l'extraordinaire Utah, couronnée, front et joues voilés, lèvres empreintes d'un sentiment de bouderie, de dédain, de désenchantement indéfinissables opposées au monde, comme déjà romantique.

Dans un café près de l'église, un jeune lieutenant habillé en uniforme Wehrmacht courtisait une toute jeune Walkyrie blonde.

À la frontière entre les deux Allemagnes, les policiers de l'Est, nous identifiant immédiatement comme des sympathisants, des « amis » de leur pays, nous saluaient poliment, et ne se donnaient même pas la peine de nous vérifier.

Plus loin, en passant par le pont franchissant la Verra, rivière qui marquait la frontière, on voyait du côté ouest une énorme inscription conçue en œuvre d'art sculptée à même le montant du pont, réclamant la « Réunification » (*Vereinigung*).

Les propos que j'ai tenus jusqu'ici et les images que j'y ai accolées sont simplement à juxtaposer, sans commentaire particulier, aux films et aux récits d'un contenu en général particulièrement défavorable, et même hostile, dont ont été abreuvés pendant des années, et même aujourd'hui les publics occidentaux. J'ai seulement rapporté ce que j'avais vu et entendu de ce pays, à une époque où à peu près personne de nos contrées n'y mettait les pieds. Je sais qu'on y a commis des horreurs, mais la nation française également, ô combien, en Indochine, en Algérie, sans oublier Madagascar, l'Afrique Noire, et aussi les Antilles dont on ne parle jamais.

Dans cette période de Nancy, le dialogue entre les extrêmes, catholiques et communistes, préoccupait, à un rang plus modeste, un cercle de discussion animé, environ une fois par mois, par l'universitaire catholique Alain Gouhier. Il réunissait en général une vingtaine des personnes, adultes et plus jeunes, y compris des lycéens, dans une sorte de caveau dont le plafond comportait une poutre centrale sculptée en forme de crocodile. On y agitait la sempiternelle question d'un humanisme susceptible de former compromis entre Jésus et Marx, réforme et mutation, évolution et révolution. Alain était le fils du grand Henri Gouhier, dont l'épouse était juive, et la mère de celle-ci, habitant chez son gendre, avait été arrêtée chez celui-ci par les nazis, et n'était pas revenue de déportation. Mais pourquoi pas l'épouse ? Histoire étrange, y compris la singularité psychologique que représentait la conversion d'un juif au catholicisme, qui faisait d'Alain un homme ouvert, mais perpétuellement distrait et aussi quelque peu farfelu. J'avais un jour, un peu plus tard, assisté à sa soutenance de thèse à La Sorbonne sur Maître Eckhart, où le jury l'avait littéralement massacré par des interventions acides autant que moqueuses, avant de lui donner seulement la Mention Honorable, sans égard pour le nom de son père, par acrimonie et vengeance jalouse plutôt à l'égard d'un philosophe de renom devenu académicien, et en outre par intolérance et inculture touchant un auteur mystique de première importance mais étranger depuis toujours au rationalisme conservateur des programmes.

Dans la mouvance catholique, nous rencontrions à l'occasion un certain Borella, représentant d'un intégrisme réactionnaire qui fleurissait rarement mais tout de même à l'aise dans cette région qui a vu naître un Barrès - à Charmes ainsi que Ségolène Royal. Lors d'un repas chez Gouhier, il avait pris la défense du régime de Franco, qui venait de se faire remarquer, malgré une vaste campagne de pétitions, par l'exécution par étranglement - les Espagnols appelaient cela *garrot*, d'un militant présumé communiste appelé Grimau. La femme de Borella disait, le visage émacié et marqué d'un fanatisme aussi obtus qu'illuminé, que le vol de l'aigle - son époux, ne pouvait que surplomber et effrayer les autres petits oiseaux - nous autres les invités - qui se cachaient dans les bosquets pour éviter ses serres puissantes.

Dans cette période se créa un Festival international du théâtre, où se voyaient des troupes étrangères qui jouaient à n'importe quel moment de la journée et de la soirée en espace ouvert, sur les places, dans les jardins et les rues. Ces activités étaient impulsées par un jeune assistant de droit, dont se remarquaient le visage poupin et la voix de ténor haut placé, un peu efféminée, et qui s'appelait Jacques Lang. De façon surprenante, le personnage public que j'identifiais de nombreuses années plus tard sous ce nom, ne ressemblait plus du tout à l'image que j'en avais gardé, au point que l'on se demandait s'il s'agissait bien du même homme, à moins que l'image que je m'en étais formée fût une création de ma fantaisie.

☆

À partir de mon affectation dans l'équipe de Gilbert Simondon, commence la tranche de mon existence que j'ai qualifiée dans mon Autobiographie sous l'expression de la « galère parisienne ».

Comme je l'ai dit plus haut, pendant les années 1966-1968, je me donnai une formation universitaire complète en psychologie, ce dont il ne semble pas qu'il n'y ait jamais eu un autre exemple pour un normalien agrégé de philosophie. Dans le courant de cette deuxième année, on parlait beaucoup de l'enseignement de Gilbert Simondon à la Sorbonne dans le cadre de la licence. Ses cours, qui avaient lieu dans le superbe et théâtral amphithéâtre Richelieu à la Sorbonne, faisaient salle comble. J'y allais un soir, et comme il parlait déjà, j'étais resté timidement près de l'une des portes d'entrée entrebâillées de la salle, et n'étais pas entré m'installer sur les bancs, d'ailleurs entièrement occupés, de peur de me faire remarquer en dérangeant le public à chercher un fragment d'espace où m'asseoir. Il parlait d'une voix d'orateur magnifique, à qui personne n'aurait rien pu apprendre dans ce registre. J'ai connu à Deleuze une autre voix d'un magnétisme de ce genre. La voix de Simondon était nettement plus grave, baryton, et d'une grande force, bien posée, ménageant les silences aux places naturelles marquées par les rythmes de la langue.

Il faut dire que l'ensemble des enseignants psychologues que j'avais rencontrés au cours de cette année de maîtrise n'étaient pas du tout à ce niveau : c'était même le jour et la nuit. J'ai parlé ailleurs de la voix aigre et nasillarde de Fraisse, de l'évidence de son malaise physique en face d'un public d'étudiants d'une relative importance. J'ai raconté aussi comment il avait pris prétexte de 68 pour ne pratiquement plus jamais faire cours à un grand amphi, et quel rôle j'avais joué là-dedans. Fraisse m'avait chargé, au printemps 1969, d'une enquête par questionnaire auprès des étudiants, au terme de laquelle il apparaissait que ceux-ci ne voulaient plus jamais entendre parler de cours magistraux - surtout comme les siens, ce qui lui avait donné un alibi définitif pour se réfugier dans de petits séminaires tout en haut de l'échelle du cursus.

Je me décidai à demander rendez-vous à Gilbert Simondon dans son bureau pour lui proposer un sujet de doctorat, qui me trottait dans la tête depuis longtemps sur les relations entre le langage et la pensée. Il se renseigna sur mon curriculum, et décida presque aussitôt de m'engager comme maître assistant pour la rentrée suivante. Simondon partageait son bureau avec un collègue, qui se trouvait en discussion, au moment où j'entrais, avec une jeune femme qui n'était autre que Catherine Clément, alors Backès, qui me jeta un regard sans aménité particulière. Elle était persuadée que j'étais le principal acteur du canular regrettable pendant lequel nous avions arrosé ses fiançailles avec le serpent de mer.

L'équipe de Simondon était chargée des enseignements de psychologie générale proprement dits dans le cadre du Certificat de psychologie générale et comparée (C1), que les étudiants affrontaient pendant la troisième année des études. L'une des originalités de l'équipe est qu'elle ouvrait aussi sur la psychologie clinique en ménageant, à côté du Cours de psychologie générale de Simondon, et des TD de Psychologie Générale, un enseignement de Méthodes d'études de la personnalité.

Les TD de Psychologie générale mobilisaient six agrégés de philosophie dont cinq normaliens - avec lui-même cela faisait six et sept - ce qui n'avait jamais existé nulle part. Parmi ces derniers, moi-même (Ulm), Marie-Hélène Lavallard (Sèvres), Maurice Dayan (Saint-Cloud), Denise Van Caneghem et Françoise Clerc (Fontenay), toutes deux arrivées un an plus tard, et Bernard Balan (le seul non-normalien). Les méthodes d'étude de la personnalité occupaient Patricia Bertrand-Rousseau, Anne-Marie Mairesse, et Jacqueline Périvier-Lanouzière.

Parmi les chargés de cours non titulaires, il y eut un certain Verschaere, Jean-Claude Spérandio, Claude Bénichou, Michel Launay, Colette Soler (ancienne élève de l'ENS de Fontenay-aux-Roses, pendant un an).

L'équipe de Psychologie générale avait rédigé la première année une dizaine de documents polycopiés composés chacun d'un cours de base suivi de morceaux choisis, et formant environ vingt-cinq pages, au rythme de trois environ par mois, l'ensemble étant consacré à la question de la « perception ».

Même formule pour la deuxième puis la troisième année, qui avaient été consacrées aux thèmes successifs du « langage » (1969-1970) puis de la « personnalité » (1970-1971). Ce genre de choses ne se faisait jusqu'alors ni ne s'est jamais refait depuis nulle part en France, quant au type de projet, et quant à la qualité des résultats qui en sortaient. Certains collègues étrangers à l'équipe nous volaient ces polycopiés pour en faire des conférences brillantes à l'étranger (Patricia Bertrand-Rousseau), ou alors les remouturer servilement dans des cours d' « épistémologie » concurrents des nôtres et faits dans notre dos - ainsi Françoise Parot de l'équipe ennemie de Fraisse, qui prétendait savoir ainsi, avec les plumes du paon, de la philosophie !

De fait, cet effort collectif remarquable s'était arrêté au début de la quatrième année en octobre 1971, qui marquait le début de la débandade. Fraisse avait fait venir Simondon dans son UER de psychologie Paris V pour éviter la nomination d'Anzieu, dont il redoutait la pugnacité et qu'il avait préféré voir partir à Nanterre. Mais son ambivalence ne supportait pas l'excellence intellectuelle d'un caractère excessif et même franchement provocateur pour lui de l'équipe de ses collaborateurs. Il lui fallait absolument la détruire, avec le génie du mal, sous prétexte de la promotion de la psychologie scientifique.

Fraisse a toujours écarté de lui tôt ou tard les concurrences intellectuelles qu'il jugeait dangereuses pour sa « gloire ». Dans la période 1957-1968, il avait été en hostilité personnelle constante contre l'enseignement de psychologie générale de la psychanalyste Juliette Favez-Boutonier, ce qui a souvent été raconté (Ohayon, Jalley). Je reparlerai plus loin de Serge Moscovici, écarté résolument par lui, comme Anzieu, de l'« espace Sorbonne ». Fraisse a exilé également dans le Sud profond l'un de ses maîtres de conférences talentueux, Marc Blancheteau, spécialiste d'éthologie. D'autres talents, jugés et dits à l'époque prometteurs, tels Jean-Michel Peterfalvi et Dominique Lépine n'ont jamais trouvé chez lui le ressort d'une carrière bien épanouie. Le petit et rondouillard Jean-Pierre Rossi, quant à lui, se prêtait en toute occasion au rôle de Figaro politique soumis à la voix de son maître, et a très vite intégré, à partir de cet apprentissage, le petit cercle de la nomenklatura manipulatrice du gouvernement national secret de la psychologie. Il a d'abord forgé ses premières armes dans la destruction de l'équipe Simondon, avant de concourir à l'anéantissement final, aujourd'hui consommé sans remède, de l'ensemble des disciplines psychologiques en France.

Françoise Clerc avait commencé un doctorat de troisième cycle, sur les vues psychologiques dans l'Encyclopédie, ce qu'elle n'était pas tenue de faire : comme agrégée, elle pouvait aborder directement la thèse d'état. Lors du premier niveau de sa soutenance – il y en avait deux, Fraisse qui s'était introduit dans le jury organisé par le directeur de la thèse Simondon – laissant tout faire à son bourreau, avait fait une algarade terrible. Françoise était partie aussitôt après en demandant sa mutation dans l'enseignement secondaire à Nancy, s'y marier et n'en jamais revenir. Et d'une !

Marie-Hélène Lavallard, développant au fil du temps des relations passionnelles avec le caractère susceptible et ombrageux de Simondon, qu'elle avait tort de côtoyer continûment tous les jours sur leurs lieux de travail, finissait par passer avec armes et bagages dans l'équipe du différentialiste Maurice Reuchlin, un esprit étroit, laborieux, tatillon et mesquin, au surplus intolérant, impérieux et assoiffé de pouvoir, l'ennemi intime et irréconciliable de Simondon.

Le troisième, Bernard Balan filait pour trois années de détachement au CNRS afin d'achever sa thèse sous la direction de Georges Canguilhem.

Balan revenait donc au bout de trois ans, et obtenait assez rapidement un poste à Rouen, cependant que Maurice Dayan, sentant l'odeur du roussi dans la maison, obtenait de partir à Paris VII. En partant, il laissait lors de la session de septembre un sujet d'examen complètement provocateur (Sexe et pouvoir) pour le puritanisme ambiant de la maison, de manière à bien attirer l'orage sur la tête des copains qui restaient.

Ne restaient plus donc que Denise Van Caneghem et Jalley sur qui l'ensemble des autres collègues non philosophes de l'UER, une trentaine, allaient pouvoir taper comme sur des punching-balls. Il est très difficile de tenir tête pour un aussi petit nombre, moralement, intellectuellement, sur les plan affectif et nerveux également, contre l'hostilité persistante et déterminée d'un groupe en taille relative si important.

Par ailleurs, la psychologie est la plus complexe et la plus difficile de toutes les sciences. La discussion de ses principes nécessite un niveau de compétence technique, mais aussi logique et dialectique que je ne maîtrisais pas encore comme c'est le cas cinquante ans plus tard.

L'offensive qui se prépara vint des zones obscures où la nomenklatura de la discipline complote avec l'appareil des sbires du Ministère, experts, conseillers en tous genres, accrochés aux cordons du pouvoir et intellectuellement nuls, et même archinuls.

Il s'agissait de substituer à un enseignement fondé sur les contenus, les concepts, les objets, dont les modèles étaient produits par des auteurs de renom, un enseignement ne portant que sur les prétendues méthodes de la psychologie. Avec une pareille idée s'introduisait une perversion fondamentale de l'approche intellectuelle et scientifique qu'il était par ailleurs très difficile de discuter.

C'est comme si vous disiez que la question des transports automobiles ne concerne que la méthode de l'apprentissage de la conduite par les automobilistes plutôt que les automobiles de marques et de caractéristiques différentes qu'ils conduisent, et les routes de classifications diverses sur lesquelles celles-ci roulent. Ou encore que ce qui importe dans une pomme, ce n'est pas la chair proprement dite, mais seulement sa peau et ses pépins.

Il en était de même en psychologie où, faute de pouvoir lui définir des objets, on proposait de ne s'intéresser qu'à la panoplie des méthodes permettant de mesurer des objets qui finiraient bien par exister. Vous n'avez rien à manger, mais vous avez un couteau suisse, et si vous en manipulez avec soin et tour à tour les lames, vous finirez par faire surgir autour de vous, comme par miracle, du pain, du saucisson et de fromage, et pourquoi pas, à l'aide du tire-bouchon, du pinard pour boire avec.

Parmi les méthodes de la psychologie figuraient évidemment les statistiques, connues d'abord historiquement par les agronomes puis plus tard l'ensemble les sciences biologiques puis humaines. À supposer que ces méthodes conviennent à la psychologie, leur usage correct ne garantit pas la réalité et la qualité de l'objet mesuré. On peut mesurer correctement, passez-moi le mot, de la merde.

On nous demanda alors, à Denise et à moi, dès 1976, de confectionner un enseignement de méthodologie réduit à une heure et demie, à côté d'une demi-heure de statistiques enseignées par un « mathématicien », ce qui revenait à remplacer nos douze séances de deux heures consacrées à un enseignement conceptuel par dix-huit séances d'une heure et demie dévolues à un enseignement des méthodes exactes à mesurer des babioles.

Nous résistions Denise et moi en continuant à faire par-dessous le manteau ce qui nous convenait. En ce qui me concerne, je faisais un enseignement fondé principalement sur les contenus doctrinaux de Freud, Wallon et Piaget, que je considérais alors, et encore aujourd'hui, comme les trois plus grands psychologues européens. J'y ajoutais évidemment encore bien d'autres choses, notamment de la préhistoire humaine en m'inspirant des découvertes récentes de Coppens (Lucie). Denise, qui disait lire un livre par jour, faisait d'énormes polycopiés, d'une dactylographie un peu artisanale avec des rajouts manuels, mais d'une formidable érudition sur ces satanées « méthodes de la psychologie ».

Dans la même période, donc vers 1976, Reuchlin s'emparait par vote majoritaire du Conseil de l'UER du cours de psychologie générale de Gilbert Simondon, transformé par lui en un soi-disant cours de méthodes de la psychologie. Un peu plus tard, en 1978, cet usurpateur imbécile avait osé nous adresser à Denise et à moi une bibliographie entièrement rénovée de nos TD avec des intitulés nouveaux, en tout cas composée uniquement de misérables articles de son cru parus dans les revues françaises de « psychologie scientifique ». Nous nous étions laissé faire.

Apparemment, Simondon avait interrompu son cours de licence depuis quelque temps déjà, à mesure que son équipe de maîtres assistants commençait à se déliter, et que par ailleurs sa propre santé personnelle semblait fléchir, pour des raisons d'abord très matérielles. Le problème pénible de l'année de licence était le nombre des étudiants qui, dans ces années-là, a pu avoisiner les quelque 500, rue Serpente et à l'ancienne Faculté de Médecine, sans que jamais n'ait été prévu aucun dédoublement pour soulager Simondon - qui y avait été commis d'office, en raison notamment de l'égoïsme de ses collègues réfugiés dans les cours de maîtrise. Je me souviens de délibérations finales sous la présidence de Simondon qui duraient en pleine chaleur toute une journée de juillet, de 9 heures du matin à 18 heures. Dans de telles conditions, la correction d'autant de copies d'examen sous forme de dissertations traditionnelles demandait au professeur largement un mois entier (juin), à journées pleines. La même chose m'est arrivée plus tard à Villetaneuse avec la moitié moins d'étudiants : la correction annuelle des copies, à raison de 3 ou 4 l'heure environ, me rendait régulièrement malade d'une migraine chronique plus ou moins compensée par un grand café à chaque heure. Et comme Simondon était modeste, réservé, timide même, et peu autoritaire, il n'avait jamais osé demander à ses collaborateurs de l'aider à corriger les copies de son cours magistral. L'un ou l'autre aurait peut-être rechigné à y consentir (Lavallard, Dayan), mais pas la majorité. D'après mon souvenir, Simondon aurait cessé de faire son cours de licence probablement en 1973. Le cours avait alors été pris en charge les années suivantes d'abord pendant un an par Juan Segui, de l'équipe Fraisse, pur chercheur à la française sans aucune expérience pédagogique d'aucune sorte, puis les deux années suivantes (1974-1976) par Balan promu récemment docteur, avant que Reuchlin ne se l'approprie d'abord (1976-1978) pour le céder enfin à Noizet (1978-1984). Après le décès de Noizet, le cours de Méthodes de la Psychologie passa un an entre les mains de Huteau, puis échoua entre les mains de Spérandio. De tous ces busards sans envergure, Noizet, qui était tout de même agrégé de philosophie, avait été le seul à essayer de « penser » ce cours d'une manière intégrative en collaboration surtout avec les deux seuls les Maîtres de conférences agrégés (Van Caneghem et Jalley) - capables de remuer les idées, et qui avaient mis au point, du reste déjà bien avant l'arrivée de Noizet, un programme de Travaux Dirigés assez remarquable, dont le résumé a été reproduit par moi à la fin de ce document. On a parlé de ce programme de TD en plus d'un endroit pendant plusieurs années en dehors de Paris V. On nous l' « empruntait » comme d'ailleurs la plupart des documents de travail qui étaient sortis au cours du temps de l'équipe des maîtres assistants du Laboratoire Simondon. On en a retrouvé jusqu'à Lima au Pérou.

Le fait d'arrêter son cours était probablement aussi de la part de Simondon, outre un problème de santé, une façon de protester contre la mauvaise attitude générale à son égard de ses collègues renfermés dans la partie la plus élevée du cursus (Fraisse, Reuchlin, Durandin, Geneviève de Montmollin, Oléron). Oléron, peu émotif et de présentation schizoïde, a certes peu défendu Simondon dans cette longue période de conflit, bien qu'il ait été le seul tout de même à être plutôt correct avec lui. Il était le seul agrégé subsistant à côté de ceux de l'équipe Simondon, au milieu de cette bande d'illettrés (Durandin ?). Et ce n'est pas par hasard qu'il reste, à mon avis au moins, le seul écrivain estimable, mis à part Simondon, de cette pénible période de décadence de la psychologie française ayant débuté dès les années 50. Je ne parle pas ici, par contraste, et je l'ai fait ailleurs, de la riche école de la psychanalyse en France dans la période 1950-1990.

Je possède de tels cours de licence polycopiés de G. Simondon jusqu'en 1970. À mon avis, les « cours » polycopiés de date postérieure résulteraient soit d'enseignements qui ont été prononcés ailleurs (par exemple dans les diverses ENS) soit sont des cours de DEA, en général de dimension plus courte.

Je me souviens par exemple que c'est sur l'invitation de Michèle Crampe-Casnabet, mon ex-femme, responsable de la section de philosophie à l'ENS de Fontenay-aux-Roses, que G. Simondon avait été convié à y faire cours pendant l'année 1968-1969.

De toute manière, Simondon, usé par cette guerre, prenait sa retraite, après une carrière d'une vingtaine d'années à Paris, à soixante ans, en 1984. Sa femme, qu'une carrière d'helléniste faisait voyager souvent en Grèce, l'aurait abandonné alors pratiquement à lui-même dans leur grande maison de Lozère. C'est du moins ce qui se disait à l'époque de façon plus ou moins bien informée. Je n'ai jamais rencontré Michelle Simondon-Berger, normalienne de Sèvres de la même promotion que lui (1944), qu'une seule fois rue Serpente. Yvon Brès (promotion 1946) se souvenait assez bien de tous deux comme ses condisciples à l'École Normale. Simondon avait encore le temps de refaire la deuxième partie de sa thèse principale, abusant du café, avant qu'on le trouvât mort un matin assis devant la table de la cuisine en 1989. Cela a encore été un propos de l'époque.

J'ai connu aussi dans l'équipe du Laboratoire Claire Simondon, l'une de ses filles, qui a travaillé un moment comme collaboratrice technique dans notre équipe.

À peu près contemporain de Gilbert Simondon à l'ENS avait été Pierre Greco (1946), reçu premier à l'École avant de l'être à l'agrégation de philosophie, disparu assez jeune, dont la créativité fut très contrariée par une dépendance excessive à l'égard du tyran Piaget comme par une existence affective difficile, disait-on. Il y eut aussi le philosophe communiste Lucien Sève qui fit bizarrement retirer son nom de l'annuaire des anciens élèves. Il y avait également Lefèvre d'Ormesson (1944).

Quelque temps avant la fin de sa carrière, Simondon, qui m'aimait bien et qui avait un jour dit à sa femme que j'avais toujours été dans ses tribulations celui de ses collaborateurs le plus proche de lui, me jouait tout de même un bien vilain tour. Mais c'était aussi un peu ma faute de traîner dans de colossales lectures avant de conclure ma thèse. Depuis des années déjà, le conflit des « méthodes de la psychologie », s'il me laissait incapable de répondre en public à l'offensive théorique de Fraisse et Reuchlin, ne me laissait pas sans réactivité. J'avais élaboré rapidement de volumineux polycopiés sur la méthode dialectique chez Wallon et Piaget - me dressant d'instinct avec ce mot dialectique qui leur faisait horreur contre leur béhaviorisme états-unien. Puis, poursuivant dans cette voie, j'en étais venu à produire dans la foulée en quelques mois un livre d'environ cinq cents pages intitulé « Wallon lecteur de Freud et Piaget. Trois essais suivis des textes de Wallon sur la psychanalyse ». J'avais assez rapidement trouvé un éditeur, le philosophe communiste Lucien Sève, directeur des Éditions sociales, qui l'avait d'abord fait lire à la jeune Muriel Gajewska, ancien élève de psychologie clinique à Paris V.

Le livre allait donc être édité incessamment en 1981, lorsque Simondon me déclare un matin que je ne pouvais soutenir ma thèse sur un livre déjà publié, mais qu'il convenait en toute rigueur d'en enlever la couverture et de présenter le texte sous « une jaquette » de modèle plus universitaire ! Une baliverne qu'on lui avait soufflée ou qu'il avait lui-même inventée… pour m'empêcher de soutenir ma thèse sur-le-champ, certes pas très tôt, mais à quarante-six ans tout de même ! Je passais outre, et publiais tout de même le livre, ce qui faisait événement sans faire trop plaisir dans le cadre de l'UER, mais causait tout de même moins de déplaisir que si j'avais soutenu ma thèse. J'envoyais le livre à tous les professeurs, environ une centaine à Paris et en France vu l'extrême générosité de certains éditeurs de l'époque, collègues qui me répondirent par un courrier assez abondant, avec de la part des confrères de l'UER (Chiland, Fraisse) : « Et votre thèse ? Où en est votre thèse ? ».

J'ai toujours eu du mal à comprendre pourquoi j'agissais ainsi : je brandissais mon livre en dehors du système sous le nez de mes ennemis, en leur signifiant qu'ils étaient une bande de débiles, de cons même, et qu'ils ne méritaient même pas que je soutienne ma thèse pour prendre place un jour à leur côté. Par ailleurs, le fait de devenir docteur m'aurait mis en demeure de quitter éventuellement Paris pour un poste en province, ce qui m'aurait obligé à interrompre ma relation trihebdomadaire très soutenue dans mon logis d'Antony avec la séduisante Annabelle, qui de son côté n'aurait jamais envisagé de mettre en question pour moi un ménage bien bourgeoisement établi. Ah, la vie n'est pas simple !

Une fois publié le livre, Simondon aurait très bien pu revenir sur son avis, et envisager malgré tout de me faire soutenir ma thèse, d'autant que, peu après, je publiais encore un autre ouvrage : « Wallon : La vie mentale », toujours aux Éditions sociales (Messidor), avec une centaine de pages d'études et commentaires de moi-même. Mais il était en fait terrorisé, tout comme moi, par le groupe nombreux et compact de nos ennemis, très ambivalent aussi à l'idée que je puisse l'égaler en grade, et comme décidé à ce que je sois immolé sur son cadavre, selon l'usage des monarques antiques, en même temps que lui entrait dans son tombeau.

Nous n'en parlâmes jamais ensemble, ce qui est fort singulier : c'était la fin de la génération des philosophes dans l'enseignement de la psychologie, c'est comme si nous l'avions su, et comme si nous avions été tous les deux debout dans la charrette nous emmenant vers la guillotine à l'époque de la terreur révolutionnaire. Un jour, dans les parages de son départ, Simondon aurait dit à quelqu'un : « Je sais bien que Jalley doit m'en vouloir ».

Avant que Reuchlin ne s'empare du cours de Simondon, donc vers 1978, Fraisse – et d'ailleurs également Simondon, m'avaient demandé en 1976 – de bien vouloir faire ce nouveau cours de Méthodes de la psychologie. Mais j'avais refusé pour des tas de raisons : refus de cet intitulé, et par ailleurs de m'emparer du cours du patron, et en outre, refus de faire un cours d'amphi à quelque cinq cents étudiants, y compris le paquet de copies attenant à corriger en juin, avec un statut de simple maître de conférences assorti d'un salaire de misère. Puis on avait demandé à Balan, qui venait de soutenir, et qui avait pris l'amphi Vulpian, dans l'ancienne faculté de médecine, un an ou deux. Fraisse était allé écouter à la porte, et avait constaté que « ça marchait bien ». Et ce pleutre, dont cela aurait été le devoir, mais qui était incapable et avait la trouille de faire un tel cours, le gloussait dans les réunions publiques.

Au moment imminent où Simondon est parti, en 1984, il n'a pas dit un mot touchant sa succession dans sa propre chaire. Quelques-uns (Jacqueline Périvier, André Missenard) m'ont alors suggéré, pressé même de soutenir ma thèse sur mes deux livres, mais je me sentais seul et sans soutien. Georges Noizet, qui avait succédé à Fraisse quelques années avant et déjà rongé de façon visible par le mal qui devait l'emporter, un énorme cancer de la face, me disait avec un air de faux cul, ayant déjà du mal à articuler : « Vous… vous en faites pas, Ja Jalley, on vous laissera pas tomber ».

Noizet, agrégé de philosophie et spécialiste en psycholinguistique, était venu d'Aix-en-Provence. Préméditant de remplacer Fraisse, il avait bâclé dare-dare sa thèse pendant l'année précédant le départ de celui-ci, ayant cédé ses cours à un collègue complaisant, avait soutenu sur les chapeaux de roues, et se retrouvait dans la chaire et le laboratoire historique de psychologie expérimentale de la Sorbonne. Dès qu'il arriva, vers 1979, l'UFR se mit en tête de dépecer l'ancien laboratoire de psychologie générale et comparée naguère créé pour Simondon, ce que n'avait pas franchement osé faire Fraisse, mais en tournant avec précaution autour du mammouth dont on craignait encore les réactions de défense. Un jour, on donna Anne-Marie Mairesse et Jacqueline Lanouzière à l'équipe de psychologie clinique de Colette Chiland, Denise Van Caneghem et Jalley comme hilotes au service du cours de Noizet, mais pas comme membres de son laboratoire, affublé lui d'un nouvel intitulé exhibant les dépouilles prises à Simondon : « psychologie générale, expérimentale et comparée ». Mais on n'osait pas encore toucher aux locaux du grand laboratoire de Simondon.

De fait, Noizet avait repris l'ancien cours de psychologie générale de Simondon, d'abord volé par Reuchlin et rhabillé en cours de méthodes de la psychologie. Noizet s'était mis en tête de refaire un programme cohérent de TD de méthodologie. Il avait prévu deux réunions bimensuelles de travail réunissant lui-même, son maître assistant Camus, syndicaliste communiste connu pour sa pugnacité obtuse, Denise et moi, portant sur douze thèmes, chacun donnant lieu à un schéma très détaillé de sous thèmes, suivi d'une bibliographie assez consistante, où pouvaient être choisis des exposés pour les étudiants. Ce travail, qui ambitionnait de concilier en équilibre la psychologie expérimentale et la psychologie clinique, sans compter leur articulation avec les autres disciplines de la psychologie, se proposait un « idéal » en fait irréalisable, s'agissant de toute manière que ce soit la première qui garde l'hégémonie sur la seconde. Malgré tout, cela remuait les neurones de l'ensemble des participants, même si le dogmatisme de Camus rendait presque toujours les réunions très difficiles à supporter. L'agrégé Noizet était malgré tout moins stupide que l'ancien instituteur Reuchlin. Il donnait également des résumés de son cours.

Les copies du cours étaient corrigées par les maîtres de conférences au prorata du nombre de groupes de TD qu'ils contrôlaient. C'est Denise et moi qui évidemment en avions le plus, tandis que les autres assistants du laboratoire de Noizet en étaient pratiquement dispensés.

Simondon ne s'était jamais bien porté de s'être laissé déporter de l'ancienne Sorbonne, où il vivait en bon équilibre avec Juliette Favez-Boutonier, vers le nouveau système de Paris V installé après 68. Dès cette époque, Fraisse descendait fréquemment de son étage dans le bureau de celui-ci pour le torturer et le sadiquer à son aise, toujours sous mille prétextes. Mis sans cesse sur le gril dès son arrivée quotidienne à l'université, Simondon avait pris l'habitude de boire de la bière au café du bout de la rue Serpente, le Saint-André, à une centaine de mètres de l'entrée, avec des effets bizarres d'interférence sur ses médicaments antidépressifs. Au fil des années, sur une période de quelque douze ans, ce comportement s'aggrava. Bien avant d'autres parmi ses pairs qui tremblaient dans leurs cachettes, il avait d'abord essayé de reprendre son cours de psychologie générale à l'amphi Vulpian. Aucun professeur de rang magistral n'avait osé jusqu'alors le refaire depuis 68, Fraisse se cachant derrière le dos des collègues pour les pousser à faire cours de licence à sa place. Mais Simondon avait tendance dans le déroulement de ce cours à se fâcher dès qu'il se percevait contesté si peu que ce soit, en particulier du fait des questions d'étudiants par lesquelles il se sentait agressé. Puis Balan l'avait remplacé, et une fois parti Balan, Reuchlin, et enfin, comme on l'a dit, Noizet.

Dans les dernières années avant 1984, Simondon venait toujours dans son bureau, où il avait tendance à s'enfermer et à ruminer sous l'effet de ce qu'il avait absorbé juste avant d'arriver. Il avait conservé son séminaire de doctorat de troisième cycle, et on entendait parfois l'après-midi, par la porte ouverte de la grande salle, sa voix de baryton devenue sépulcrale, psalmodier des propos techniques sur l'histoire des machines.

Dès qu'il fut parti, ce fut Jean-Claude Spérandio qui fut nommé dans son poste, avec un changement d'intitulé par la suite : « psychologie générale et informatique », ou quelque chose comme cela. Simondon, sous la pression de Fraisse, lui avait concédé son doctorat d'État pour un maigre volume[10] sur « la charge mentale des contrôleurs aériens ». Il arrivait de Saint-Denis, et venait souffler le poste et le laboratoire de celui-ci à Paris V comme à ma barbe. Aussitôt arrivé, il fit changer la serrure du bureau de Simondon, qui jusqu'alors en laissait volontiers les clés et l'accès à ses maîtres de conférences. Il fit aussitôt déménager également la grande bibliothèque de recherche du Laboratoire Simondon installée dans la grande salle des réunions communes, comprenant plusieurs milliers de volumes, dont il fit cadeau au fond général de la bibliothèque universitaire sans consulter personne des maîtres de conférences de l'ancienne équipe. Les oiseaux de proie fondant de tout le bâtiment venaient se servir toutes portes ouvertes dans les cartons préparés à la hâte tout grands ouverts pour le déménagement. Une nouvelle époque commençait où on n'aurait plus jamais besoin de livres.

Dans un exposé récent qu'il a fait lors d'une des séances de l'Atelier Simondon à l'École Normale Supérieure (11/1/2014), et où assistait aussi mon ancien collègue de l'équipe Simondon Claude Bénichou, J.-C. Spérandio a donné des explications très intéressantes sur le processus de sa formation doctorale. Ayant soutenu son doctorat de troisième cycle, et comme il hésitait à entreprendre la seconde thèse dite doctorat d'État, il s'était vu convoquer par Paul Fraisse, qui lui aurait signifié la possibilité d'être dispensé de l'inscription normale sur la liste large dite LAFMA pour accéder directement et sans rédaction effective de la seconde thèse sur la liste étroite dite LAES[11], avec accès direct à la fonction du professorat. Procédure exceptionnelle pour ne pas dire irrégulière dont disait s'autoriser Paul Fraisse en tant que « Président de la Commission ». Elle consistait à partir d'un seul doctorat sur les deux exigés à l'époque, et en

[10] 286 pages 1972 Simondon, 32 ans, 15 articles, aucun livre personnel, 4 chapitres de livres en 1999, Francis Docthèses Excel Jalley 2004.

[11] LAFMA : Liste d'aptitude (dite large) aux fonctions de maître-assistant ; LAES : Liste d'aptitude (dite étroite) à l'enseignement supérieur.

sautant à pieds joints par-dessus la carrière de Maître Assistant et même celle de Maître de conférences à accéder directement à la candidature au titre de professeur.

J'ai étudié très à fond cette question de la formation doctorale en psychologie dans mon ouvrage CPUF 1 et 2 (2004), en signalant que sur les quelque 1 000 dossiers de collègues examinés de près, pas moins de 50 % présentaient des « anomalies » de ce type « condensation des deux thèses en une seule », selon toutes sortes de variantes, processus comportant à titre de conséquence inéluctable une disqualification progressive de toute la discipline, et qui l'a conduite par euthanasie à l'état de fantôme où elle est réduite aujourd'hui. Même si tout le détail de cette forêt paraît un peu compliqué aux jeunes qui se retournent vers le passé pour essayer d'entrevoir les causes « d'un désastre obscur », comme dit Alain Badiou, quand encore ils sont conscients d'un tel désastre, ce qui n'est pas toujours le cas.

La procédure exceptionnelle dont a bénéficié J.-C. Spérandio par la grâce du potentat Paul Fraisse n'a donc rien eu de si rare : déjà connue dans la théologie médiévale et encore janséniste comme doctrine de la prédestination des élus, elle fonctionnait dans la psychologie universitaire depuis les années 70 comme néo-modèle de l'autorecrutement et de l'autopromotion des médiocres par les médiocres.

Les « anomalies » concernant le maquillage de la formation doctorale entre 1970 et 1990 se perçoivent dans le fichier Docthèses dans le fait qu'un Professeur, qui devrait être muni de deux thèses, ne possède que soit un doctorat de 3e cycle (qui a donc été maquillé en doctorat d'État), soit un doctorat d'État (qui provient du maquillage d'un doctorat de 3e cycle), sans que l'on sache évidemment rien du contenu de l'arrangement qui s'est alors produit au niveau de la camarilla des décideurs.

Mais il y a encore mieux, c'est l'étrange « procédure du 46.3 » qui a toujours permis de nommer un professeur sans thèse… pour service rendu, disons pour raison d'État, ni plus ni moins. Que les curieux sachent que je parle de cela dans tout le détail dans mon livre GP12008, p. 138 sq.

Le nouveau modèle de la formation doctorale abrégée a vu son intronisation explicite avec la formule du nouveau doctorat 1991 - une seule thèse de petit format –, mais ce n'était là que l'officialisation d'une pratique dissimulée – fonctionnant contre la règle établie pour les élus de la camarilla du gouvernement et même du Prince de la discipline - et dont le ressort essentiel a été le maquillage du doctorat de 3e cycle « court » en un doctorat d'État « long ».

La nouvelle formule de 1981 prenait acte et contribuait à développer encore davantage une situation de déchéance en pente régulière de la qualité des enseignants chercheurs qui aura occupé l'intervalle entre les années 1970 et nos jours. Les résultats ont été catastrophiques, surtout en psychologie, une discipline qui, contrairement à d'autres disciplines nouvelles (sciences sociales, économie) avait toujours refusé l'installation d'une agrégation - refus énergique des syndicats -, comme moyen de présélection objectif et sérieux des enseignants du supérieur, après passage dans l'enseignement secondaire.

Chapitre 3

« Sépulture »[12]

On a, on aura du mal à le croire. Le niveau moyen des professeurs titulaires de la discipline consiste dans la production d'environ un article d'une dizaine de pages par an, usant sans modération du copier-coller sur les originaux américains, et rédigé si possible dans un anglais de cuisine. Heureux quand le même article ne sert pas pour 5 ou 6 personnes d'un rédacteur collectif. Ces aigles publient leurs thèses sous forme d'un livre unique dans leur vie, cependant que les moins nuls participent en outre à la fabrication de quelques livres collectifs. Voilà, une carrière de 40 ans peut se faire avec environ 400 pages, souvent bien moins, d'une écriture aussi débilitante quant à la forme que quant au contenu (CPUF2, passim, PP1, 37, PP2, 163-262).

Aussi bien est-ce « le néant vaste et noir » (Baudelaire) que l'on est obligé de constater, si l'on s'intéresse, en dehors de ce comportement des acteurs de la recherche, au bilan du contenu des résultats en matière de recherche scientifique concernant la psychologie française depuis les années 1950. Depuis la parution du petit livre de Reuchlin sur l'*Histoire de la psychologie* (1957), plusieurs autres ouvrages (6) sont à mentionner comme parus dans ce registre : Braunstein-Pewzner 1999, Nicolas 2001 et 2002, Bloch 2006, Carroy-Ohayon-Plas 2006, Jalley 2006. Or il est frappant que, pour la période 1950-2000, aucun de ces ouvrages n'ait trouvé à livrer au lecteur rien, mais alors rien de ce qui pourrait s'appeler un résultat en matière de psychologie scientifique énonçable en une proposition consistante. Sauf le fait qu'il existe bien une histoire de la psychanalyse en France pour cette période alors qu'il n'en existe aucune pour ce qui est des autres disciplines de la psychologie (Nicolas 2002, Jalley 2006). Nicolas par exemple ne trouve rien d'autre à nous décrire

[12] Charles Baudelaire : *Les Fleurs du Mal* (80-70).

pour cette période, marquée par « l'américanisation de la psychologie » que le « développement des structures institutionnelles ». La psychologie française américanisée n'a produit entre 1950 et 2014 que de l'institutionnel, des institutions, tout à fait à la manière dont le lisier venu des porcheries a engendré l'algue verte sur les plages bretonnes (Jalley CRP 2007, chapitres 2, 3, 4).

D'ailleurs ce système fonctionnant dans la psychologie universitaire n'a été que l'un des aspects mineurs du cancer généralisé de l'enseignement qui s'est installé depuis une soixantaine d'années en France, sans remède envisageable. Situation que j'ai décrite dans plusieurs de mes ouvrages sur une étendue de plus de 1 600 pages, dans tous les azimuts des trois degrés primaire, secondaire et supérieur comme cela n'a jamais été fait par personne jusqu'ici avec cette précision de détail. Je sais ce dont je parle, et qui n'a jamais été réfuté par personne. On trouvera mes références sur ce sujet précis comme sur d'autres à la fin du livre.

Dans la même période où J.-C. Spérandio déménageait l'ancienne bibliothèque du Laboratoire, il m'expliquait en narguant que « c'est fini, le Yalta entre Lagache et Piéron ». Maintenant c'était les Piéron qui allaient anthropophagiser les Lagache. Oui, ce fut bien fini, sauf qu'aujourd'hui les deux armées d'adversaires après s'être exterminées l'une après l'autre, sont enterrées à présent dans des cimetières voisins, comme on peut en voir par exemple en visitant l'endroit très édifiant près de Soissons dit Chemin des Dames, où le casque allemand fraternise dans l'absurdité du néant avec le casque français.

L'année même de l'éviction de Simondon à la retraite, à peine cinq ans après son arrivée, Noizet, comme déjà dit, fut atteint d'un cancer à la face qui, déjà visible à la rentrée des vacances de Pâques, l'avait emporté à la rentrée de novembre suivante. Il avait évité de se montrer à Denise et à moi dans l'état avancé de sa maladie, se doutant qu'il n'avait guère à attendre le moindre témoignage de commisération de fidèles d'un homme qu'il avait à ce point humilié. C'est comme si les Mânes de Simondon – on l'avait assassiné sur les plans intellectuel et social – étaient revenus sauter à la gorge de son dernier persécuteur.

Sans projet défini par rapport à savoir quoi faire de ces deux livres déjà publiés par moi, je demandais alors à renouveler mon inscription en thèse avec Simondon, fût-il retraité et par fidélité à son égard - démarche qui d'ailleurs était réglementaire, ma première inscription ayant expiré au bout de dix ans. Je fus convoqué par la Présidente des sciences humaines de l'université Paris V, Claude Lévi-Leboyer, qui me signifia que Simondon, à ses yeux, n'était plus capable depuis longtemps de diriger quoi que ce soit. Je me tournai alors vers Roland Doron, professeur à l'Institut de psychologie, psychanalyste agrégé de philosophie, qui me reçut avec bienveillance en me disant : « Vous avez déjà fait tellement de choses ! », et qui était d'accord lui, pour me laisser faire ce que Simondon m'avait interdit : présenter mes deux livres, et un dossier de documents d'enseignements (le tout formant peut-être deux mille pages), avec un chapeau introductif d'une longueur raisonnable, disons une centaine de pages.

Mais, au lieu de cela, je me relançais dans une réécriture complète de mes travaux sur Wallon, avec de nouveaux prolongements vers la psychanalyse : Lagache, Spitz, Winnicott, Lacan, pour aboutir à plus de mille pages renouvelées. Cependant, comme Doron nageait un peu dans cette forêt vierge, il me redemandait un nouveau chapeau plus synthétique, ce que je fis en quelque cent cinquante pages, en ajoutant tout à la fin de la thèse plusieurs annexes très intéressantes et très érudites, par exemple sur l'histoire du concept lacanien de prématuration depuis Buffon, etc.

Et voilà comment je soutins mon doctorat en 1986, à cinquante et un ans, alors que j'aurais pu le faire cinq ans plus tôt, ce qui probablement aurait changé quelque chose à mon avancement en fin de carrière, mais ce n'est pas certain, car un certain nombre de snippers étaient décidés de toute manière à flinguer dans le dos à peu près l'ultime philosophe, ou, si vous voulez le dernier des Mohicans dans la discipline. Je débarquai sur le quai trop tard, deux ans après la liquidation de l'héritage de Simondon.

Dans la période antérieure, le sinistre Fraisse, avait déjà exécuté en bourreau sans merci la carrière de la normalienne Denise Van Caneghem. Celle-ci avait rédigé un volume de quelque cinq cents pages sur les formes et mécanismes de l'agressivité animale et humaine. En posture de soutenir un doctorat d'État, la malheureuse se fit circonvenir par Fraisse, qui lui subtilisa son texte pour le faire publier dans l'une des collections qu'il dirigeait aux Presses universitaires de France, non sans l'avoir auparavant amputé des trois quarts en raison des soi-disant contraintes de la maquette éditoriale. Mais il n'était plus question de soutenir comme thèse un petit ouvrage publié sous forme de quelque cent vingt-cinq pages. Car c'était bien ce salaud qui imposait comme oukase dans sa propre UER l'interdiction, en réalité l'empêchement de présenter comme doctorat un ouvrage déjà publié.

Le Laboratoire de Psychologie Générale et Technologie avait été assez riche sur le plan du budget. Juste avant l'arrivée de Mitterrand au pouvoir, le montant de celui-ci s'élevait à quelque 320 000 francs par an. Ce qui avait permis de constituer une riche bibliothèque de recherche. Mais après 1981, avec l'avènement du ministère d'austérité Mauroy, l'ensemble des budgets universitaires était rapidement tombé à la portion congrue. Ce budget qui était le plus élevé de tous les laboratoires de l'université de psychologie, avait probablement été le prix payé par Fraisse pour attirer Simondon dans son UER plutôt que le redouté Anzieu. Mais il excitait évidemment aussi de la jalousie.

☆

Il me reste à reparler avec plus de détail du rôle très négatif qu'ont joué dans la liquidation du grand laboratoire Simondon et de sa grande équipe de philosophes les deux sicaires, les deux nains sous-terrestres Paul Fraisse (Alberich) et Maurice Reuchlin (Mime). Parlons tout d'abord du rôle de Paul Fraisse dans la nomination de Simondon à la Sorbonne.

C'est Fraisse qui avait voulu s'associer à tout prix le talent de Simondon, que sa médiocrité insigne ressentait tout de même confusément. Mais une fois qu'il l'eut à sa disposition, ce fut pour jouer au chat et à la souris avec lui, rôle pour lequel il avait toujours été mieux fait que pour tout autre.

J'ai parlé dans mon livre sur « La crise de la psychologie à l'université en France » (2004) des caractères paradoxaux du personnage de Paul Fraisse. L'un de ces paradoxes résidait dans le fait qu'il passait pour avoir été très engagé dans la Résistance au cours de la Guerre 1939-1945 (ce dont il ne parle nullement dans son « Autobiographie »), et être très à gauche dans le domaine politique, tout en étant très peu révolutionnaire sur le plan des idées scientifiques : c'est lui qui porte la responsabilité d'avoir introduit l'*american way of thinking* dans la psychologie française, de l'avoir pliée sous les fourches caudines d'un béhaviorisme étroit pendant 40 ans (1950-1990), ignorant même la révolution cognitiviste apparue dès 1956 aux USA.

La psychologie aura été la première discipline universitaire par laquelle s'est introduite l'américanisation de la culture en France, tout de suite après la Deuxième Guerre mondiale, dès 1950, avec les traductions ordonnées par Fraisse des principaux manuels américains (Woodworth, Morgan, Kretch et Crutchfield, Klineberg). Pour l'économie néo-libérale, le phénomène n'est intervenu que bien plus tard, avec les premières traductions françaises l'économiste Hayek, à partir de 1980. Ce fait important mais étrange semble avoir été jusqu'ici largement méconnu.

Dans son autobiographie de l'ouvrage de Françoise Parot, P. Fraisse parle de son enfance coincée entre deux parents qui ne se parlaient pas, banalité qui donne la clé sans mystère d'un caractère aussi dur que cauteleux, dans le registre sémiologique du sadisme et de la perversité ordinaires, mais pas pour autant inefficaces.

Sur son passé de prétendu « résistant », on ne sait rien de bien précis, sinon qu'il aurait séjourné une partie de la guerre à l'école des cadres d'Uriage, institution de création pétainiste dont il est connu qu'elle a pu fournir des cadres tant à la résistance qu'à la collaboration, ce qui a fait partie des ambiguïtés de l'époque.

À l'université Paris V, Fraisse se montrait tout aussi ambigu qu'avec Simondon dans ses négociations toujours tendues avec le laboratoire de psychologie clinique dirigée par la terne psychiatre-psychanalyste SPP Colette Chiland. Entre lui et elle existait un accord tacite, un *deal* consistant à écarter l'équipe des anciens agrégés de philosophie de tout objet important (il y en avait donc encore 7 au moment d'apogée dans le laboratoire de psychologie générale de Gilbert Simondon) aussi bien qu'à contrarier autant que possible l'intrusion des médecins (un laboratoire de psychopathologie créé en 1968 et qui comprenait plusieurs psychiatres – Faure, Beauchesne – n'a pas prospéré dans une longue existence).

Colette Chiland combattait le chiendent détestable des agrégés, bien qu'elle l'ait été elle-même, un genre de mécanisme qui n'a jamais produit de fleurs très odorantes dans le champ de la culture. Lors du décès de Lacan, C. C. s'était fait remarquer un bref moment dans une carrière de condottiere obscure en produisant sur celui-ci un article justement des plus malodorants dans *Le Monde*.

Claude Prévost, dans « La psychologie fondamentale » (Que sais-je ?, 1994), mentionne qu'à l'époque où fut créée en 1966 (A. Ohayon dans « *L'impossible rencontre. Psychologie et psychanalyse en France* (1919-1969) », 1999, situe cet épisode en 1963 de façon selon moi erronée) une chaire de Psychologie générale, Gilbert Simondon, candidat des expérimentalistes, y fut coopté contre Didier Anzieu, candidat des cliniciens. Ceux-ci vécurent fort mal ce choix et c'est un des éléments qui expliqueraient, selon Prévost, la « scission » de 1968-1970 entre expérimentalistes (majoritaires à Paris V) et cliniciens (ayant le monopole de la discipline à Paris VII).

Claude Prévost soutient donc que la dénomination officielle de « psychologie générale » attachée à une chaire aurait été une innovation attachée à la nomination de Gilbert Simondon à La Sorbonne en 1966, d'une manière qui consacrait sur le plan de l'institution universitaire une expression déjà utilisée dès la fin de la Seconde Guerre mondiale dans l'usage courant.

De fait, Fraisse semble avoir toujours redouté le grand talent de débatteur d'Anzieu, usant à l'occasion d'épisodes coléreques aussi impressionnants qu'efficaces, ce dont j'ai été le témoin personnel à plusieurs reprises au cours de la période 1968, alors que Simondon, un Auvergnat d'origine et de maintien modestes, et qui sans être sot avait beaucoup moins d'esprit de réplique, était nettement plus facile à manœuvrer pour lui. Simondon, comme Rousseau, avait à l'université l'esprit de l'escalier.

J'ajoute, dans le même contexte, que les grandes figures de la psychologie française – il y en a eu quelques-unes – sont antérieures à la Deuxième Guerre mondiale, et ont toutes exercé depuis en dehors du cadre de la prestigieuse Sorbonne, surtout dans les filières marginales, toutes renommées qu'elles aient alors été, de l'EPHE et du Collège de France. Henri Wallon, le plus grand psychologue français, a toujours été écarté, pour raison politique – soupçonné d'être communiste sans l'être (ce qui est un comble), d'une chaire de Professeur à La Sorbonne. Les documents administratifs subsistant de sa carrière aux Archives nationales, jamais publiés jusqu'ici, le démontrent.

En dehors de Daniel Lagache, élu en 1945 certes à La Sorbonne, et auquel Paul Fraisse n'a jamais été en état de s'attaquer, on citera Didier Anzieu, donc écarté du professorat à La Sorbonne par Fraisse au profit de Gilbert Simondon (plus facile à manipuler pour lui), et alors exilé à Nanterre, Serge Moscovici, relégué aussi par l'animosité de Fraisse dans le seul espace de l'EPHE, Serge Lebovici également, dont la carrière universitaire, commencée à 63 ans, s'est faite à Paris XIII mais dans le cadre de la Faculté de médecine. N'oublions pas Juliette Favez-Boutonier (à la Sorbonne avant 1968) et Jean Laplanche à Paris VII. La liste est à peu près close. Évidemment l'astre Jacques Lacan, mais dans l'espace intersidéral, *out of University*. Ce sont les seuls noms de quelque talent qu'ait connu la fonction enseignante, non seulement à Paris, mais même en France dans les champs de la psychologie et de la psychanalyse entre 1968 et 2000.

Jean-François Le Ny[13] a parlé dans son Autobiographie de « l'ambiance extrêmement amicale » qui régnait dans les années soixante au sein du laboratoire de Fraisse. Or, nommé moi-même, comme je l'ai dit en 1968 dans le laboratoire tout voisin, du point de vue spatial, de Gilbert Simondon, ce n'est pas du tout l'impression que j'en ai eue alors : les fleurs du printemps apparemment s'étaient déjà desséchées. Du reste, à peine plus loin dans le même récit, Le Ny fait marche arrière sur le même sujet en avouant que c'est seulement quelques années plus tard – donc sensiblement après 68 – que furent « importées des États-Unis, sous le couvert de l'exigence normale de compétition inhérente à la recherche, ces pratiques de clique, d'avidité et de férocité scientifiques qui ont bien

---

[13] F. Parot et M. Richelle : Psychologues de langue française. Autobiographies, Paris, PUF, 1992.

enlaidi la vie du chercheur ». Dont acte. Ajoutez à ce climat déjà délétère largement antérieur la dose de poison supplémentaire introduite par le décret Savary de 1984, qui abattait le statut encore relativement avantageux des universitaires préservé par la loi Faure de 1968. Faisant d'un seul coup perdre 20 points de niveau de vie à 75 % des Professeurs titulaires, relégués pour toute leur carrière dans la prison d'une « Deuxième Classe ».

De la taupinière du Laboratoire de l'alchimiste comportementaliste Paul Fraisse, il ne reste rien, même pas le souvenir de son nom jadis célèbre, depuis son démembrement en plusieurs morceaux rebaptisés de façon méconnaissable. Pourtant il s'était agi du célèbre Laboratoire de Psychologie expérimentale de la Sorbonne, d'abord créé et dirigé par Beaunis, puis par Alfred Binet, puis par Henri Piéron, ensuite par Paul Fraisse, puis par Georges Noizet, qui l'avait rebaptisé « de psychologie expérimentale et comparée » (1978), pour reprendre l'intitulé de la chaire de Théodule Ribot au Collège de France – et également pour promouvoir ainsi l'anéantissement final du Laboratoire de psychologie générale et comparée de Gilbert Simondon, à l'initiative aussi de Germaine de Montmollin et de Colette Chiland –, et poussé enfin vers l'abîme par son dernier Directeur, un certain Juan Segui lui-même, élève de Paul Fraisse, et qui n'avait mené qu'une carrière de pur chercheur au CNRS. *Sic transit gloria mundi*, comme dit l'Imitation de Jésus-Christ.

Parlons à présent de l'autre nain néfaste des Nibelungen, Mime, en l'occurrence Maurice Reuchlin, dans la Guerre d'extermination contre Simondon.

La stratégie de Reuchlin, élu professeur de psychologie différentielle, consistait tout simplement à soutenir, avec le culot de plomb d'un ancien instituteur reconverti dans le béhaviorisme tous terrains, que cette discipline n'était ni plus ni moins que l'équivalent de la « psychologie générale ».

En fait, Reuchlin ne soutenait cette thèse de la vocation généraliste de l'approche différentialiste que parce qu'outre sa chaire de psychologie différentielle, il a toujours prétendu déborder sur celle de psychologie générale et comparée de son collègue Gilbert Simondon auquel l'opposait une animosité d'ordre personnel alors bien connue, ce qu'il a fini par faire en annexant son cours magistral par vote du Conseil d'UER, et en adressant un jour par courrier aux maîtres assistants de G. Simondon – Denise Van Caneghem et Émile Jalley – des programmes de T D de psychologie générale dont les séances devaient consister en commentaires de textes, soit à peu près uniquement d'articles soi-disant méthodologiques de M. Reuchlin lui-même, d'une qualité d'ennui intersidérale.

G. Simondon, esprit original et pointu, mais dont l'esprit planétaire manquait parfois d'adresse diplomatique, aurait déclaré lors de l'élection de M. Reuchlin à la Sorbonne que lui manquait le titre d'agrégé de philosophie, sorte d'injure personnelle que son collègue ne lui aurait jamais pardonnée. Mais après tout, n'avait-il pas raison ?

Cette revendication de la psychologie différentielle à investir la psychologie générale, était soutenue également par les misérables écrits de l'adjoint de Reuchlin, Jacques Lautrey, dans un registre d'idéalisation rationnelle hypocrite, qui secondait la stratégie de son maître dans la guerre peu noble menée à l'Université Paris V dans les années 75-80, par le Laboratoire de psychologie différentielle contre le Laboratoire de psychologie générale de Simondon, dont ce titre avait été, comme on l'a dit, l'intitulé de la chaire créée pour la première fois lors de sa nomination en 1965.

Cette guerre avait connu plusieurs épisodes avant la mise à la retraite anticipée et la fermeture de son Laboratoire en 1985, dont il a été question plus haut. À la suite d'une période de conflit étalée sur plusieurs années, G. Simondon s'était d'abord vu retirer son Cours de psychologie générale donné dans le cadre de la licence, par un vote du Conseil de l'UER dirigé par Germaine de Montmollin, pour le voir confier alors à Maurice Reuchlin, qui, auteur d'une *Psychologie* aux PUF en 1977, se proclamait publiquement, comme on l'a déjà dit, ainsi que le geai paré des plumes du paon[14], comme le seul représentant de la « Psychologie générale », alors que le titre du Cours qu'il donnait ainsi que des Travaux Dirigés en dépendant se qualifiait sous le terme bien plus restrictif de « Méthodes de la psychologie », à l'instar justement de son pénible petit ouvrage sur *Les méthodes en psychologie* (PUF, 1969).

Fraisse, tout en travaillant à la destruction de l'institution Simondon, se sentait incapable d'égaler sa psychologie expérimentale à la psychologie générale, d'autant qu'il craignait de faire cours à 400 étudiants de licence, cependant que Reuchlin, lui, s'y pavanait comme un coq, même à ne proférer que d'éprouvantes platitudes béhavioristes, par exemple sur la répétabilité de l'expérience comme garantie du consensus scientifique.

Cet épisode de la Guerre parisienne de la psychologie, d'apparence secondaire pour le lecteur d'aujourd'hui, a eu en fait une grande importance historique dans la promotion d'une nouvelle assiette de la psychologie hexagonale définie par la prévalence exclusive d'une méthodologie balayant toute autre espèce de perspective. Quant à Gilbert Simondon,

---

14 La Fontaine Jean de : 1668-1679, *Fables*, « Le geai paré des plumes du paon », Paris, Sacelp, 1982, 4.9, 117.

ainsi maltraité par les psychologues, il a acquis depuis, même au-delà de sa disparition, une célébrité de philosophe honoré par des colloques internationaux et plusieurs ouvrages sur sa perspective originale d'histoire et d'épistémologie des techniques. Je vais en reparler plus loin.

Pour ce qui est de la psychanalyse, ses honteuses complicités à l'intérieur de l'establishment universitaire avec la trivialité béhavioristo-cognitiviste (Chiland, Gori) n'ont guère favorisé sa survie.

Il est certain que la psychanalyse française, si a elle a été très féconde jusqu'aux années 80, année du décès de Lacan, depuis cette date aussi a commencé à marquer le pas, à vieillir, à prendre de l'embonpoint, à se répéter, et que de pareils défauts n'ont pu que décevoir les esprits de bon lignage, certains philosophes par exemple, qui avaient beaucoup placé d'espoir dans sa vitalité conceptuelle et ont commencé alors à se détourner de cette vieille dame indigne. Y. Brès, élève de Louis Althusser, compagnon à l'École normale de Gilbert Simondon, d'Alain Touraine, de Michel Foucault, et de Pierre Gréco, a toujours manifesté une vivacité critique, une sûreté et une alacrité de jugement qui ne l'incitaient guère à se laisser prendre à certains miroirs aux alouettes. Yvon Brès est quelqu'un qui a été reçu premier à l'agrégation de philosophie, avant Foucault, troisième, et qui s'en serait excusé même devant lui. Il est un historien de la psychanalyse qui paradoxalement a commencé à proclamer le déclin de la psychanalyse.

Cette déchéance de la psychologie comme de la psychanalyse, qui se présentait comme la résultante d'une Guerre locale, avait en fait une signification plus large en tant que symptôme d'un effritement d'ensemble de l'institution universitaire. Symptôme significatif dans la mesure où la psychologie semble bien avoir été la discipline la plus en crise dans le cadre de la crise globale de l'institution universitaire. La psychologie est paradoxalement la plus intéressante des disciplines intellectuelles, l'un des grands objets de la philosophie éternelle (le Moi, le Monde et Dieu) mais qui a, à peu près toujours, sauf exceptions rares, été investie en France par les enseignants chercheurs les moins doués, et même les plus stupides. Ceci une fois passée la dernière grande génération des Wallon, Lagache, Favez-Boutonier, Anzieu.

Dès la fin des années 90 (ARESER 1997), Bourdieu a pourfendu la formation élitiste de l'École normale supérieure (qui n'en peut mais de n'avoir pas encore trop déchu de son niveau d'autrefois), le cours magistral traditionnel, et regrette même l'absence réelle de pouvoir des CNU (on voit bien que sa carrière d'exception ne l'y a probablement jamais soumis).

J'ai moi-même étudié très en détail la déchéance progressive de l'institution doctorale comme l'un des signes irrécusables du dépérissement de l'ensemble du bâtiment universitaire. À cet égard, parmi les célébrités des sciences humaines et de la philosophie, disons les seigneurs de la vie intellectuelle en France, il y a eu de forts contrastes, dans leur attitude et leur politique personnelles à l'égard de la Direction des doctorats, comme souvent dans ce registre de phénomènes et concernant des individualités de caractère très marqué, quant à l'harmonie des registres de l'activité universitaire. Certains ont dirigé des quantités considérables de doctorats (Ricœur : 146) [que probablement ils n'ont jamais lus entièrement], d'autres encore beaucoup (Barthes, Bourdieu : 35), d'autres sensiblement moins et parfois presque pas, et dont on peut penser qu'ils les dirigeait avec le plus de sérieux (Canguilhem : 9, Deleuze : 13, Devereux : 17, Derrida : 9, Foucault : 1 !, Lacan : 1 !, Lévi-Strauss : 9, Serres : 13 ; Simondon : 11).

Parmi les doctorats dirigés par Gilbert Simondon, il y eut, outre Jean-Claude Spérandio, Michel Launay. J'avais conseillé son recrutement comme responsable de l'animalerie installée à Lozère, et à partir de là il avait conçu une thèse de psychologie animale dirigée par Gilbert Simondon et soutenue avec succès. Il a fait carrière dans la psychologie expérimentale à Montpellier.

Sans parler de ses trois grands ouvrages, les cours de G. Simondon tranchaient avec tout ce qu'étaient capables de produire ses médiocres collègues, par exemple Éliane Vurpillot, autre commensale du maléfique Paul Fraisse, et auteur d'une thèse sur « l'organisation perceptive », de mentalité étroitement béhavioriste. Celle-ci proclamait dans les réunions avec ses chargés de cours qu'« y a pas besoin d'être intelligent pour faire de la psychologie », ce qui semblait l'autoriser à divulguer partout de façon médisante que les travaux de Simondon n'utilisaient que de la documentation de seconde main.

Or, ce qui frappe dans le cours de Simondon sur ce même sujet de la perception, c'est la maîtrise étendue d'une énorme érudition, non seulement dans le champ de la psychologie, mais encore ceux de la physiobiologie, et des sciences physiques. Ainsi son histoire de la psychophysique y est beaucoup plus exacte et compréhensible que l'exposé de Reuchlin dans sa très contestable *Histoire de la psychologie*, que ses défauts notoires n'ont pas empêché, au pays des aveugles, d'acquérir le statut de petite bible de la discipline pendant plus de 50 ans. L'ouvrage du suisse Mueller portant le même titre et paru presque en même temps (1960), mais bien supérieur, avait été rapidement liquidé par ce qu'il a bien fallu reconnaître progressivement depuis comme une véritable « police universitaire » (AERES recréée depuis par Monteil bien qu'elle ait toujours existé). Mais surtout la démarche de Simondon manifeste son originalité par la dynamique d'une méthode de problématisation philosophique, qui se révèle à l'évidence comme la seule procédure capable d'éclairer les difficultés fondamentales de la psychologie. Perspective qui échappe complètement à ses autres collègues de l'époque, incapables du moindre maniement de la « contradiction » en leur domaine. Par exemple, mais c'est comme cela partout, Simondon montre avec brio que les taxies et les tropismes illustrent déjà, au niveau élémentaire, une antinomie de l'organisation vitale entre déterminisme (Loeb) et spontanéité (Jennings).

L'esprit de tyrannie intellectuelle, résultant de l'étroitesse culturelle d'un béhaviorisme à la française entretenu par Fraisse et Reuchlin, avait généré dans tout l'immeuble de la rue Serpente, investi par l'Institut de psychologie, un réseau de relations abjectes, où sourdait partout la moisissure des petites tyrannies. Avec de l'esprit d'invention, chacun pouvait se tailler un destin de kapo. Ainsi Madame Bernard, agent technique d'un âge respectable, préposée de fait à la gestion du service informatique – dont les frais étaient généreusement assumés comme déjà dit par le Labo Simondon – s'était arrogé en outre le droit de disposer des clés des locaux des toilettes réservées aux enseignants, et qu'il fallait humblement aller solliciter d'elle en cas de besoin de céder aux nécessités naturelles. Il est vrai que des échos de l'époque rapportaient que de tels locaux étaient devenus infréquentables dans l'ensemble des universités parisiennes. Après le lamentable échec de la mutation sociale ratée de 68, le génie de la « grande nation » (*die grosse Nation*) n'était plus à même de bien se tenir nulle part, ni à table ni en d'autres lieux.

G. Simondon tentait en toute bonne foi d'apporter son génie à l'alliance de sa culture encyclopédique avec le progrès de la psychologie scientifique, tout comme avant lui le grand Henri Wallon, pédopsychiatre novateur, l'avait pratiqué à l'égard de son ami Henri Piéron – psychologue expérimental certes mais encore agrégé de philosophie tout comme lui. Mais cette époque fertile était révolue, Fraisse et Reuchlin n'étaient ni Piéron ni Guillaume.

Il me souvient, vers les années 75, d'un « colloque » sur l'Unité de la Psychologie – ni plus ni moins – organisé dans le grand Amphi de la Faculté de Médecine par Colette Chiland, autour de qui siégeaient à la chaire, outre les inévitables « Dupont chez Tintin » Fraisse et Reuchlin, une demi-douzaine d'énergumènes biologistes et psychiatres – pour qui un tel « objet » n'a jamais été que peanuts. Bien entendu, Gilbert Simondon n'avait pas été invité à siéger à la tribune : lui et moi étions assis l'un à côté de l'autre au milieu du public des étudiants. Et lui tout de même s'était ingénié à formuler, après avoir levé le doigt, une question que personne évidemment n'avait trouvé digne de discussion, perdue dans l'éventail des autres questions diverses plus ou moins pertinentes.

☆

Une fois soutenu mon doctorat d'État, j'attendis encore longtemps, deux longues années, avant de pouvoir concourir pour un poste de professeur. Je fus candidat à quatorze postes à la fois, dont à Besançon, à Nice, à Paris VIII et à Paris XIII. Je me présentais devant la Commission électorale de Paris VIII un après-midi en sachant que le poste était réservé d'emblée pour Serban Ionescu, un roumain pansu, avec un accent à couper au couteau, de ce type de candidats dont l'équivalence du titre de doctorat autochtone avec notre titre national a toujours été plus ou moins le fait du prince, sans aucune trace repérable dans les banques de données officielles, et qui au surplus se prétendait médecin. Il devait développer par la suite une orientation de psychopathologie cognitiviste, avec une carrière ultra-rapide vers les échelons les plus élevés.

J'expliquais au Professeur cognitiviste François Richard, président de la commission, et ancien condisciple de promotion à Normal' Sup, qui avait passé l'agrégation en même temps que moi, que j'étais au courant de la situation, et que je préférais m'en aller plutôt que de jouer cette comédie. Mais il insista : vu que « tu as pris tes responsabilités en posant ta candidature, tu te dois d'aller jusqu'au bout », et je fis mon exposé, avec le dynamisme indispensable attendu, au bout d'une longue table, d'où je voyais une vingtaine de visages penchés faisant semblant d'être attentifs à m'écouter.

À Paris XIII, j'étais souhaité par Dayan, qui y avait été nommé professeur un peu avant. Je fis une tournée de visites le soir chez deux collègues, Yves Baumstimler, un ancien expérimentaliste un jour converti à la psychanalyse lacanienne, et Jacques Sélosse qui avait jadis connu Wallon. C'est en fait Dayan qui commandait dans la section des psychologues, sous prétexte qu'il était « directeur du laboratoire ». Son intention, en me recrutant, était de faire de moi le directeur du DEUG, avec évidemment en prime le grand cours d'amphi pour les étudiants débutants. J'essayais d'obtenir au moins des TD de licence, voire de maîtrise dans le champ de la psychanalyse. Mais cela me fut refusé par le téléphone, sans même qu'il y eut une discussion de groupe. D'autant qu'un nouveau poste de psychanalyse venait d'être encore créé depuis mon arrivée, et que Jacqueline Périvier-Lanouzière, notre ancienne collègue de l'équipe

Simondon, et psychanalyste de la SPP, y postulait et que Dayan déployait alors pour elle un tapis de velours rouge sous ses pieds.

Comme j'étais le seul spécialiste de techniques projectives (DES Institut 1968), on me donna tout de même l'enseignement en ce domaine dans le cadre du DESS de Psychopathologie. C'était la première fois que l'on me donnait un enseignement en Troisième cycle, en cinquième année, à quelque cinquante-cinq ans, au bout de trente-cinq ans de carrière enseignante. Mais je n'obtins pas immédiatement en dépit de mes demandes réitérées auprès de Jacqueline Lanouzière qui s'était affublée de tous les galons de Dayan après son départ et son retour comme professeur à Paris XIII, un enseignement en maîtrise, en quatrième année. En revanche, on avait bien voulu me laisser l'amphi des deux cent cinquante étudiants de l'année de licence, y compris le paquet de copies de l'examen final.

Professeur à Paris XIII, j'avais fabriqué un polycopié à l'usage du DESS sur « les tendances de la psychologie clinique et de la psychanalyse » qui avait grossi avec les années. J'appris un jour par hasard, par une relation de mon épouse Bénédicte, qu'il était connu et diffusé dans Paris. Un peu comme jadis nos polycopiés de l'équipe Simondon phagocytés par l'entourage, et qu'on utilisait même dans des conférences faites à l'étranger.

Cette longue période de la Guerre de la psychologie universitaire (1957-1990) que j'ai racontée plus haut a eu des effets durables et mortifères, dont le panorama désastreux est décrit aujourd'hui de façon complètement fantaisiste, affadie et lénifiante par certains des hiérarques de la génération plus jeune que la mienne, du reste psychanalystes (Roland Gori, Jean-Jacques Rassial), car les autres sont comme les muets du sérail des étrangleurs dans les coins sombres du harem (Bajazet) mais en général incapables de s'exprimer. La dynamique du conflit destructeur qui a été la cause historique depuis des décennies de la perte corps et biens d'une psychologie universitaire digne de ce nom est devenue un véritable objet de refoulement institutionnel.

Le bilan réel en est en fait que la psychologie à visée scientifique et l'Autre psychologie, incapables de la moindre composition dialectique entre elles, se sont enfermées chacune dans un bastion où l'une et l'autre ont fini aujourd'hui par crever, ni plus ni moins, chacune de son côté. Un peu avant sa mort en 1962, Henri Wallon aurait dit qu'il voyait la psychologie à l'université s'enfoncer dans un tunnel (apparemment avec la nomination des gremlins Fraisse 1957 dans une chaire de psychologie expérimentale à la Sorbonne, suivie bientôt de celle de son acolyte Reuchlin). C'est bien ce qui est arrivé, même si certain(e)s étudiant(e)s se prétendent à l'occasion satisfait(e)s de la tambouille cognitivo-clinique qui leur est aujourd'hui servie à René Descartes Paris V. C'est la Faculté de Médecine, où n'a jamais existé aucune tradition d'enseignement de psychologie digne de ce nom, qui prétendrait de nos jours régenter les programmes, l'organisation et les plannings de la Faculté de psychologie.

Aussi bien je suis en désaccord avec telles de ces présentations actuelles (par exemple Roland Gori dans *Le Nouvel Âne* n° 8 février 2008 dirigé par Jacques-Alain Miller) qui tendent à polir et à idéaliser ce passé déjà hyperconflictuel, en parlant par exemple d'une « sorte d'accord tacite entre les partenaires des deux psychologies, d'équilibre fragile, dans le respect des personnes et des institutions, mais tendant à la rupture à la fin des années 1980 ».

Ce n'est pas personnellement, je l'ai dit, ce que j'ai vu et vécu. J'ai parlé plus haut d'une sorte de *deal* entre P. Fraisse et C. Chiland, entre les années 40 et 85, tendant à faire reconnaître la psychologie clinique comme une sorte de sœur cadette de la psychologie expérimentale, dans un contexte où la médecine devait alors être tenue à une certaine distance, mais dont la philosophie en tout cas avait aussi à être définitivement exclue, ce qui à mon avis est un point toujours négligé, bien qu'il soit d'une importance extrême. C'est au sein de ce contexte dramatique que s'est situé ce que l'on pourrait appeler le syndrome de l'équipe Simondon, en tant que reflet parisien local d'un champ de bataille bien plus étendu. Car c'est depuis ce temps que la discipline est devenue complètement acéphale, ce qui se ressent par exemple au spectacle de ses errements politiques répétés et mortifères, dans un climat de soumission conservatrice dont le ressort secret échappe.

Plutôt que de « respect », c'est de *pecking order* éthologique dont il s'agissait, dans cette période 70 à 85, de dominance-soumission animale spontanée (au fond la servitude volontaire de La Boétie), réglée au sein d'une très petite oligarchie de grands animaux de combat se reconnaissant un tyrannosaure en chef (*tyrannosaurus rex*), toujours un représentant de la psychologie expérimentale. Il y a peut-être eu de rares exceptions locales, comme j'ai connu à Nancy de 1964 à 1968, avec le philosophe Raymond Ruyer (philosophie et psychopathologie), Georges Snyders (p. de l'enfant), François Jodelet (p. sociale), et votre serviteur (épistémologie, p. générale et expérimentale).

J'ai travaillé depuis une dizaine d'années (2004-2013) à une *Critique générale de la psychologie contemporaine* en 20 volumes, où j'avais déjà abordé l'étude des processus et mécanismes dont la résultante catastrophique se produit déjà depuis une vingtaine d'années, mais en s'aggravant encore dans la période actuelle. En tant que membre pendant 18 années consécutives (1968-1986) du laboratoire de Gilbert Simondon, j'ai incontestablement assisté aux premières loges comme témoin, et même comme acteur bien souvent plus agi qu'agissant, à l'évolution d'un processus de déchéance institutionnelle, intellectuelle et scientifique de la psychologie, d'un caractère plutôt dramatique, et dans le cadre d'une université qui s'offrait alors comme le miroir et le modèle de toutes les autres en France.

L'UER puis UFR de Psychologie de l'université René-Descartes Paris V a toujours été l'espace privilégié où s'est développé et induré, à partir de l'ensemble de l'espace national, ce que j'ai déjà eu l'occasion d'appeler le gouvernement de la psychologie, en tant que système plus ou moins occulte de personnalités de la nomenklatura, regroupé autour de Paul Fraisse et de quelques autres, y compris un certain nombre de collabos – les champions de « l'unité de la psychologie » au moins au plan politique sous le magistère de la psychologie « à visée scientifique » – venus du secteur le plus conservateur du camp de la psychanalyse. Dans l'espace de Paris V même ont prospéré un certain nombre de janissaires dont la particularité est qu'ils y ont parcouru absolument toute leur carrière du niveau de chargés de cours à celui de Professeur de classe exceptionnelle, pendant une quarantaine d'années, sans avoir été jamais été muté ailleurs – du jamais vu. Une demi-douzaine de cas ont été bien connus. Cette situation leur avait permis de concentrer entre leurs mains, du fait de tout un écheveau de fils tissés avec le « ministère », un énorme pouvoir occulte de décision sur la répartition de la manne financière en faveur de la petite bande de leurs affidés : pilotage des élections et nominations au CNU, organisation de la courte échelle de leur autopromotion, répartition par des « experts » secrets des primes diverses (dites administrative, ou d'encadrement doctoral), nominations de véritables buses à l'Institut de France. Au bout de 25 années de snippage dans le dos des éléments indésirables, il pouvait y aller largement de 2 000 euros de différentiel par mois entre collègues qui avaient jadis pris le départ de la course ensemble.

Il me semble donc avoir la compétence pour apporter des éléments d'information plutôt nouveaux au tableau que d'autres plus jeunes dressent aujourd'hui avec autant de surprise que d'indignation légitime. Non, tel comité des nouveaux experts de l'évaluation (par exemple Monteil-Fayol-Lécuyer en 2008) ne vient pas d'entrer par la fenêtre ni ne sort du chapeau d'un prestidigitateur, il prolonge une lointaine lignée de prédécesseurs, presque tout aussi acharnée qu'eux, mais dont la montée en puissance s'était depuis longtemps préparée, dès les années 1970, dans l'espace restreint de la psychologie universitaire, pour lequel le public des psys non universitaires n'éprouvait alors que peu de curiosité.

Maître assistant, puis maître de conférences, comme je l'ai dit, dans l'équipe du laboratoire de psychologie générale et de technologie, animée par Gilbert Simondon, j'ai été le témoin direct, comme dit aussi, pendant presque vingt années (1969-1986) de la mise au pas, puis de la liquidation, des enseignements donnés par les membres du dernier carré des philosophes agrégés, presque tous normaliens, déjà nommés plus haut, qui assuraient pour l'essentiel la formation générale de base des étudiants de licence, au cours d'une guerre sans cesse ranimée par Paul Fraisse (*doctor tyrannicus*), J.-P. Rossi (*magister insidiosus*), le chef de police du précédent à Paris V, Germaine de Montmollin (*doctor furibunda*), Maurice Reuchlin (*doctor dogmaticus*), et à laquelle prêtait volontiers la main aussi la psychanalyste Colette Chiland (*doctor ambigua*) – tous déjà rencontrés plus haut. Mais ce qui nous arrivait au plan local du Laboratoire et de l'équipe Simondon avait une signification pathognomonique dont les intéressés ignoraient qu'elle les dépassait.

[Avec une portée beaucoup plus large dont l'extension m'a été rendue bien plus saisissable dans les années postérieures, et dont des épisodes variés ont été par exemple l'article de Jean-Fabien Spitz sur les « Trois misères de l'université ordinaire » (2000), la guerre déclenchée par le navrant *Livre noir de la psychanalyse* (2005), puis le triste *Crépuscule d'une idole* (2010), et ces temps tout derniers le livre de l'historien Christophe Granger sur *La destruction de l'université* (2015), dont on parlera au chapitre 6.]

Mais rien n'y fait ni non plus n'y fera. Dans une présentation encore postérieure à celle de Gori (2008), le hiérarque Jean-Jacques Rassial, lui aussi du camp de la « psychanalyse », retourne après Roland Gori à la même chanson de l'antique paix dans le respect des différences entre l'eau et le feu (la psychologie à visée scientifique et la psychanalyse), ainsi quand il écrit dans son livre intitulé « Pour en finir avec la guerre des psys » (2010) : « pendant une quinzaine d'années, on peut donc penser que la psychanalyse a gagné sa place à l'université et fait au moins jeu égal avec la psychologie expérimentale ». Ce à quoi je réponds encore et toujours que je n'ai jamais vu cela de toute ma carrière à Paris V pendant quelque 20 ans (1968-1986). Et que c'est tromper les gens acculés aujourd'hui à une situation de liquidation tragique, la corde au cou, que de continuer à les tromper de cette manière-là sur la politique de collaboration néfaste et mortifère de leurs hiérarques psychanalystes depuis trente ans (Colette Chiland, Pierre Fédida, et Roland Gori principalement, il faut que les choses soient dites enfin, même s'ils avaient cru bien faire, mais l'enfer est pavé de bonnes intentions). J'ai entendu aussi nombre de collègues enseignants chercheurs du camp de la psychanalyse à l'université se plaindre d'avoir subi la discrimination rédhibitoire et létale de la part de tel de ces trois princes. La psychologie universitaire a toujours été un espace voué aux exécutions capitales, avec pour résultat aujourd'hui « le néant vaste et noir », toujours lui.

Un jour que je reprochais par courriel à Roland Gori sa longue politique de collaboration avec les grands sauriens de l'Autre psychologie, il me répondit : « Nous avons été des marranes » – ces juifs espagnols déguisés en catholiques convertis pour sauver leur vie. Il aurait mieux valu que lui et ses copains eussent la capacité théorique de résoudre l'antinomie entre la thèse et l'antithèse des deux psychologies. Ce problème qui resterait l'un des plus passionnants des sciences du psychisme restera non résolu, dans la paix des cimetières.

Il a été jusqu'ici impossible aux normaliens docteurs Stéphane Thibierge et Ariane Bilheran, en réalité blacklistés sur les tablettes de la nomenklatura, d'obtenir un poste de Professeur de psychologie.

Rassial poursuit encore pour dire que le nombre de psychologues cliniciens progresse rapidement « jusqu'au début des années 1980 » : d'accord. « Parallèlement, la psychologie expérimentale semble en perte de vitesse » (p. 68) : au point de vue scientifique, oui, mais personne ne s'en aperçoit alors. Mais pas au point de vue de l'hégémonie institutionnelle où celle-ci n'a jamais été aussi tyrannique qu'à cette époque, exercée sur toute la France depuis le Château de Paris V. C'est l'époque de Claude Lévy-Leboyer et de Jean-Pierre Rossi comme conseillers du ministre, et que j'ai décrite ailleurs, imposant partout des maquettes d'enseignement de conception anti-clinique (*La Guerre de la psychanalyse. 2*, 2008, 911-942). L'époque aussi où on liquide les derniers philosophes de Paris V capables de donner un enseignement de survol interdisciplinaire aussi clair que solide (les 6 normaliens agrégés de l'équipe Simondon entre 1968 et 1980) (pp. 314-315).

Enfin, j'ai déjà parlé dans plusieurs de mes ouvrages, comme encore ci-dessus, du fait que le décret scélérat Savary-Le Pors-Mitterrand de 1984 avait comporté pour les trois quarts des professeurs d'université la conséquence à terme d'une perte d'environ 20 points de niveau de vie, qui ne sera jamais plus rattrapée, et ce qui est énorme. J'ai aussi le souvenir précis que le budget de fonctionnement et de recherche du Laboratoire Simondon auquel j'appartenais à Paris V-Sorbonne s'est effondré entre 1981 et 1986 environ, précisément sous le gouvernement Mauroy, d'un montant annuel de 5 000 euros jusqu'à presque rien. J'ai dit que d'après ma propre expérience d'une carrière de 45 ans (1955-2000), j'avais toujours vu maltraiter l'Éducation nationale tout aussi bien par la droite que dans les périodes où la gauche a été entièrement au pouvoir avec président et premier ministre roses (1981-1986, 1988-1992). De même, il faut bien dire aussi que la psychologie, y compris la psychanalyse, n'ont jamais été spécialement bien accueillies par la gauche, qu'il s'agisse du PS (le ministre de la Santé Bernard Kouchner, à l'époque de Bérégovoy puis de Jospin – 1992-1993, 1997-1999, 2001-2002 –, ne rêvait déjà de rien d'autre que d'une médicalisation intégrale de la psychologie), ou aussi bien jadis du PCF (sauf la psychologie scientifique béhavioriste et de relent pavlovien qui y plaisait seule pendant longtemps après les années 1968). Dans la période 2011, il est vrai, les formations de gauche ont été davantage présentes (pas encore le PS) sur les pétitions survenant à l'occasion des décrets scélérats du 20 mai 2010 et du 5 juillet 2011 (« Mais c'est un homme. Déclaration du 1er août 2011 : Citoyenneté, liberté, psychiatrie : déclaration d'entrée en résistance », signée des Verts, du Parti de gauche et du PCF - mais toujours pas du PS) (ceci étant écrit à l'automne 2011).

J'ai dit que je reparlerai encore de Gilbert Simondon (voir également le livre *En mémoire de Gilbert Simondon* qui devrait paraître en même temps que celui-ci). Il semble avoir existé sur l'approche et la diffusion de sa pensée un malentendu considérable.

Dès qu'il a été possible, seulement quinze ans après sa disparition (2005), d'avoir enfin un survol global de ses deux œuvres majeures, la thèse principale et la thèse complémentaire, on reste stupéfait que cet ensemble de quelque mille pages, d'une cohérence, d'une force et d'une originalité stupéfiantes, et qui le font apparaître comme l'un des penseurs français importants du XXe siècle, ait pu sortir du cerveau d'un homme âgé de 34 ans.

Les cas de grande précocité philosophique ont existé mais ils sont rares. Hume avait achevé son *Traité de la nature humaine* à 24 ans, Wittgenstein son *Tractatus logico-philosophicus* à 32 ans.

À l'époque où je travaillais à ses côtés, G. Simondon était surtout le chercheur préoccupé du thème de l'objet technique, lequel ne représente que l'un des versants de sa pensée. Son ouvrage majeur sur l'individuation n'était accessible que pour une part (la première partie seulement publiée en 1964), qui ne permettait pas de faire facilement le raccord avec le premier thème. Du reste, l'objet technique, c'était surtout ce dont il parlait dans son séminaire. Il est possible que lui-même ait ressenti le reste de ses idées sur l'individuation trop difficile déjà pour le public d'après 68.

Ce qui étonne tout de même, c'est que l'auteur ait mis 16 ans pour publier la première partie de sa thèse principale (1964), et 31 ans pour publier la seconde partie, dont la mise en page aurait été son dernier travail avant son décès (1989).

Plusieurs questions se posent à moi.

Il est possible qu'un rapport ait existé entre l'originalité profonde de la pensée de Simondon et sa fragilité psychique. Le cas de Louis Althusser que j'ai bien connu aussi pose un problème analogue, bien que dans un contexte très différent. La pensée d'Althusser avait un côté hâtif, bâclé, impérieux, tranchant, pressé d'en finir avec l'amas des détails importuns. Pas celle de Simondon d'emblée comme parfaite.

On ressent très bien, sans pouvoir l'expliquer, le rapport entre le génie de Van Gogh et sa fragilité psychique. On raconte que Newton, à la suite de ses immenses découvertes, était tombé dans une sorte d'état de stupeur, qui le rendait à peu près infréquentable.

On se demande pourquoi Simondon ne parvenait pas à publier un ouvrage aussi remarquable, si tant est qu'il ait été complètement achevé dans son état définitif. Peut-être ne l'estimait-il pas, ne s'y reconnaissait-il pas ? Mais pourquoi ? On se demande si c'est cette fragilité psychique qui provoquait l'inhibition à publier, à moins que la causalité n'ait joué en sens inverse. Que le fait de ne pas arriver à se reconnaître et à faire connaître son œuvre ait fini par le déstabiliser intérieurement de plus en plus. Je n'en ai personnellement aucune idée.

Sa fragilité psychique a aussi été énormément renforcée par son entourage professionnel à Paris-V. On a assassiné sa carrière et sa vie, comme celles de ses proches compagnons, mais ce faisant, ses assassins entraient eux-mêmes dans la danse macabre qui allait les emporter rapidement par la suite, et dont on ne cherchera jamais plus à les rappeler, enfermés qu'ils sont dans le dernier cercle de l'Enfer de Dante. Simondon servait de porte-symptôme (Anzieu et col.) à la crise d'une institution déjà vermoulue. Par derrière sa personne, c'était ce qui restait de philosophie dans la psychologie qui était visé. Voilà le vrai nœud de l'affaire.

G. Simondon était d'une grande modestie, s'intéressait peu à parler de sa propre pensée à ses collaborateurs. Il ne s'intéressait absolument pas au fait de savoir si on le lisait ou pas. Nous ne le lisions pas, sauf peut-être Denise Van Caneghem. Nous le ressentions trop original, trop personnel, en comparaison de nos trajets bien plus conventionnels. Il faut aussi dire que le lire demande une érudition conséquente dans les sciences de la nature, ce qui manque à la plupart des philosophes. J'étais moi-même très engagé dans des lectures immenses de Freud, Wallon et

Piaget. Où j'ai trouvé par la suite pas de mal de choses sous la plume de Simondon qui y ressemblaient. Lui connaissait Gesell, l'un de leurs confrères américains du reste très important. Et puis je ne me sentais pas assez fort en sciences dures pour pouvoir m'accrocher à sa pensée. Car j'ai la manie de lire en ne laissant rien passer, jamais en diagonale.

Tous ses collaborateurs l'adoraient. Y compris sa bizarrerie, celle de Théétète qui le faisait parfois tomber dans un puits. Comme il était timide, il nous tenait aussi à distance. Il était fort susceptible, mais fort sensible aussi à l'humour.

Je ne saurais pas moi-même expliquer pourquoi j'ai toujours fui l'influence des hommes vivants que j'ai rencontrés. Réflexe de liberté, disait Pavlov à propos de certains de ses chiens rebelles. J'ai agi de la même manière avec Ruyer, avec Bachelard, avec Lacan. J'ai toujours préféré les conversations avec les grands disparus. Tout de même, j'ai lu une partie de l'œuvre de Ruyer, et aussi de Lacan, alors qu'ils vivaient encore.

Simondon était aussi serviable qu'il le pouvait avec des collègues dont il essuyait toutes les rebuffades, au moins publiques, car individuellement ils étaient des lâches. Pendant les Conseils d'UER, il s'appliquait à écrire tout ce qui se disait, en faisait des comptes rendus minutieux, qu'il faisait copier aux frais de son laboratoire aux collègues de tous les grades.

Dans certaines lettres adressées au Conseil d'UER, sortes de suppliques attristantes, il s'est plaint parfois d'être maltraité par ses collègues, alors que lui disait être un collègue obligeant à l'égard de tous.

Ses livres contiennent des idées d'une grande profondeur sur l'épistémologie des diverses disciplines psychologiques. Les platitudes d'un Reuchlin sont, comparées à cela, les déjections du ver de terre à côté de la démarche de Gargantua. Eh bien, personne ne s'en est jamais aperçu à l'époque. Relisez la *Psychologie* de Reuchlin, et vous verrez ce que c'est que Trissotin ou Vadius (Molière) pérorant dans la chaire du Père Ubu.

J'étais très remonté contre Fraisse. Je lui ai téléphoné plusieurs le soir au téléphone pour l'engueuler. Lui me répondait de façon très chrétienne qu'il faisait tout pour aider Simondon.

Après la parution de l'ouvrage de 1989, Fraisse a écrit dans *L'Année psychologique* un compte rendu abject, où il racontait qu'il avait assisté à la soutenance de thèse de Simondon, qu'il avait reconnu tout de suite son immense talent, mais prédit aussi, en accord avec Nostradamus, que sa démarche ne serait pas bien reçue dans le monde.

Je n'ai pas retrouvé tout de suite ce texte de Fraisse, mais plus tard et en m'apercevant que je l'avais d'abord cité avec une erreur. Il s'agit en fait d'un compte rendu concernant le livre de Hottois sur Simondon paru en 1993, et lui-même un peu plus tardif (*L'Année psychologique*, 1995, 95, 167-168). Fraisse y avoue, de manière très intéressante que « les retards [ayant marqué la publication de la thèse principale de Simondon] s'expliquent par les âpres discussions au cours de la soutenance de thèse. J'y étais. Simondon a été presque ignoré pendant vingt-cinq ans, sauf pour sa thèse secondaire qui a été rééditée trois fois. »

Il semble donc que l'incompréhension et même l'hostilité autour de la pensée de Simondon aient commencé dès le jour de sa soutenance de thèse. Fraisse faisait partie du jury, et il ne nous dit pas ici quelle y a été son attitude. On sait que les autres membres du jury ont été Jean Hyppolite, Raymond Aron, Georges Canguilhem, et Paul Ricœur, devant l'assistance de Maurice Merleau-Ponty, Jean Wahl, Pierre-Maxime Schuhl, et Mikel Dufrenne.

Il n'est pas aisé de savoir qui du jury aurait pu manifester de l'opposition aux idées de Gilbert Simondon : Jean Hyppolite et Georges Canguilhem certainement pas. Aron ? On peut en douter. Ricœur ? Pas impossible, son théologocentrisme renâclant devant l'athéisme de la philosophie de la nature de couleur présocratique de Simondon. En tout cas, ce témoignage de Fraisse est extrêmement précieux. Il prouve que cet être très original et très sensible qu'a toujours été Simondon – comme en témoignaient déjà certains condisciples de l'ENS – s'est probablement senti très contesté dès la soutenance de sa thèse, d'où peut-être une inhibition durable à la publier, sans parler de la pression psychologique afférente. Fraisse le dit lui-même en se gardant bien de nous éclairer sur le rôle vraisemblablement négatif – ce que j'incline à penser – qu'il aurait pu jouer dès le début dans toute cette affaire.

L'ensemble de cette histoire, que je viens de raconter, m'a laissé dans un état de colère qui n'a jamais fléchi avec le temps, et un sentiment de pessimisme bien fondé sur le déclin français qui a commencé depuis longtemps. Les rats et les souris universitaires ont traité à peu près de la même manière Wallon et Derrida.

Un autre penseur important que j'ai eu la chance de fréquenter comme son assistant est Raymond Ruyer. Il se savait seul et peu connu, mais n'en souffrait apparemment pas. Il semblait suffire à sa vie personnelle d'être heureux en ménage, m'a-t-il semblé. Pourtant, à la fin de sa vie, fatigué d'être si peu lu, il a imaginé le canular de présenter ses propres idées sous une forme très médiatique comme venant d'un savant de Princeton. Et ça a marché pendant quelques mois.

Parmi les très anciens collègues qui ont écrit sur G. Simondon, reste encore les propos de Denise Van Caneghem dans le *Bulletin de psychologie*, qui mériteraient qu'on les republie sur un site.

Aujourd'hui la pensée de Gilbert Simondon est très entourée par presque une vingtaine de livres. *Dignum et justum est.*

Mais cette pensée reste difficile à aborder et à comprendre. Tout comme celle de Lacan, surtout celui de la période finale (1966-1980). Un autre Himalaya. Cette situation est paradoxale à une époque où le public réclame à cor et à cri les facilités d'une « philosophie populaire ». On peut dire qu'à cet égard il est bien servi, et comme il le mérite.

G. Simondon a dit quelque part qu'« il n'y a de science que de l'individu », s'opposant ainsi de manière frontale à la tradition inaugurée par la fameuse formule d'Aristote, selon qui « il n'y a de science que du général ». J'ai dit plus haut que Simondon n'était pas du tout autoritaire avec l'équipe de ses maîtres de conférences subordonnés. Or, il se trouve que ceux-ci (surtout Émile Jalley et Denise Van Caneghem) avaient produit un programme de Travaux Dirigés de Psychologie Générale qui, spontanément, se conformait à cet adage de la pensée simondonienne d'une science de l'individu(ation). On nous « empruntait » alors cet enseignement, rédigé sur des polycopiés, dans un large espace de la psychologie universitaire nationale, à Paris comme en Province. En voici le résumé.

Méthodes de la psychologie (licence 1978-1987)

L'individu objet de science ; l'observation et l'expérimentation ; accords et désaccords entre observateurs ; observation globale et démarche analytique dans l'examen psychologique ; l'opérationnalisation des variables dans la démarche expérimentale ; recherches en laboratoire et recherche sur le terrain ; hypothèses, modèles, théories ; les méthodes cliniques ; conceptions sur le transfert et le contre-transfert ; la psychologie génétique comme méthode ; la psychologie pathologique comme méthode ; le normal et le pathologique ; les représentations du fonctionnement psychique en psychanalyse (Freud, Lacan) ; éthologie et anthropologie : sociétés primitives, anthropoïdes, données préhistoriques.

*

Les peuples fabriquent dans une certaine mesure leur histoire. Mais Hegel qui a pensé et dit cela, a formulé aussi son contraire, à savoir que les personnalités d'exception peuvent y jouer également un rôle majeur, positif et dynamique songeait-il plutôt, mais le cas échéant négatif aussi et destructeur.

Les Français qui gémissent tant – d'un bord comme de l'autre – de l'inconfort morose de leur existence politique, lié en fait à leur propension à n'élire, de façon entièrement démocratique, que des fantoches incompétents, qu'ils soient de droite ou de gauche, en portent l'entière responsabilité collective. Bien qu'il soit difficile à expliquer dans le détail par quel faisceau de micro-mécanismes s'est engendrée à terme une telle situation.

Dans des milieux sociaux relativement restreints, par exemple celui de l'enseignement et des professions en psychologie – à l'origine (vers 1920) quelques centaines de personnes, de nos jours quelque 150 000 (enseignants, étudiants, professionnels, psychiatres aussi) – certaines personnalités peuvent peser particulièrement lourd au point d'imprimer un destin à même de piloter un secteur bien plus important du devenir social. La « psychologie » pèse bien plus lourd dans le destin national que ces 150 000 personnes.

À la fin de sa carrière, au moment de sa mise à la retraite d'office par le Ministre Capitant, l'homme lige de De Gaulle (1949), Henri Wallon a dit qu'il voyait « la psychologie française s'enfoncer dans un tunnel ». Wallon comprenant que les débuts de la Guerre d'Indochine allaient compromettre toute perspective de discussion, sans parler d'application, du Plan Langevin-Wallon, voyait par ailleurs son ami de longue date Henri Piéron recruter, comme chargé de travaux en tous genres, le jeune Paul Fraisse venu du laboratoire de Michotte à Louvain. Paul « Alberich » Fraisse, qui n'a jamais su faire cours qu'en grinçant comme une vieille porte grincheuse, et dont les prestations faisaient rire les étudiants en philosophie (selon Denise Van Caneghem), ne tardait pas, en jouant furieusement des coudes du fond des combles et cagibis de l'institution, à s'imposer au creux du vide français dans une chaire de professeur de psychologie expérimentale à la Sorbonne (1957).

« Alberich » Paul Fraisse était un gremlin sardonique, de cœur sec, d'imagination pauvre et de culture maigre. Il ne connaissait que les petites recettes de la cuisine méthodologique qu'il avait apprises auprès du bien plus talentueux Belge Michotte, et qu'il avait caricaturées à sa main. Jadis évincé de la formation des jésuites (Bac + 14), qui n'ont jamais eu besoin de test de QI, « Alberich » se réclamait, dans sa vie personnelle, d'un humanisme chrétien rencontré dans la grande Maison créée par la communauté d'Emmanuel Mounier, et dont on l'avait laissé occuper un jour, par une inadvertance et une erreur de jugement moral difficiles à comprendre, l'un des appartements à Chatenay-Malabry. Il y avait « invité » un jour l'équipe Simondon pour lui aboyer dessus, dans un parfum mêlé entêtant de Watson et de Mounier.

Or, c'est par paradoxe cet humaniste chrétien, au surplus de sensibilité politique de goche (?), qui a introduit en France la psychologie behavioriste américaine, et l'y a imposée au surplus avec une couleur d'inhumanité agressive, qui exsudait aussi bien du point de vue doctrinal que du rapport entre les personnes de son petit empire parisien, avant de déborder un jour, comme le chaudron de l'apprenti sorcier, sur l'ensemble du territoire. De ce point de vue, on peut dire que l'inhumanité du personnage de Fraisse, secrétant l'anti-humanité de son modèle de la psychologie, aura bien travaillé la main dans la main avec le stupide attelage du couple des bœufs – l'antihumanisme copulant avec l'antipsychologisme – du ci-devant Louis Althusser, qui lui non plus – de ma propre expérience – n'était pas un homme bon, un « bonhomme ». Donc l'humaniste inhumain Fraisse et l'antihumaniste stalinien Althusser, même combat. Tous deux auraient été bien surpris de se voir l'un et l'autre rangés sur le même banc du tribunal de la Raison (Kant) et de l'Histoire (Hegel). Ce sont les surprises du Paradis français.

En fait rien de si surprenant. Dans les années 1970, le PCF des « psychologues » (Lavallard, Camus, etc.) admettait que la psychologie scientifique n'était rien d'autre que le béhaviorisme de Watson – jadis élève de Pavlov. Logique mais faux, car le deuxième système de signalisation, lié au langage, de Pavlov, Watson n'en a jamais forgé la moindre idée. Du reste, Vygotski, Leontiev, Luria, à certaines différences de niveau près, c'est bien autre chose. Mais ce n'est pas ici le lieu d'en débattre. Par ailleurs, ce n'est qu'à la mort de Lacan, que les premières pages des revues du PCF se sont mises à lui courir après, ce dont j'ai un souvenir très net. Trop tard, le PCF avait déjà lui aussi bu la ciguë.

Broutant dans les herbages de la philosophie néo-chrétienne, Fraisse avait la « philosophie » justement en horreur, au sens de la haine envieuse décrite par Mélanie Klein à propos du bon sein qu'il s'agit de détruire justement parce qu'il est bon, et qu'elle appelle « envy » – envie. Mélanie Klein était juive, et la théologie judaïque avait compris cela depuis toujours – la haine du Bien parce que c'est le Bien – en dressant Lucifer – Porte-Lumière – contre Dieu lui-même. Ceci est fondamental pour comprendre le fait que Fraisse ait toujours été capable de dérouler des tapis rouges pour accélérer la carrière de bricoleurs des mécanismes de la machine humaine (le statisticien Faverge, l'ergonome Spérandio), en définitive au service indubitable de la grande Metropolis du Capital, contre les philosophes normaliens agrégés – le suprême danger pour l'*American way of life and thought* – Simondon, Jalley, Lavallard, Balan, Dayan, Van Caneghem, Kerviel, Bouchet.

Encore est-il que tous les normaliens agrégés n'aient pas uniformément représenté un danger sérieux pour l'hyperempirisme scientiste et opportuniste nord-américain, dont s'appuie l'ineptie essentielle du béhavioristo-cognitivisme – un point sur lequel on va revenir plus loin.

Mais Fraisse n'était pas toujours tendre avec les autres que les philosophes et notamment avec les siens, sujets aux caprices du prince. Il faisait dégager du côté des Hautes Études (EHESS) le roumain Serge Moscovici, contestataire pas franchement révolutionnaire mais tout de même dangereux pour le nouvel ordre béhavioriste, éliminait de son entourage proche les chercheurs les moins stupides (Blancheteau, Peterfalvi), fabriquait à son gré, main dans la main avec l'ex-instit Reuchlin, les monothèses courtes pour les grands favoris (Camus, Kail, Segui – lui 118 pages[15]) et les bithèses longues réservées à la catégorie utile mais moins aimée des sycophantes et janissaires de services (Rossi, Lécuyer - lui 856 pages[16]).

Juan Segui aura été, muni de sa thèse de 118 pages, le dernier directeur en titre du grand laboratoire historique de psychologie expérimentale de la Sorbonne, dirigé jadis par Beaunis, Binet, Piéron – jusque-là ça allait – Fraisse, Noizet, et enfin lui, le dernier des Mohicans. *Requiescant in pace aeterna si non in inferno perpetuo.*

Segui est parti comme il est arrivé, à bas bruit et à petits pas. Sans même faire l'oraison funèbre de l'auguste institution dont il a suivi le corbillard.

Lors de la soirée récente de l'Atelier Simondon à l'ENS, mentionnée plus haut, l'orateur invité, justement Jean-Claude Spérandio a eu le très mauvais goût de tenter d'expliquer le conflit entre Simondon et son entourage collégial par son « mauvais caractère », ce qui est fort désobligeant à l'égard d'un collègue génial à qui il doit en grande partie la rapidité exceptionnelle de sa carrière de mécanicien du comportement, mais en outre atteste d'un très bas niveau intellectuel, celui des concierges – en réalité celui de ce qu'est aujourd'hui un Professeur de Classe Exceptionnelle en Psychologie.

J'ai essayé, en désaccord public avec Spérandio, d'expliquer à l'assistance que la racine profonde de ce conflit consistait dans l'enjeu pour un modèle béhavioriste aussi étroit que débile d'éliminer toute trace de philosophie de l'espace de la psychologie, qu'aussi bien le modèle

---

15 Doct. 3 cyc. 118 pages Fraisse 1973 ; 0 livre, 2 ch. livre, 31 articles en 1999 ; Excel Francis Docthèses Jalley 2004.

16 Doct. 3 cyc. 145 pages 1974 ; doc d'ét. 511 pages 1988, 44 ans, 1 livre, 2 chap. livre, 22 articles en 1999, Excel Francis Docthèses Jalley 2004. Traité avec beaucoup moins de mansuétude par le Gouvernement de la psychologie et son Prince Alberich Fraisse. Sa thèse essaie de démontrer entre autres que l'intelligence dérive de la perception (non de l'action) contre tout le bon sens épistémologique du XIXe et du XXe siècle (Marx-Engels, Bergson, Wallon, Piaget, Bachelard). Il aurait eu un grand pouvoir comme expert préposé à l'évaluation des dossiers de ses collègues professeurs en vue de l'attribuation des primes d'encadrement doctoral. Le mien a été rejeté 12 fois sans que je n'aie jamais pu démontrer l'identité du snipper qui m'a tiré dans le dos pendant toute ma carrière. S'agissant très probablement de Roger Lécuyer.

encyclopédique simondonien d'une psychologie génétique, dynamique et intégrative liée à l'ensemble de l'histoire de la philosophie occidentale dès son origine milésienne, était incompatible avec l'idéologie de l'homme cyber-machine sous-tendant le psychologisme du comportement – à l'enseigne des Traités d'un dogmatisme pagailleux qui ont alors pollué l'espace du rationalisme fondamental de la culture universitaire (*Histoire de la psychologie* de Reuchlin 1957, *Traité de psychologie expérimentale* de Fraisse et Piaget 1963, *Psychologie* de Reuchlin 1977).

Il n'était pas non plus concevable de faire saisir aux anciens combattants qui assistaient à cette contestable soirée du « souvenir » (Spérandio, Lécuyer, Plas), que la fragilité psychologique liée au génie de Simondon (sont bien connues celles de Descartes, Spinoza, Rousseau, Kierkegaard, Nietzsche) avait alors été mobilisée pour générer le « mauvais objet » nécessaire à la gestion de l'exsudation nocive et de l'entropie détersive propres à la psychopathologie groupale des psychologues sorbonnards, alors en pleine crise intellectuelle, interpersonnelle, institutionnelle et sociale. Ce sont des psychologues qui auront traité l'un des philosophes les plus doués de l'époque comme l'un des ressorts de leur pathologie collective, ceci dans l'incapacité bestiale d'en former la moindre conscience technique par les procédures reconnues de leur psychologie clinique. Ce faisant, ils fanfaronnaient dans la courtisanerie à l'égard d'obscurs directeurs de cabinet – ministériels entre autres acceptions, en se façonnant et s'attifant avec coquetterie comme les « ordures » – Lacan parlait de « déchets » - de l'institution universitaire. Sans peur ni reproche : tout cela pour 5 000 euros par mois, le salaire de Judas, une misère à côté des 18 000 euros touchés en Suisse pour le même niveau de grade, mais pour quoi ils sont capables de se traîner par terre, en rampant les uns sur les autres, jusqu'aux dernières bassesses.

L'antiphilosophie vulgaire est un très mauvais signe. Elle est liée à une antidialectique, à une anticulture, qui ont toujours eu un lien essentiel, même si caché et d'apparence indirecte, avec un antijudaïsme, dans la mesure où la culture judaïque née dans la Bible du VIIe siècle, avec relais par Platon et Aristote (IVe siècle av. J.-C.), Alexandrie (IIe siècle av. J.-C.), la patristique chrétienne (IIe siècle ap. J.-C.), la philosophie médiévale (V^{e} - XVIe siècles), renaissante puis classique (dès le XVIe siècle), prérévolutionnaire française (XVIIIe siècle), enfin critique, romantique et révolutionnaire allemande (XIXe siècle) – est le véritable terroir de notre humanisme moderne – au moins de ce qui prétendrait en subsister.

Évidemment, l'affaire Dieudonné, qui fait en ce moment (10 janvier 2014) toutes sortes de bulles dans ce que l'on appelle les « réseaux sociaux » de ce pays malade, a lien avec tout ce qui vient d'être dit. La

France est un pays où l'on n'applique jamais la législation en vigueur, mais préférentiellement des procédures exceptionnelles – lorsqu'il s'agit de gros poissons. À l'instar des médias qui s'en font encore ce matin la bouche en cœur, c'est exactement cela que j'ai raconté depuis longtemps.

Bien entendu cet antiphilosophie vulgaire, porte ouverte à tous les totalitarismes, de couleur brune et/ou rouge, matrice de toutes les formes du Monstre Dur ou Doux (Raffaele Simone), est à bien distinguer de ce qu'Alain Badiou a théorisé sous l'expression d'antiphilosophie au sens sophistiqué (1992), qui est au contraire une forme de critique de la philosophie mise en œuvre par une espèce très pointue de « philosophes » paradoxaux (Saint Paul, Pascal, Rousseau, Kierkegaard, Nietzsche, Wittgenstein, Lacan).

Il existe d'autres paradoxes dans tout ce que nous venons de formuler. Il s'agit du contraste entre le néant universitaire – malgré les apparences de mannequins continuant à occuper les fonctions – et le goût persistant du public dans la demande d'une certaine psychologie de caractère « populaire », en une abondance dans laquelle se voit du pas très bon mais aussi du pas si mauvais.

À côté d'un flot de livres sur les diverses pathologies identifiées par le DSM-V (Comment soigner vous-même votre dépression), genre Odile Jacob, se voient des Revues comme Psychologie, dont la tendance *new look* offre carrefour certes à des références d'une confiance naïve dans les trésors de la toute récente recherche américaine, comme à la valorisation sans complexe de la « psychologie positive » (l'ancienne méthode Couhé, l'entretien à la Rogers), mais aussi à un mode de « conseillage » pas si nul, sorte de direction de conscience moderne mise en œuvre par des praticiens se réclamant du titre de « psychanalystes ». Pourquoi pas ? Certains courriers des lecteurs – par exemple jadis celui du *Petit Écho de la Mode* que lisait ma mère institutrice dans le Jura – ont fait déjà plus ou moins dans ce genre. Ce style de publication – Lacan aurait parlé de poubellication – peut aider un certain public de personnes en difficulté, et je ne leur jetterai pas le premier la pierre. Au contraire, la motivation vivace de sursaut vital d'une telle production contribue à encore plus jeter la honte sur l'espace réellement implosé de la psychologie universitaire.

À propos des mannequins faisant « fonction de » dans une grande agitation communicante, je pense évidemment, comme déjà dit plus haut, aux « mannequins » que Descartes au plein de son doute radical se dit voir dans la rue porter des chapeaux et manteaux les faisant prendre pour de vrais cavaliers et bourgeois de Paris, peut-être même des professeurs à la Sorbonne (Méditation I).

Le pire c'est que j'ai vu et entendu des étudiant(e)s n'avoir aucune conscience de ce que leurs études de psychologie en cours à René Descartes ne leur faisaient à peu près plus bouffer que de la … mal-bouffe (pour être poli). Au contraire, c'est sympa ! Aha ! Vous savez, l'expérience Aha des chimpanzés de Köhler à la station de Tenerife en 1914. D'ailleurs l'une d'elles me dit que c'est barbant, ces cours toujours commençant par un « Historique ». Propos par où l'on voit que quelque chose est définitivement cassé dans la culture. Elle me dit aussi qu'elle est contente de sa vie, avec son mec, et « un ordinateur qui marche bien » : s'il vous plaît ne riez pas ! Une autre dit encore que sa fréquentation des garçons à l'université lui a donné la révélation qu'elle était vraiment « une chienne ». Au moins c'est toujours cela au crédit de la « psychologie positive ». Il ne s'agit plus là d'un ordinateur, à moins que....

Je n'ai pas eu vent que des manuels nouveaux aient pu être créés depuis la série Bréal (1997-1999) où d'ailleurs tout n'était pas si mauvais, le pire (Méthodes de la psychologie, Introduction biologique à la psychologie) pouvant se voir à côté du moins mauvais (psychologies cognitive, sociale, clinique). C'était évidemment encore au XXe siècle, et un tel silence des tombes est signe de bien sinistre augure, ou plutôt une confirmation imparable – à la Popper (à la pop' ère) – de tout ce qui a été dit ci-dessus.

L'antiphilosophie vulgaire a eu ses paradoxes. On a vu certains philosophes notoires tirer plus ou moins bien leur épingle du jeu dans le règne d'« Ubu roi psy » installé par Paul « Alberich » Fraisse sur la tranche des années 1950-1970.

On y verra les sources, sur des signes imperceptibles et dans un secteur très petit, du déclin français, qui a ensuite fait boule de neige avant de faire aujourd'hui avalanche : la France a reculé en trois ans de la 18e à la 25e place au classement PISA de l'OCDE en trois ans [puis à la 26e au classement plus récent], et chacun affecte de se demander pourquoi.

François Bresson a été un agrégé de philosophie qui est parvenu aux plus hautes destinées dans la carrière, sans avoir même fait de thèse. Mais il ne fallait pas le dire, car tout le monde avait peur de sa grande gueule. Même Piaget écoutait patiemment ses exposés à Genève. Cela est arrivé dans cette époque de la préhistoire des années 1970, où certains ont pu accéder sans thèse à l'échelon de Directeur de l'EHESS voire du CNRS sans contrôle précis de leur cursus dans le no man's land ambiant. Il est probable que ce genre de débraillé laxiste n'aurait jamais été possible en Suisse, en Allemagne et en Angleterre. Fraisse s'est toujours arrangé pour ne pas avoir Bresson dans les jambes, via la voie en impasse de l'EHESS. Bresson, malgré sa grande gueule qui a cassé bien des carrières de jeunes chercheurs (Liliane Maury) était complètement inhibé du porte-plume, sauf, pour l'ensemble de sa carrière, un article de valeur moyenne sur le langage dans le Traité de Fraisse et Piaget.

Jean-François Richard était un agrégé normalien de ma promotion (1955), qui s'est glissé dans la carrière comme une couleuvre adroite du côté du clan cognitiviste, sans jamais mettre en cause les dérives américanophiles du système. Auteur d'articles de jeunesse brillants dans l'*Encyclopaedia Universalis* (Psychologie de la forme), sa carrière a trouvé son couronnement dans la rédaction collective d'un *Traité de psychologie cognitive* (1990), écrit avec 45 années de retard sur la révolution cognitive aux USA (1956).

Jacqueline Carroy est une normalienne agrégée, qui a eu le même de genre de carrière prudente et conforme. *In medio stat virtus.* Une œuvre estimable certes – mais il y a eu aussi bien et parfois mieux –, à l'enseigne d'une forme de « centrisme idéologique », et dont le propre aura été toujours de se situer en dégagement, de botter en touche par rapport au grand conflit binaire et sans dialectique, cornes bovines affrontées, qui a fini par tuer la discipline. Aux confins mais toujours en position latérale à l'égard des thèmes centraux de la pensée psychanalytique – l' « hypnose », les « personnalités multiples », les modèles alternatifs du « rêve » !, il n'a jamais été question pour elle de se soulever contre le joug de la pensée unique béhavioristo-cognitiviste qui a écrasé la discipline avec la prise de pouvoir d'Ubu Fraisse. Ni même d'élever la voix contre le système corrompu de l'autopromotion-cooptation par voie syndicale qui régnait au CNU. Elle-même a été candidate, je m'en souviens parfaitement, sur l'une de des listes opportunistes affublées d'intitulés fantaisistes, aux élections de ce comité d'intrigants et de brigands, doublés d'ignorants. On bâclait les « listes » au téléphone à voix chuchotée, par affinités discrètes entre compères et commères. Le jour où j'ai commencé mes travaux critiques d'un style encore inédit contre le système d'étouffoir régnant de la psychologie à l'université, lors d'un colloque du GEPHP (octobre 1999) sous sa présidence irritable, j'ai été contraint trois fois sur sa sommation irritée d'interrompre mon discours. Je présentais ce jour-là une statistique de la répartition des collègues selon les sous-disciplines de la psychologie, d'où il ressortait une distorsion flagrante aux dépens de la psychologie clinique, eu égard à son importance pour les débouchés. Personne n'avait jamais parlé de cela, mais personne ne supportait non plus que l'on puisse en parler, elle la première, mais pas la seule.

Cette collègue pensait et a agi comme il lui a convenu, et comme bien d'autres le faisaient à l'époque, ce qui était parfaitement son droit – tou(te)s en tenue de camouflage, à l'affût sur la piste des promotions par cooptation dont tout le système a péri de conformisme et de stérilisation. Mais j'ai aussi le droit de prendre sur moi de le lui dire, d'autant que c'est la vérité.

De fait, une véritable omerta pesait sur toute tentative de critique, et même d'information sur la discipline, comme je l'ai expliqué ailleurs à propos d'un questionnaire adressé à la même époque par moi à plusieurs centaines de collègues, et dont aucun exemplaire ne m'est jamais revenu (CPUF 1 et 2, 2004). Motus et bouche cousue partout, sous peine de mort (en l'occurrence institutionnelle et professionnelle) comme dans les mafias. Mes critiques sévères et répétées entre 2004 et 2015, sur des centaines de pages, à l'égard de ce système vermoulu et mortifère n'y ont rien changé encore jusqu'ici. À ceci près aujourd'hui d'un espace crépusculaire, peuplé de fantômes et de cadavres.

Michel Gréco, reçu premier à Normal Sup puis premier à l'agrégation de philosophie, auteur de revues comiques satiriques aux fêtes de fin d'année, a connu le destin tragique de devenir l'un des assistants préférés de Piaget, qui était aussi un mangeur d'hommes (et lui en plus paraît-il de femmes) à l'instar de Fraisse, mise à part l'énorme différence de génie entre Piaget et Fraisse. Fraisse avait l'audace aussi inconsciente qu'imbécile de croire pouvoir discuter d'égal à égal avec Piaget, dont la bonhommie le prenait avec un humour décalé. Comparez par exemple le remarquable livre sur *La genèse du temps chez l'enfant* de Piaget avec les minables coupages de queue de cerise en huit des recherches de Fraisse sur la perception du temps. Le temps est toujours construit plutôt que perçu, les pires crétins le savent déjà depuis les temps antiques. Gréco, tombé dans des amours malheureuses avec une sirène déplumée du laboratoire Fraisse, est décédé de façon précoce d'une maladie de langueur, mais dont l'issue fulgurante est restée à l'époque inexpliquée.

Le système universitaire français a écarté aussi d'autres grands génies de postes de professeurs à la Sorbonne. Cela est arrivé à Jacques Derrida, qui m'en a parlé lui-même et dont j'ai déjà raconté l'histoire plusieurs fois, dévié vers l'EHESS-Guantanamo – comme cela s'est toujours fait dans des cas pareils – et aussi à Henri Wallon, le plus grand psychologue français, qui n'a jamais été que Chargé de Cours de Dumas à la Sorbonne, sans poste et probablement sans solde, comme cela pouvait se faire à l'époque, dérivé dès l'origine vers des institutions latérales (EPHEP 1927, INETOP 1927), avant de tomber sur l'aubaine finale d'une chaire de Professeur au Collège de France (1937), et que par ailleurs son cours soit suspendu par les œuvres de Pétain (1941).

Ce pays geint et souffre dans la crise. Eh bien ! Qu'il continue à pleurnicher morose, et à sa bonne santé ! C'est bien sa faute et il ne l'a pas volé. Mais le pire n'est pas encore venu [Ceci a été écrit en 2014.]. Et il y aura encore des protégés du système qui feindront ne pas l'avoir vu venir.

*

Il est encore d'usage, dans des hebdomadaires du genre de ceux que notre recherche a utilisés fréquemment (*Marianne*, *Le Nouvel Observateur*), de présenter à l'occasion l'Université comme un organisme très performant à l'égard de l'appât de toutes sortes de débouchés « new look ». Ce qui contredit, dans leurs colonnes estimables, d'autres descriptions d'ordinaire bien plus alarmistes sur la décadence de l'institution universitaire. Alors le lecteur ne sait plus.

Cela peut se comprendre, à se référer une fois de plus à la « République » de Platon : les grandes Écoles devant continuer, dans la tradition napoléonienne, à produire les super-cadres de la France d'en haut, l'Université peut bien servir à générer les cadres du milieu, tandis que les exécutants du bas devraient avoir une formation bien suffisante avec la filière « pro » issue du premier tri opéré à la fin du Collège, et éventuellement munie d'un Bac Pro comme petit lot de consolation.

Dans de telles conditions, on ne devrait pas trop s'étonner d'avoir à soutenir le paradoxe apparent, malgré la réclame occasionnelle faite pour sa « performativité », d'un Tombeau de l'Université [Formule que nous avions d'abord retenue pour titre de ces deux chapitres].

En somme, ne riez pas, un tombeau très performant. Il ne faut pas désespérer la classe moyenne, un peu à la façon dont Sartre disait jadis qu'il ne fallait pas désespérer Billancourt.

Chapitre 4

Interventions

1. Discussion avec Jacques Robion

Le point de départ de ce texte a été un compte rendu rédigé par moi, sur un livre tout récent du psychanalyste Jacques Robion, et dont la mise au point a entraîné entre lui et moi une discussion par courrier, qui a soulevé des problèmes théoriques, anciens et nouveaux, que j'ai trouvés intéressants.

Jacques Robion : Le sujet sans cerveau ou le cerveau sans sujet ? Sécessions neuronales et régulations inconscientes de conscientisation, Paris, L'Harmattan, 155 pages.

Ce livre représente un effort, encore très rare sinon unique, pour rapprocher la psychanalyse du champ des neurosciences, avec le paradoxe d'une absence de réductionnisme, comportant au contraire un certain approfondissement de la métapsychologie.

Les « sécessions » et les « régulations » concerneraient les registres respectivement psychotique (et traumatique) d'une part, névrotique d'autre part.

Plutôt que de « topique », mieux vaudrait, selon l'auteur, partir d'une auto-organisation munie d'un traitement informatif fonctionnant en cycle. Celui-ci comprenant trois niveaux : sans conscientisation (computation), ou avec conscientisation – dans un cas sans contrôle (mentalisation), ou alors avec contrôle (symbolisation) (pages 8-9, 38). Cette auto-organisation « tend à rester en vie, en état d'intégration », sous l'égide d'un principe d'« économie de l'énergie » (10, 91).

Une fois la réponse adaptative trouvée, le retour à l'automatisation peut se faire, soit sous forme positive (apprentissages, subconscient, refoulement secondaire inconscient), soit sous la forme négative d'un type particulier de « sécession neuronale » (rejet (*Verwerfung*) vs troubles organiques) (12).

Le refoulement secondaire est à renommer comme un « évitement » soit de « mentalisation » soit de « symbolisation » (49), produit en vue d'un « évitement de déliaison ». Les neurosciences admettent divers types de régulation inconsciente corticalisée (11), en sous-jacence de l'« espace de travail conscient » (Changeux, Dehaene, Agid). Le refoulement, sans être la seule, en fait partie.

L'évitement de symbolisation, qui marque en propre le registre psychotique, touche à la question du narcissisme (59). Celui-ci étant à ressaisir comme une forme de liaison de soi à distinguer de la liaison de l'autre propre à l'« objectalité ». Cet évitement de symbolisation a pour visée le double évitement de souffrance narcissique et de déliaison à l'égard de l'appartenance au groupe social. La psychose n'étant pas pour autant une réussite à cet égard.

Dans la genèse mentale, à partir de l'indifférenciation initiale, se développe la fixation d'un désir d'indifférenciation, corroboré par un interdit primaire de différenciation (78-79), enkysté par une censure surmoïque de différenciation. La constitution de ce surmoi primaire est confortée par l'importance considérable d'un mécanisme d'assignation projective, fait pour décharger le parent de son propre refoulement sur l'enfant. La contradiction entre ce surmoi primaire (-secondaire) et un surmoi tertiaire, touchant lui, l'interdit contraire d'indifférenciation, pourra se potentialiser selon des destins divers : délire, psychose ou perversion (Aulagnier, Racamier, Eiguer) (82).

Se propose alors la tâche de redéfinir le « conflit psychique » par « l'hypothèse d'une contradiction surmoïque » (84), mettant en jeu « deux surmoi antagonistes » (86). Le conflit psychique serait fondamentalement une contradiction identificatoire, plus exactement une contradiction désirante. Contradiction vue de manière très « hégélienne » comme établie entre un désir (vs interdit) d'indifférenciation persistant contre un désir (vs interdit) de différenciation.

Mais il ne s'agira pas pour autant d'éradiquer le surmoi (89). Ni non plus de sublimer (92).

Le dépassement de ce type de contradiction, mobilisé par une conception dialectique de la psychanalyse (dans la ligne de Hegel et de Marx – 89) suppose le recours à une « capacité de synthèse », une « capacité d'intégration », dont la « panne » se marque par une « connectibilité perdue ». La notion clé du freudisme serait l'intégrabilité plutôt que la « jouissance » (91, 92, 95, 99). Le vrai fondement du refoulement freudien est l'incapacité non d'analyse, mais de synthèse, d'intégration (17). Le défaut de la capacité de synthèse est à l'origine de la « résistance ».

Dans la névrose, la contradiction se situe seulement entre un désir et une censure interne, dans la psychose entre deux censures internes contraires (109).

Quatre annexes établissent des notions importantes :

– Celle d'un « curseur de priorisation » du narcissisme et du besoin amoureux (102).

– Celle d'un mécanisme d'assignation projective, organisant une annexion du psychisme de l'autre (103).

– Une explication nouvelle de la paranoïa, qui entend se distinguer de celles connues de Freud, de C. et S. Botella, comme de Piera Aulagnier (107).

– Une critique sévère de la conception de la cure liée au dogme de l'« abstinence interprétative ». Dès lors, « ce que le sujet peut interpréter par lui-même ne peut être que son préconscient ». Ce qui a pour effet de le « river au cadre », et qui serait la raison des cures interminables.

On nous dit que la théorie lacanienne du symbolisme est réductionniste en ce qu'elle enferme l'inconscient dans le langage (Voir Jalley, 2017).

J. Robion propose une « conception dialectique de la psychanalyse », selon lui établie déjà « au centre même du freudisme », et qui devrait remplacer la modélisation classique des instances par celle d'une contradiction désirante – en particulier entre deux formes de surmoi –, ceci contre la conception établie se proposant simplement de « lever le refoulement » (89, 92-93).

Les clés du freudisme restent le refoulement, le principe de plaisir-déplaisir (36), également la pulsion, probablement à envisager dans la ligne de l'« empreinte » de Lorentz (38). Également le « désir », à voir comme une prise d'information sur une précédente prise d'information (40). Cependant, la trop célèbre pulsion de mort reste encombrante et inadéquate (91).

L'approche dialectique de la psychanalyse comporte sur le versant critique, la préoccupation de balayer toutes les fictions issues de la pensée dualiste : Idée, Esprit, Psyché, Sujet, Liberté.

Les références de J. Robion aux données de la psychanalyse classique et moderne sont d'une grande variété : W. G. Groddeck, Mélanie Klein, W. R. Bion, J. Bowlby, F. Pasche, P. Aulagnier, P.-C. Racamier, J. Lacan, O. Kernberg, J. Laplanche, J.-B. Pontalis, A. Green, J.-L. Donnet, R. Roussillon, C. et S. Botella, F. Périer, J.-P. Valabrega, S. De Mijolla Mellor, A. Ferro, R. Lombardi, F. Shapiro, J. Roques, R. Cahn, S. Marinopoulos.

Les références philosophiques de J. Robion plus nombreuses encore (Descartes, Spinoza, Hegel, Nietzsche, Marx, Husserl, Wittgenstein, Sartre, Ricœur, Deleuze et Guattari) que celles à la littérature récente des neurosciences (J.-P. Changeux, Stanislas Dehaene, Damasio, Y. Agid).

Il mentionne également K. Lorentz et E. Morin.

Il accorde une grande importance, du point de vue qu'il défend, à la littérature classique française : Corneille, Racine, Molière, Marivaux.

Les défenseurs d'une orthodoxie psychanalytique, dont on peut se demander si elle a jamais vraiment existé, reprocheraient peut-être à Robion un accent trop exclusif mis sur l'autoconservation, le narcissisme, le lien identificatoire et l'idéal du moi, qui ne sont tout de même qu'une partie de la psychanalyse. D'ailleurs cette affaire est la clé du conflit bien connu entre Kernberg et Kohut. Mélanie Klein, Winnicott et Bion avaient déjà évité le concept de pulsion (« emotions »).

On dira aussi que la pensée dualiste est un moment nécessaire et fécond, même si inachevé, de la pensée dialectique. Et que la réduction du multiple à l'un n'est pas le tout du travail de celle-ci, mais tout autant la genèse des différences à partir de l'unité (Hegel 1912 : *Entstehung der Unterschiede*).

Pour élargir le débat, on peut penser que le nouveau modèle envisagé par l'essai de Jacques Robion est celui qui conviendrait à une refondation de la psychanalyse envisagée comme une véritable science de l'inconscient, et de ce point de vue, comme la racine d'une nouvelle encyclopédie des savoirs humains, d'un arbre des savoirs tel que le projet s'en propose par exemple dans la récente *Critique de la raison philosophique* d'Émile Jalley (2017). Il y aurait là au moins une base de travail acceptable.

De ce point de vue, la psychanalyse devrait être envisagée, dans toute son extension intercontinentale, comme un savoir en rhizome : il ne s'agirait pas seulement de Freud plus Lacan, mais aussi de l'ensemble de l'école anglaise (M. Klein, Winnicott, Bion) comme également de l'école française et européenne (Anzieu, Grunberger, Chasseguet-Smirgel, Pasche, Aulagnier, McDougall, Racamier, Pontalis, Roussillon, Green, Kaës , Rosolato, Lebovici, Diatkine, Marty, David, Fain, De M'Uzan, Widlöcher, Braunschweig, Laplanche, Viderman, Gaddini), tout comme enfin d'une école américaine (Blanco, Kohut, Kernberg, Stoller).

Jacques Robion me répond : Vous avez fait là une très belle recension. Je m'y retrouve vraiment. Votre texte peut être publié tel quel, j'ai juste quelques petites rectifications à vous suggérer. Sans la moindre obligation de votre part, cela va de soi !

J'ai abandonné le concept de psychisation au profit de celui d'information. C'est plus cohérent : il y a désormais l'information sans conscientisation (la computation) et l'information avec conscientisation, laquelle se dédouble en mentalisation et symbolisation (deux types différents d'objets de conscience par conséquent). Ce que j'appelais psychisation correspond à ces deux derniers temps. Mais cela n'a plus de raison d'être, cela apporte même de la confusion.

Du coup, le refoulement, au sens général du terme, est un évitement de conscientisation pouvant se dérouler dans les deux registres de la mentalisation ou de la symbolisation. Sans être un exégète accompli du texte freudien, il me semble que le refoulement dit secondaire par Freud pourrait être celui se déroulant au temps de la symbolisation, du langage. Bion a par contre longuement étudié avec son concept d'identification projective le refoulement (l'évitement) se passant au niveau de la mentalisation. Pour lui, des objets de conscience tels que des sensations, des émotions s'évacuent, s'évitent avant même que le langage devant les nommer, les identifier n'apparaisse. Je reprends totalement cette avancée conceptuelle, beaucoup plus précise cliniquement que la simple notion de *Verwerfung*. Je vois ainsi à des moments-clé de la cure certains patients remplacer des affects par des sensations physiques (de chaleur, de froid, ou autres) au moment où une émotion normalement liée à l'événement rapporté serait censée apparaître, ou bien remplacer une sensation par un vide intérieur sidéral (ils ne ressentent plus rien de quelque ordre que ce soit, ils pensent encore moins !), au moment où ils pourraient et devraient même ressentir quelque chose, un malaise physique par exemple. Ils évacuent, ils évitent cette toute première forme de conscientisation. J'avais nommé cela antérieurement forclusion, j'y ai renoncé, cela apporte encore de la confusion, avec par exemple la forclusion lacanienne, laquelle se déroule explicitement au niveau de la symbolisation. Évitement me semble un terme plus neutre, strictement équivalent à la notion freudienne de refoulement, à condition de l'entendre dans son sens le plus large.

Autre petite rectification : le narcissisme est bien en effet pour moi le moteur du refoulement qui intervient au moment du langage, où il faut identifier un événement interne ou externe, d'ordre agressif ou sexuel. Identifier cet événement implique en effet de dire quelque chose au sujet de l'identité des acteurs de l'événement en question. Et là se produit une confrontation inévitable entre l'identité réelle et l'identité souhaitée (l'identification à…). C'est pourquoi je ne me retrouve pas totalement dans votre propos quand vous dites que je privilégie les pulsions du moi. C'est bien toujours de la sexualité ou de la destructivité qu'il s'agit en ces moments où le sujet renâcle à s'identifier (ou à identifier l'objet) comme mauvais ou pervers, dans un de ses actes ponctuels. S'informer ou non, correctement ou non, sur du sexuel ou de la destruction, sur du pulsionnel par conséquent, c'est la question !

De toute façon, les pulsions du moi c'est à mon avis un concept à oublier, qui n'a eu de raison d'être que dans le contexte de la première théorie de la sexualité. Freud sentait bien qu'il ne pouvait tout faire dériver du sexuel, même avec le mécanisme de la sublimation. Cet irréductible au sexuel il l'a localisé dans le moi, et hélas continué de le nommer : pulsion. Et une pulsion comme on le sait, cela a besoin d'une décharge quantitative. Et comment se décharge une pulsion du moi ? On sait tous les violents débats qui fleurissent encore autour de cette aporie, mais on n'est pas obligé de continuer dans cette impasse ! D'autant que Freud lui-même a donné la solution en subsumant le plaisir sexuel sous l'Éros, à côté du plaisir narcissique. L'un ne se dissolvant plus dans l'autre.

Enfin, dernier point : le conflit psychique concerne selon moi aussi bien la névrose que la psychose. Il se situe donc au temps de la symbolisation. C'est là la différence majeure avec Bion qui origine la psychose au temps de la mentalisation, et en conséquence fait l'économie dans son étiologie de la psychose de la notion de conflit psychique. Il y a deux types de conflit psychique, l'un situé entre un surmoi et un désir, l'autre entre deux surmois.

Pour le reste de votre texte, il est pour moi à conserver tel quel, très fidèle à ce que j'ai voulu signifier. Il devrait donner, je pense, envie de lire mon propre texte, et je vous en remercie encore.

Juste pour continuer le débat philosophique entre nous : je crois comme vous que la pensée dualiste est un moment nécessaire. Mais la question ne serait-elle pas de savoir – ou d'axiomatiser à défaut de pouvoir le savoir – si la réalité devant être pensée par une pensée spontanément dualisante et différenciatrice est en elle-même duelle ou ne l'est pas avant que la pensée ne s'en empare ? On dit de Badiou qu'il est un néoplatonicien, moi j'ai l'impression surtout qu'il est un néokantien, quand il affirme que le sensible est multiple et que c'est la pensée qui introduit l'unité. Dans la même logique, je dis pour ma part qu'elle introduit la dualité. Par exemple celle de l'âme et du corps. Pareille dualité existe-t-elle en dehors de ma pensée ? C'est juste une question d'option axiomatique, de « pari » existentiel, sinon pascalien.

Vous qui connaissez Hegel mieux que moi, quelle est son axiomatisation initiale ? Dualiste ? C'est l'impression que sa lecture, il y a longtemps, m'avait donnée. Une dualité dans laquelle un terme passe l'un dans l'autre, où le sensible se fait intelligible et inversement. Ainsi pensait-il combler le fossé infranchissable creusé par la Critique kantienne. Mais imaginer cette géniale dialectique, n'est-ce pas continuer de raisonner comme si une dualité au départ existait réellement ? Un Deux qui se fait un ? Mais j'ai peut-être mal compris l'hégélianisme. Ce serait alors un Un qui se fait deux avant de redevenir Un ?

Réponse d'EJ : « Processus de psychisation » : vous le dites nommément page 14.

Mentalisation : Vous dites (ici même) que le refoulement (secondaire et « primaire ») peut se dérouler dans les deux registres de la mentalisation et/ou de la symbolisation.

Y a-t-il lieu de distinguer les deux cas ?

Vous dites que Bion parle en fait d'une « forclusion de mentalisation » (51).

Vous dites ici que le refoulement secondaire pourrait se dérouler au niveau de la symbolisation, et la forclusion au niveau de la mentalisation.

« Inertie neuronale, autre nom du conditionnement » (51) : toutes les automatisations négatives en sont-elles ? Toutes les sécessions neuronales tombent-elles sous ce concept ? Si le refoulement est une espèce de conditionnement négatif, mais alors on revient à Pavlov, qui le disait déjà d'une certaine manière (« inhibition conditionnée »). C'est à cela que nous ramènerait la prise en compte des travaux des Changeux, Dehaene, Agid ?

« Le sujet psychotique va s'efforcer d'éviter une symbolisation plus qu'une mentalisation » (54).

Mais ce n'est pas cohérent avec le propos précédent, qui réfère la forclusion à l'évitement de mentalisation.

« Évitements de mentalisation et évitements de symbolisation sont parfaitement indémêlables » (55).

« Le narcissisme est le ressort essentiel de l'évitement de symbolisation » (59).

Justement pour Freud, il y a « deux types de lien » : l'altruisme n'est pas l'amour (62). Il y a ce qui satisfait à l'idéal du moi et ce qui satisfait le Ça : aimer bien et aimer (passage de Métapsychologie) ; le lien sexuel isole et clive du lien social (passage de Totem et tabou, 88).

Vous semblez distinguer le refoulement secondaire, au niveau de la symbolisation, d'un évitement massif, refoulement de portée plus générale et plus radicale, portant au niveau même de la mentalisation, et que vous ne voudriez plus appeler forclusion. Mais alors comment ? Déni, rejet ? Il convient de s'entendre.

Vous subordonnez tout de même le motif du refoulement d'un contenu sexuel et agressif au système de valeurs porté par l'idéal du moi, au « plaisir de se sentir une valeur » (63).

Je n'y vois aucun mal, en y comprenant plutôt une conception très cornélienne de l'existence (aimer d'honneur, honorer d'amour : Rodrigue-Chimène).

Vous sous référez à une notion de l'identification à la fois transitive et intransitive que j'ai connue sous les plumes de Mélanie Klein, Lagache et Wallon (Jalley, GP2, 2008, 757-758).

Votre série indifférenciation-différenciation-synthèse me paraît, si vous permettez, d'un esprit très « hégélien » (p. 67 sq.).

Pulsions du moi ou d'autoconservation. Tout de même, votre « auto-organisation à cycle informatif » fonctionne bien dans ce registre de l'autoconservation.

Je voudrais dire que ce dispositif apparaît comme une machine de physionomie piagétienne, réglée par un principe d'auto-équilibration à finalité adaptative.

Il s'agit bien pour nos jeunes de « gagner sa vie ». L'amour est un luxe en plus. Comme pour Piaget d'ailleurs.

Bon ! Il y a tout de même chez l'homme un côté de très méchante bête. Leroi-Gourhan jadis voyait sapiens comme l'héritier d'un prédateur démuni de crocs et de griffes mais d'autant plus agressif.

Vous dites ici ne plus admettre la notion de pulsion alors que dans le livre vous lui gardez son CDD (38).

Voyons la question Hegel.

Pour lui, l'un se scinde en deux. Ces deux (1 & 2) se réunissent en un troisième (3), d'un niveau plus élevé. Lequel se scinde à nouveau en deux (4 & 5) qui se fusionnent en troisième (6), etc.

Ce mouvement est selon lui le fait de l'Esprit, mais aussi bien du Réel.

Ce fonctionnement d'une pensée binaire qui se développe en ternaire est le mouvement naturel de la pensée humaine.

Pour le matérialisme dialectique, cela reste, à mon avis la même chose : (((1-2) (1-2)) (1-2)))…

Si l'on aplatit une bonne fois pour toutes le 2 sur le 1, on reste dans le matérialisme moniste et scientiste vulgaire, pour l'éternité, sans plus avancer d'un pas.

Wallon, Piaget, mais Freud aussi sont d'accord pour voir opérer ce mécanisme 2-3 dans la psychogenèse (Jalley, CRPH 2017, tome 4).

On identifie des dualités-trialités par centaines dans toute l'histoire de la philosophie (Jalley, CRPH, tome 3, 353 sq.).

Ce que fait Hegel, c'est seulement d' « embellir » ce mouvement naturel de la pensée en proposant le modèle d'un enchaînement continu sur le même collier de ces morceaux dépareillés chez l'enfant ou dans l'histoire de la philosophie (361-364).

Hegel enchâsse son histoire des figures de la conscience dans un plan général qui est celui de la théologie chrétienne depuis le Symbole de Nicée, mais qui existe déjà dès la philosophie antique (Platon, Aristote, Plotin).

Ce « schème théologique très ancien est celui de la procession-récession venu d'abord des néoplatoniciens et de leurs héritiers médiévaux : Plotin (203-204 – 270), Proclus (412-410 – 484-485), Jean Scot Érigène (810-876), Vitellion (1230-1275), Johann Eckhart (1260-1327) et même Bergson, avant d'avoir été récupéré d'une certaine manière aussi par Heidegger » (Jalley, 4, 227).

Voyons mieux le plan de son Encyclopédie (1817-1830) :

Logos Nature Esprit

Logos, c'est [Dieu], alias l'Idéal du moi, mais c'est aussi bien le Philosophe Hegel, identifié à Dieu et qui, assis dans son Bureau, écrit l'Encyclopédie LNE.

Dieu déclame la planification logique (Logos) de la création, avant d'expulser de soi (par le bing bang de l'identification projective) la Nature, la créature, le Fils.

Dans un troisième temps, l'apparition de l'Homme (l'Esprit) installe la culture comme processus de retour dans l'infinitude du moi. C'est le Jugement dernier, ou même le « communisme » si vous voulez, car le messianisme marxiste en définitive fonctionne sur le même schéma.

Dans un passage de l'Encyclopédie, Hegel explique que son LNE peut supporter des permutations et aussi bien être lu NEL : c'est la façon dont Marx le lira : l'homme sort de la nature (N), aliéné d'abord (E) pour installer un jour un Surhomme muni du revenu universel (L).

Hegel est le géant Gulliver marchant à pas mesurés au milieu des Lilliputiens. C'est un joueur d'échecs qui a écrit le livre planifiant toutes les parties possibles.

La dialectique hégélo-marxienne, c'est aussi, et peut-être fondamentalement l'alternance du rythme cardiaque : systole-diastole, etc.

Revenu universel : idée d'abord due à l'anglo-américain Thomas Paine (1737-1809), reprise ces années dernières par l'économiste britannique Anthony Atkinson – le maître de Thomas Piketty –, puis le philosophe belge Philippe Van Parijs.

Mais personne ne semble en avoir la moindre idée dans le débat actuel sur la primaire de la gauche.

Quel genre d'évitement est-ce ? De mentalisation ou de symbolisation ?

En tout cas, une telle ignorance abyssale est tragique.

J. Robion : Dissipons tout malentendu possible, il est clair pour moi que vous écrivez votre recension en toute liberté ; telle qu'elle est actuellement, je vous l'ai dit, elle ouvre parfaitement la curiosité du lecteur, elle donne envie de lire mon propos, but de l'opération.

Je vais cependant essayer de répondre à vos questions.

La psychisation : je vous le disais, c'est un concept que je ne veux plus utiliser, même s'il réapparaît hélas encore à certains endroits de mon texte, comme des traces de mon ancienne formalisation. Je lui préfère maintenant celui *d'information par conscientisation* (production d'un objet de conscience), laquelle conscientisation se subdivise en deux temps : mentalisation et symbolisation.

Le refoulement : au sens large, je le renomme personnellement régulation inconsciente de conscientisation, un mécanisme sous le contrôle du cortex mais pas de l'espace de travail conscient destiné à éviter certaines conscientisations (par mentalisation aussi bien que par symbolisation). Il prend deux formes possibles : l'évitement du mode informatif en lui-même (l'*activité* de mentalisation ou de symbolisation ne se produit pas) et à l'intérieur d'un mode de conscientisation non court-circuité, l'élision et le remplacement d'un élément d'information par un autre (une image par une autre image, un signifiant du langage par un autre). Cette deuxième façon de refouler se déroule donc aussi bien dans le temps de la mentalisation que dans celui de la symbolisation.

Je réutilise parfois, sans doute à tort car cela prête à confusion, le terme de forclusion, ou *Verwerfung* à propos de la première forme. Il s'agit bien d'un rejet défensif inconscient d'un mode de conscientisation.

La sécession neuronale : l'évitement premier de conscientisation (mentalisation ou symbolisation), sous l'une ou l'autre de ces deux formes, n'est pas annulable, récupérable par le vecteur de la libre parole, parce que cette non-conscientisation *n'est plus* sous le contrôle du cortex. Des circuits courts, court-circuitant la corticalisation-conscientisation, se sont installés et se perpétuent par conditionnement ou inertie neuronale. Toutes les tentatives de reconnexion de signifiants faisant intervenir les activités hautement corticalisées de la parole et du langage n'y pourront rien. La coupure de connexion – entre modes informatifs ou entre unités informatives – échappe ou a échappé au contrôle du cortex, donc forcément aux pratiques thérapeutiques sollicitant exclusivement les réseaux hautement corticalisés du langage. Une thérapie par la parole ne reprendra pas la main sur ces évitements désormais conditionnés en automatisations négatives. C'est à cette coupure entre réseaux neuronaux que l'on assiste dans la clinique traumatologique. C'est la raison pour laquelle il est recommandé d'intervenir rapidement auprès des traumatisés de guerre ou d'autre catastrophe : il s'agit d'éviter que ne s'installe la coupure de corticalisation, que j'appelle sécession. Si vous laissez le traumatisé livré à lui-même, il risque de voir s'installer une rupture de son cycle informatif sur laquelle il n'aura plus de prise, de voir son processus informatif tourner en rond comme un disque rayé.

Se pose maintenant bien évidemment la question de savoir si une sécession neuronale est en elle-même réversible ou irréversible !

Pour le trauma, l'expérience a montré l'efficacité de certaines méthodes, autres qu'analytiques, autres que purement verbales ; on sait donc que ces pathologies sont théoriquement du moins réversibles. Mais pour la psychose ?

La psychose :

Pour moi, le déclenchement de la psychose se situe dans le temps de la symbolisation, non dans celui de la mentalisation. La psychose est un trouble de la symbolisation. C'est cela que je veux signifier quand j'évoque la contradiction surmoïque que doit affronter le psychotique.

Je ne lie pas non plus la psychose au mécanisme de forclusion. Quand je reprends à tort ce concept, dans un nouveau contexte, c'est seulement pour dire qu'un mode informatif est rejeté, évacué, évité.

Bion ne fait pas intervenir le moindre surmoi dans son étiologie de la psychose : pour lui, il s'agit d'une évacuation (forclusion) de l'activité de mentalisation sous l'effet d'un défaut de fonction alpha. Son explication est donc purement quantitative. Le psychotique est du coup assimilé à un sujet en proie à des monstres intérieurs, ses émotions, les fameux « vécus intolérables », qui le terrorisent, qu'il ne peut apprivoiser, métaboliser ; il recourt alors à l' « identification projective », de fait une évacuation pure et simple, que j'ai renommée forclusion de mentalisation. Son approche a donné lieu à des pratiques chez les post-bioniens italiens (Ferro, Ferrari, Lombardi) visant à faire progressivement accepter au sujet ses « vécus intolérables » ; une véritable « orthopédie émotionnelle », comme le dit justement Ferro, dans un étonnant moment d'autocritique.

Lacan, comme vous le savez aussi bien que moi, voit dans la psychose l'effet d'une « forclusion du nom du père ». Il la situe par conséquent clairement dans le temps de la symbolisation, mais toujours de façon œdipocentriste, dans un rapport du sujet à la loi de l'inceste. Un rapport *d'insoumission*. Le psychotique est selon lui un sujet qui ne voudrait pas entendre parler de la loi, de la Loi. Je ne partage pas tout à fait son explication. J'affirme même au contraire que le psychotique n'est pas du tout en état de rébellion inconsciente par rapport à une loi, voire à la Loi. Il n'y a pas plus respectueux de la loi qu'un sujet psychotique, son malheur est seulement d'avoir à en respecter *deux à la fois exactement contradictoires*. Il ne fuit donc pas la Loi, pour rester dans son désir infantile de toute-puissance, il fuit la désorganisation interne – l'état de persécution – qui adviendra immanquablement à partir du moment où il va devoir mettre en mots sa contradiction surmoïque. Et pour prévenir le surgissement de ses « vécus intolérables », persécutoires, il va anticiper et *inhiber son activité de mentalisation*, parce que cette dernière le mènerait droit à une conscientisation insoutenable. Ne pas mentaliser ? Le plus sûr moyen de ne pas être débordé, submergé par ces souffrances. On peut tous observer ce ralentissement de l'activité de conscientisation. Le psychotique fait entrer en sommeil son processus d'information pour éviter le délire, comme seule façon de mettre fin aux souffrances de sa contradiction surmoïque.

Mais de ce sommeil il peut parfois ne pas sortir, et son automatisation positive (celle qui transforme une régulation inconsciente en mécanisme automatisé par économie d'énergie) se transformer en automatisation négative (en sécession neuronale).

C'est encore Bion qui a attiré notre attention sur ce fait que chez le psychotique il semble bien y avoir une destruction, plus qu'un gel, du processus d'information. On a bien effectivement cette impression devant certaines psychoses adultes avancées. Je me souviens d'une visite, alors jeune professionnel, dans un hôpital psychiatrique à l'ancienne, je m'y étais rendu pour postuler un poste vacant de psychologue. La psychiatre se dit rapidement favorable à ma candidature, elle me demande, comme un préalable de second ordre, si je veux bien auparavant visiter son établissement. « Pourquoi pas ? Cela me paraît bien naturel » Et alors elle me fait traverser des salles communes, où je me suis vu assailli, bousculé, tripoté, tapé par une nuée de malades hurlant, bavant sur moi, riant, monstrueux, hideux, menaçants, tous psychotiques ou débiles profonds ou les deux à la fois. « Vous êtes tout pâle, cela ne va pas ? », me dit-elle avec malice au sortir de cet enfer. La « forclusion du nom du père », à laquelle je me référais alors cesse, pour comprendre ces pauvres êtres ? Laissez-moi rire ! Ce jour-là j'ai pris conscience de l'existence de l'irréversibilité.

Lier la psychose à un « mécanisme défensif », quel qu'il soit, forclusion du nom du père ou autre (évitement d'un vécu persécutoire), c'est la lier à une régulation inconsciente, c'est supposer la réversibilité de cette régulation, sous certaines conditions thérapeutiques. Si le psychotique est un sujet qui forclôt la Loi, il peut très bien un jour ne plus la forclore ! Il peut très bien revenir sur cette interruption de son cycle informatif, par l'intermédiaire d'un soutien thérapeutique bien entendu. C'est la même idée d'une plasticité indéfinie du psychisme que soutient Ansermet.

En ce qui concerne les psychoses avancées, je n'y crois plus.

L'évitement de conscientisation auquel recourt le sujet psychotique est sans conteste au départ le fait d'une régulation inconsciente. Mais elle se transforme d'une part en une sécession neuronale, d'autre part en une sécession la plupart du temps irréversible. Tout comme si le non-exercice de la fonction court-circuitée provoquait plus qu'une inhibition, une destruction par une sorte de « phénomène d'attrition », ou son non-développement, si la régulation se produit à une période sensible (cas de l'autisme).

Voilà, j'espère avoir répondu à vos questions, intéressantes et qui me poussent à mettre au clair ce qui ne l'est pas encore totalement dans mon essai ; j'en conviens, mais c'est bien naturel, je l'ai écrit, j'écris, pour trouver ce que je n'ai pas encore trouvé, c'est seulement une fois l'écrit terminé que j'ai la sensation parfois d'avoir trouvé ce que je cherchais.

Vous voyez en tout cas qu'une régulation de conscientisation qui s'automatise n'est pas nécessairement un retour à Pavlov, simplement son inscription possible dans un fonctionnement neuronal spécifique, dans la boîte crânienne.

Je suis incapable de vous dire réellement actuellement ce qui correspond exactement aux concepts de refoulement secondaire et primaire. Je préfère attendre.

Sur les deux types de lien, je suis d'accord, il existe bien deux liens visant soit la liaison *de* soi ou narcissisme, soit la liaison *de* l'autre ou objectalité (ou amour). Deux liens *à* l'autre, induisant un attachement à l'objet sur lequel s'investit soit le narcissisme soit l'objectalité. Toute symbolisation étant un processus d'identification, il est normal que ce soit là qu'intervienne le narcissisme, au principe même de l'évitement de nomination. Toujours quelque chose de soi ou de l'objet vient se glisser dans l'identification d'un événement fût-il anodin. La deuxième topique repose fondamentalement sur cette idée d'une souffrance identificatoire, donc narcissique, à éviter (ou d'un idéal de soi à préserver). Bref, la valeur à atteindre ou à préserver est au fondement du refoulement.

Je vais réfléchir à la compréhension que vous me proposez de l'hégélianisme.

Réponse d'EJ : Je commence à vous comprendre mieux, vous et votre originalité.

Je cherche à faire sur votre travail un compte rendu d'environ deux pages, et je l'ai encore modifié aujourd'hui en fonction des informations nouvelles que vous me donnez.

Cependant, mon texte s'alourdit, et si je continue à le modifier en fonction de ce que vous me dites à chaque fois de nouveau, cela deviendra bientôt tâche impossible.

C'est vous qui voyez.

Je n'ai pas d'autre but que de rendre service à votre œuvre, cependant que, de mon côté, je tends à considérer mon œuvre comme achevée.

Vous, vous avez probablement quelque chose à dire encore.

Mais il faut bien aussi que je trouve quelque chose à critiquer dans votre point de vue.

Quand je dis que vous mettez un accent particulier sur les notions d'autoconservation, narcissisme, identification, idéal du moi, c'est vous-même qui les pointez dans votre texte (je ne vous cite pas les pages).

De fait, il existe des contraintes internes à l'ensemble, d'une cohérence profonde, de la pensée freudienne. Or l'« accent particulier » dont je parle se produit immanquablement dès que l'on cherche à réduire le rôle de la notion de pulsion. Et vous le faites (38).

Cela, à mon avis, est venu depuis assez longtemps en partie de l'école anglaise, en partie aussi de l'*Egopsychology*.

Peut-être vous souvenez-vous des débats en France à un moment sur « La pulsion, pour quoi faire ? » (Laplanche, etc.).

Il y a tout de même un problème incontournable : que faire de ce *Trieb*, qui est partout dans les *Gesammelte Werke*, comme aussi chez Hegel et Fichte, etc.

Bien entendu, ce *Trieb*, c'est ce que cherche à contourner toute la pensée anglo-américaine (drive ?), et on voit bien que les neurosciences qui portent la marque d'une telle idéologie tendent à faire la même chose. D'où le mythe par exemple du cerveau ordinateur.

Quelque chose n'est cependant pas clair sur ce point.

La notion d'une poussée somatique de source endogène, (plus ou moins) continue et étalée (fût-ce par étapes) à travers le temps long, est un fait qui a été largement validé par la psychologie animale et comparée, l'éthologie. Il ne s'agit pas que de l'empreinte de Lorenz, mais du modèle « hydraulique » de Tinbergen (Épinoche, etc.), des données innombrables sur les mémoires collectives des sociétés animales (migrations des poissons et des oiseaux). On ne comprend pas ce qui a agité les psychanalystes modernes pour que, dans l'ignorance manifeste de pareilles données, ils veuillent se débarrasser du *Trieb* freudien qui justement exprime cela.

Même les neurobiologistes contemporains réservent aux programmes instinctuels certaines zones du cerveau (hypothalamus ?) Mais on dirait en même temps que cela les dérange (Changeux, Naccache). Pourquoi donc ?

Autoconservation. Il n'est pas certain que ce soit la vraie visée de l'appareil freudien : c'est plutôt la tendance à la décharge avec, au bout, la mort.

Conditionnement, Pavlov : c'est ce que le matérialisme dialectique trouve d'abord à portée de la main. Pavlov, avec son deuxième système de signalisation lié au langage est beaucoup moins stupide que son disciple Watson. Le refoulement serait-il une forme particulière de conditionnement ? *Why not* ?

Freud a toujours été ambigu, en conservant dans sa pensée toutes les tensions contradictoires. Après lui, ses héritiers ont souvent fait la démarche inverse, en ne retenant, dans le magasin, que ce qui leur plaisait. Lacan le premier.

Si on met le *Trieb* au placard, ne reste plus que l'identification et la ligne notionnelle qu'elle supporte pour porter l'ensemble de la métapsychologie.

Freud a toujours d'une certaine manière ressenti comme antinomiques le lien pulsionnel et le lien identificatoire, ce qui lui fait écrire des choses étranges du genre : « Le besoin sexuel est impuissant à unir les hommes comme le font les exigences de la conservation [traduit par conversation !] » (Totem et tabou, 88). Le lien identificatoire (idéal du moi) qui relie les individus à l'Église et à l'Armée (1921) n'est pas de nature directement libidinale/agressive, c'est autre chose. Tandis que l' « aimer bien » (*gern haben*) cimente le lien social, il existe un caractère asocial de l' « aimer » (*lieben*). La sagesse des nations le sait aussi.

Il me semble que notre discussion, à propos d'un compte rendu concernant votre livre, atteint un niveau de profondeur qui touche aux grandes difficultés d'ordre clinique, psychologique, métapsychologique, et même philosophique dont la psychanalyse n'a jamais cessé d'être encombrée. Je trouve que c'est aller trop loin, et je ne suis pas attiré plus loin en ce moment par une discussion sur les fondements de la psychanalyse. Le point où je me sens en être arrivé avec ma *Critique de la raison philosophique* marque pour moi une sorte de point d'orgue. Il faut comprendre mon désir d'une stase.

Donc ce que je vous suggère, c'est de vous saisir de mon texte, et de la transformer à votre usage de la manière qui vous conviendra. Je le signerai volontiers, et le transmettrai aux revues dont j'ai parlé, si vous le trouvez toujours souhaitable. J'aurais dû y penser plus tôt, pardonnez-moi.

À propos du revenu universel, qui semble tant émouvoir un public désemparé chez un Hamon, j'oubliais de vous dire qu'il ne s'agit rien de plus (selon moi) que de la vieille idée communiste, selon quoi le revenu global du travail devrait être partagé de façon équitable dans la communauté des travailleurs.

Ce qui est singulier, c'est que chacun le ressent confusément sans pouvoir en parler, ni même se représenter tout d'abord qu'il s'agit de cette vieille guenille nostalgique, qui fait encore rêver bien des braves gens.

C'est tout de même sur des sujets pareils que « la psychologie collective » que porte la psychanalyse avec elle devrait pouvoir intervenir. Mais ce ne sera pas demain la veille.

2. Henri Wallon (1879-1962) le plus grand psychologue français

« Il est par excellence le psychologue de l'enfance », a dit d'Henri Wallon René Zazzo. Mais il est en réalité bien plus que cela : le plus grand psychologue français, en rivalité d'évaluation sur ce point avec Jean Piaget, du reste francophone mais suisse.

En ce qui concerne le champ de l'enfance, la psychanalyse de même que la théorie piagétienne de l'intelligence ont certes fourni des contributions majeures à l'étude du développement de l'enfant. Cependant, par rapport à celles-ci, l'œuvre de Wallon tient son importance particulière de la multiplicité, quasi exhaustive, des types d'approche qu'elle applique à son objet d'étude. Elle envisage, en effet, la psychogenèse de l'enfant selon l'ensemble de ses aspects – affectif et cognitif, biologique et social –, mettant en œuvre une méthode à la fois « concrète et multidimensionnelle » (Tran-Thong). Aussi bien cette méthode est-elle de type comparatif, impliquant des références à un large éventail de domaines connexes : psychopathologie de l'enfant et de l'adulte, psychologie animale, psychosociologie de la pensée sauvage. Enfin, la psychologie génétique déborde pour Wallon le cadre strict de la psychologie de l'enfant, dans la mesure où elle constitue la méthode même d'une psychologie générale, conçue comme connaissance de l'adulte à travers l'enfant.

On reprendra en conclusion ce point d'un encyclopédisme dialectique propre à l'entreprise d'Henri Wallon, caractère qui n'est pas non plus absent de celle au moins aussi ambitieuse de l'épistémologie génétique de Jean Piaget.

De la médecine à la psychologie

Issu d'un milieu de bourgeoisie intellectuelle, Henri Wallon entre à l'École normale supérieure (1899), où il prépare l'agrégation de philosophie (1902). Docteur en médecine (1908), puis assistant du professeur Nageotte à Bicêtre et à la Salpetrière, il tient une consultation pour enfants atteints d'arriération mentale et d'agitation motrice (1908-1931).

Médecin militaire pendant la guerre de 1914-1918, il acquiert une expérience neurologique qui lui permet d'interpréter rétrospectivement ses premières observations sur les enfants anormaux. Après sa thèse sur *L'Enfant turbulent* (1925), il devient directeur d'études à l'École pratique des hautes études (1927) – où il anime le Laboratoire de psychobiologie de l'enfant, qu'il a fondé en 1922 –, puis professeur à l'Institut national d'études du travail et d'orientation professionnelle (1929), chargé de cours à la Sorbonne (1932), enfin professeur au Collège de France, où il occupe la chaire de psychologie et d'éducation de l'enfance (1937-1949). Par ailleurs, Wallon a toujours été préoccupé, dès après la Première Guerre mondiale et pendant tout le reste de sa carrière, par les applications de la psychologie à la pédagogie théorique et pratique. Cet intérêt constant culmine avec son rôle important, au cours de la période 1944-1947, au sein de la Commission de réforme de l'enseignement, dont les travaux aboutiront au document connu sous le nom de « Plan Langevin-Wallon ».

L'œuvre psychologique de Wallon passe pour être d'accès difficile, peut-être parce que s'y reflètent, dans un style soucieux d'exprimer toute la complexité du réel, l'expérience du médecin formé à la méthode neurologique en même temps que la hardiesse intellectuelle découlant d'une formation philosophique. La prise en compte des données les plus récentes de la neuropathologie s'y mêle au caractère novateur d'hypothèses qui la situent encore à l'extrême avant-garde des recherches contemporaines. De fait, il est toujours apparu a Wallon qu'« imaginer est le premier devoir, le second de vérifier ».

Le modèle stadial de la psychogenèse de la personnalité

La psychologie de Wallon consiste, pour l'essentiel, en une théorie des stades de développement de la personnalité enfantine. La personnalité est une construction progressive, où se réalise l'intégration, selon des rapports variables, de deux fonctions principales : l'affectivité, d'une part, liée aux sensibilités internes et orientée vers le monde social, la construction de la personne ; l'intelligence, d'autre part, liée aux sensibilités externes et orientée vers le monde physique, la construction de l'objet.

Le développement de la personnalité progresse selon une succession de stades, dont chacun constitue un ensemble original de conduites, caractérisé par un type particulier de hiérarchie entre ces deux fonctions. Ainsi s'institue une alternance entre deux types de stades : les uns marqués par la prédominance de l'affectivité sur l'intelligence, les autres par la prédominance inverse de l'intelligence sur l'affectivité. Le passage d'un stade à un autre présente donc un aspect discontinu, ce qui n'exclut pas néanmoins la continuité d'ensemble du développement. Cette continuité s'exprime en particulier dans les phénomènes de chevauchement : les stades à dominance affective comportent, à titre subordonné, une évolution des conduites intellectuelles, et vice versa.

Stade 1	Impulsif (1 a) Émotionnel (1 b)	0 à 3 mois 3 mois à 1 an
Stade 2	Sensori-moteur (2 a) Projectif (2 b)	1 an à 18 mois 3 ans
Stade 3	Personnalisme – Crise d'opposition – Âge de la grâce – Imitation	3 à 6 ans 3 à 4 ans 4 à 5 ans 5 à 6 ans
Stade 4	Catégoriel	6 à 11 ans
Stade 5	Adolescence	à partir de 11 ans

1. *Les stades impulsif et émotionnel* (de 0 à 3 mois, puis de 3 mois à 1 an) sont marqués par le primat des sensibilités internes et du facteur affectif. Une première période, dite impulsive, jusqu'à 3 mois, se caractérise par le désordre gestuel. Dans une seconde période, la réponse de l'entourage humain à l'enfant organise progressivement ce désordre en émotions différenciées. L'émotion constitue la source commune de la conscience, du caractère et du langage.

2. *Le stade sensori-moteur et projectif* (de 1 à 3 ans) s'institue avec la prédominance des sensibilités externes et de la fonction intellectuelle. L'enfant y développe deux types d'intelligence, qui sont d'ailleurs en rapport l'une avec l'autre : l'intelligence pratique (« des situations »), liée à la manipulation des objets ; l'intelligence représentative (« discursive »), liée à l'imitation et au langage. Au cours d'une période dite projective (de 2 ans et demi à 3 ans), la pensée naissante – sous forme de « pensée par couples » (« un en deux, deux en un ») – ne peut prendre consistance qu'en s'extériorisant, en se projetant dans le geste imitatif.

3. *Le stade du personnalisme* (de 3 à 6 ans) restaure la primauté de la fonction affective sur l'intelligence. Il débute par la crise de personnalité (crise de 3 ans), au cours de laquelle l'enfant s'oppose à tout, en une « sorte d'escrime » à l'égard de l'adulte : c'est « l'âge du non, du moi, du mien ». À ce négativisme succède, à 4 ans environ, « l'âge de la grâce » : filant le geste pour lui-même, l'enfant s'ingénie à séduire, dans une sorte de « narcissisme moteur ». Enfin, à 5 ans environ, il s'attache à imiter l'adulte prestigieux dans ses rôles sociaux, en une attitude ambivalente d'admiration et de rivalité.

4. *Le stade catégoriel* (de 6 à 11 ans) se caractérise à nouveau par la prépondérance des activités intellectuelles sur les conduites affectives.

C'est le début de l'âge scolaire : l'enfant y devient capable d'attention, d'effort, de mémoire volontaire. La pensée se développe à partir d'une période de confusion initiale (syncrétisme) jusqu'à la formation des « catégories » mentales. Celles-ci lui permettent la représentation abstraite des choses et l'explication objective du réel.

5. *Le stade de l'adolescence* (à partir de 11 ans) marque un renouveau des intérêts personnels par rapport aux intérêts centrés sur l'objet. « Sur le plan affectif, le Moi reprend une importance considérable ; et, sur le plan intellectuel, l'enfant dépasse le monde des choses, pour atteindre le monde des lois. »

Alternance et intégration

La formation de la personne est un processus de type discontinu en même temps que continu, la genèse d'une « unité faite de contraste et de conflits ». De fait, ce couple discontinuité-continuité exprime l'équilibre où se tient la pensée wallonienne entre deux catégories de concepts, dont la conjonction est tout aussi difficile que nécessaire.

La première concerne la composante biologique du comportement et réfère à l'ensemble notionnel : crise, facteur endogène, maturation, en rapport avec le principe d'alternance fonctionnelle. La seconde renvoie à la composante sociale et comporte la séquence : interaction, facteur exogène, milieu humain, en rapport avec le principe d'intégration fonctionnelle.

Wallon a souvent avoué les liens entre son propre modèle épistémologique et la dialectique matérialiste. En fait, l'originalité de son vocabulaire et de son style de pensée pose le problème délicat, sinon insoluble, du repérage d'une telle parenté. Cette difficulté s'éclairerait quelque peu si l'on remontait, pour découvrir le type logique propre au mode explicatif dont use Wallon, à la source hégélienne, dont la mention accompagne parfois cette référence (voir article de 1936. n° 91).

Dans cette perspective, il paraît plausible de rattacher le couple alternance-intégration à la double polarité dynamique-statique, diachronique-synchronique, génétique-structurale, syntagmatique-paradigmatique, métonymique-métaphorique que comporte le concept de contradiction, clef de voûte de la pensée dialectique. Le premier terme de chacune de ces paires connote une loi de division (dualité dans l'unité) où s'exprime « la genèse immanente des différences » (Hegel, *Logik*, 1811). Le second terme des mêmes couples renvoie à une loi de totalité (unité dans la dualité) où s'exprime « la nécessité de la liaison » (ibid.). Le schéma de base propre à l'épistémologie wallonienne recouvrirait bien le modèle division-totalité, différence-identité, qui constitue le moule logique de la pensée dialectique issue de Hegel, à qualifier comme un « noyau rationnel de la dialectique » (Marx, 1873). Ce n'est pas un hasard si les deux grands fondateurs de la psychologie génétique ont cru devoir, en plus d'une occasion, situer leur propre démarche par rapport à cette notion de dialectique, issue du champ de la pensée hégélo-marxienne, mais présente de façon agissante à travers l'histoire de toutes les idéologies occidentales. Toute étude concernant la formation et le devenir du sujet humain est immanquablement confrontée à ce modèle, qu'il s'agisse de l'utiliser ou de le refuser, d'en produire des variantes ou des substituts. Plus souvent encore que Wallon, Piaget se réfère au concept de dialectique (1950, 1963, 1965, 1967), au point même d'y consacrer son ouvrage ultime, *Les Formes élémentaires de la dialectique* (1980). Il reste que l'interprétation qu'il en donne tend à en éliminer la composante « conflit » au profit de la composante « interaction ».

Actualité de Wallon

Dans le domaine de la psychologie génétique, les travaux nombreux concernant la sociabilité primaire de l'enfant (Bruner, 1956 ; Fantz, 1961 ; Hughes, 1975 ; Maratsos, 1976 ; Flavell, 1981) ne font que confirmer le caractère prémonitoire, et toujours pleinement actuel, des vues de Wallon en ce domaine. Il faut mentionner aussi à ce propos l'important courant qu'ont initié les travaux sur la notion d'attachement : (Bowlby, 1958, 1969 ; Harlow, 1958, 1974 ; Montagnier, 1980).

Les recherches de Wallon dans le domaine de la neuropathologie l'avaient conduit à une typologie de six syndromes psychomoteurs établie en fonction des lésions susceptibles d'affecter les différents étages de la hiérarchie des centres nerveux (cervelet, locus niger, pallidum, striatum, thalamus, faisceau pyramidal). Bien que les progrès récents de la psychiatrie de l'enfant n'aient pas contribué à les valider en tous points, ces travaux n'en conservent pas moins le mérite d'avoir donné l'impulsion à l'école française de psychomotricité (Guilmain, 1935 ; Ajuriaguerra 1960 ; Lapierre-Aucouturier, 1968). Ils conservent même une réelle importance par rapport aux préoccupations actuelles concernant le problème de la maladresse chez l'enfant, et la notion aujourd'hui très en vogue de troubles neurologiques mineurs (M.B.D., c'est-à-dire *minor brain disorders*, ou signes de « soft » : Brazelton, Sokolow, Kregan, Bruner, Witkin).

Les idées de Wallon ont aussi influencé un certain nombre de psychanalystes, d'ailleurs d'appartenance très variée : R. Spitz, D. W. Winnicott, et même J. Lacan, dont bien des références permettent de faire état dans une partie de son œuvre d'un véritable « freudo-wallonisme » (R. Zazzo).

Tout en critiquant la pensée freudienne, Wallon en a abondamment utilisé un certain nombre de concepts majeurs, notamment en direction de l'éclaircissement de la notion d'une affectivité sociale, que Freud avait commencé à différencier de la notion davantage centrée par lui d'une affectivité pulsionnelle.

Henri Wallon et les sciences de l'éducation

Par ailleurs, le souci constant de Wallon concernant les applications pédagogiques de la psychologie de l'enfant attire toujours beaucoup l'attention sur son œuvre.

Wallon n'a pas été un créateur de systèmes éducatifs nouveaux. Cependant, il s'est attaché à suivre attentivement le développement des différents systèmes ou doctrines d'Éducation nouvelle, et en a analysé les principaux. Il a pris une connaissance particulière, parmi les plus célèbres doctrines de l'Éducation nouvelle, de trois d'entre elles, celles surtout de John Dewey, de Maria Montessori, et d'Ovide Decroly. S'il témoignait d'une certaine réserve à l'égard du rousseauisme de Maria Montessori, voire de Célestin Freinet, il approuvait en revanche, les conceptions d'Ovide Decroly touchant les méthodes actives, mais à condition qu'elles soient utilisées de manière bien particulière, en vue d'établir une osmose constante entre l'école et la vie sociale.

C'est au sein de la Société française de pédagogie que Wallon est d'abord, assez tôt dans sa carrière, entré en contact avec le milieu des instituteurs et les problèmes concrets de l'enseignement primaire. Dans les années précédant la Deuxième Guerre mondiale, Wallon est apparu bien vite comme un des guides compétents et écoutés du mouvement d'Éducation Nouvelle en France comme à l'étranger. Dès cette époque, psychologie de l'enfant et éducation de l'enfant sont inséparables dans la démarche wallonienne. Mais ce n'est qu'à partir de la Libération, avec sa participation au projet de réforme de l'enseignement, dit depuis Langevin-Wallon, que les activités de Wallon dans le champ de la pensée et des applications pédagogiques prendront leur pleine extension.

C'est d'ailleurs surtout après la Deuxième Guerre mondiale aussi que Wallon a entrepris l'examen historique et comparé des différentes doctrines pédagogiques.

De ce point de vue, son commentateur Tran-Thong a écrit à juste titre de Wallon qu'il avait été à la fois « savant, éducateur et citoyen »[17].

---

[17] Tran-Thong : 1969, *La pensée pédagogique d'Henri Wallon*, Paris, PUF, 31.

D'après Wallon, seul Decroly a su échapper à ce qu'il appelle l' « attitude oppositionnelle », dont il fait la critique de principe à l'ensemble des représentants du mouvement de l'École active en leur opposant son attitude évolutionniste et dialectique.

Dans ses considérations sur les grandes doctrines pédagogiques, Wallon a pointé fréquemment, et comme on pouvait s'y attendre le rôle majeur et particulier de Jean-Jacques Rousseau. D'après lui, Rousseau exprime de façon saisissante les diverses antinomies de l'Éducation, tout d'abord celle entre l'individu et la société. Après l'individualisme de l'*Émile*, c'est le collectivisme intégral du *Contrat social*. Par une sorte de retournement, l'homme naturellement bon devient inévitablement corrompu dans un cadre social aussi indispensable que néfaste et tout puissant. L'antinomie entre l'individu et la société, loin de se résoudre, ne fait alors que se transformer et se redoubler en une autre de même nature : l'antinomie entre l'enfant et l'adulte.

Wallon rend hommage à Rousseau d'avoir jeté les bases d'une éducation génétique, fonctionnelle, active, concrète et libérale. Cependant, les éducateurs modernes qu'il a inspirés ont quasiment tous développé à son instar la même attitude commune d'opposition revendicative à l'égard de l'éducation en vigueur, de pessimisme méfiant à l'égard de la société en place, en même temps que de valorisation de l'individualité enfantine.

Le caractère individualiste de la réaction contre l'éducation officielle est encore bien plus marqué dans le mouvement de l'Éducation nouvelle que dans une certaine tradition de la Renaissance, dont se sont parfois inspirés également ses fondateurs du XXe siècle (Érasme, Comenius, Rabelais, Montaigne, etc.). Le mouvement d'Éducation nouvelle ne parvient généralement pas à résoudre l'antinomie entre l'individu et la société.

Wallon a comparé ce qu'il appelle « l'attitude oppositionnelle » des nouveaux éducateurs à l'attitude utopique chez les réformateurs sociaux du XIXe siècle. C'est la même attitude critique, de caractère indissociablement oppositionnel et individualiste, qui anime la plupart des doctrines de l'Éducation nouvelle. Les partisans de l'Éducation nouvelle tiennent mal compte de « cette double réalité, la nature propre de l'enfant et le milieu où il se développe, qui sont les deux pôles que l'éducation doit joindre ».

C'est surtout, affirme Wallon, contre le caractère trop abstrait de l'enseignement qu'a réagi Maria Montessori. Mais, en même temps, « issue du sensualisme, la pédagogie montessorienne évolue vers un individualisme spiritualiste ». L'antinomie entre l'enfant et la société, posée par

Rousseau, reste de façon tout à fait évidente non résolue chez Maria Montessori.

Wallon cherche à dépasser, par ce qu'il qualifie comme une « attitude dialectique », l'attitude oppositionnelle, liée à un individualisme foncier, des pionniers de l'École nouvelle. Et, toujours d'après lui, seule la doctrine de Decroly y serait parvenue. La classe decrolyenne, écrit Wallon avec éloge, est construite de toute pièce et progressivement par les objets, matériaux et documents que les enfants ont récoltés dans les lieux concrets divers, en puisant à pleines mains dans le milieu environnant. On peut trouver une attitude similaire, insiste-t-il encore, dans la vision de l'école chez Makarenko et dans la pédagogie soviétique.

C'est cette osmose entre la société et l'école qu'empêcherait, également selon lui, la république enfantine de l'américain Dewey.

Dans la conception de Decroly, l'enfant appréhende immédiatement son milieu actuel. Par ailleurs, l'attitude de Decroly est profondément évolutionniste. Elle prévoit que l'école doit se modifier, et se renouveler d'âge en âge. Decroly a le mérite d'avoir élaboré des méthodes pédagogiques nouvelles : méthode globale, méthode des centres d'intérêt, méthodes des trois moments de la leçon, qui font de lui « l'un des grands initiateurs des méthodes actives ».

Les méthodes pédagogiques de Decroly tiennent leur valeur durable du fait de l'union étroite, dans sa démarche, entre la psychologie et la pédagogie, en appui l'une sur l'autre. Sa conception de l'intérêt étendu de l'individu à la société est conforme aux exigences du développement de l'enfant : « trouver le moyen, écrit encore Wallon, d'accorder les intérêts subjectifs et momentanés de l'écolier avec les intérêts objectifs et essentiels de l'humanité, c'est le principe fondamental de la méthode decrolyenne ».

Wallon ne tarit pas d'éloge non plus sur l'approche globaliste[18] de Decroly, approche hostile à l'élémentarisme sensualiste, et que confirment tous les résultats de l'étude psychologique de l'enfant : « Pour le docteur Decroly, le concret et le simple, c'est ce qui répond à l'expérience immédiate de l'enfant… C'est donc de ce globalisme qu'il faut partir et non des sensations… La méthode globale de Decroly se fonde très exactement sur ce que d'autres auteurs ont appelé le syncrétisme de l'enfant… Les trois moments d'une leçon : observation, expression, association … Cet objet… est un objet global… Entraîner l'enfant à l'observer… et, quand il a observé, à exprimer par le dessin ou par le

[18] On sait que les méthodes globales dans l'apprentissage de la lecture ont été extrêmement critiquées depuis, dans le débat public, parfois de manière plus opportuniste qu'opportune. Mais c'est un autre sujet.

langage ce qu'il a remarqué ou retenu, puis quand il a traduit pour lui-même ce que l'observation lui a mis dans l'esprit, à y associer par voie de ressemblance ou par voie d'information ou d'enquête… L'expression doit suivre immédiatement l'observation, il faut que l'enfant puisse recueillir dans son langage, aidé par le maître qui pourra accroître par là son vocabulaire, toutes les observations qu'il a faites… La méthode des enquêtes met l'enfant de plain-pied avec le familier des choses et avec le milieu social. »

Dans la méthode decrolyenne des trois temps de la leçon, le passage du perceptif au représentatif est consolidé par l'expression : langage et dessin. Les associations qui constituent le troisième moment de la leçon se présentent alors comme un exercice de la représentation.

Wallon mentionne aussi le Belge Herlin comme ayant eu le mérite d'avoir appliqué aux sourds-muets la méthode de Decroly.

Il approuve également chez Freinet sa méthode de la « composition littéraire en commun ».

De façon déjà contemporaine, il avance que la méthode des tests, malgré son utilité, est d'un « usage délicat aussi bien pour les aptitudes intellectuelles que dans le domaine du caractère », propos où s'exprime une pointe de méfiance de couleur paradoxale si l'on considère que Wallon et son école (surtout Zazzo d'ailleurs) ont joué un rôle important dans la diffusion de la psychométrie appliquée à l'orientation scolaire et professionnelle.

Dans le cadre de ses derniers écrits pédagogiques, Wallon a approfondi ses considérations déjà très anciennes sur les causes et les formes de l'inattention chez l'enfant, en tant que source éventuelle d'inadaptation scolaire. Il en existerait plusieurs formes distinctes. Tout d'abord chez les plus jeunes, entre 4 et 5 ans, se présentent deux formes d'« asynergie », la première concernant les attitudes entre elles, avec « défaillances répétées devant l'objet », l'autre repérable entre les attitudes et l'action, avec « blocage prolongé dans la même attitude ». Chez les enfants de 7 à 8 ans, les conduites d'inattention comportent aussi plusieurs formes, l'une liée à l'instabilité musculaire, une autre à l'attention papillonnante, une autre enfin « d'isolement buté ou de rébellion chez les enfants inhibés », qui sont des enfants difficiles, d'ailleurs « souvent méchants et pervers ». Il serait probablement utile de reprendre aujourd'hui ces remarques, à une époque où les troubles de l'attention chez le jeune enfant sont une véritable calamité scolaire.

Wallon se prononce aussi pour une approche largement interdisciplinaire en matière de pédagogie : « Psychologie, pédagogie, neuropsychiatrie, sociologie nous paraissent former un ensemble dont chaque partie est indispensable aux autres ».

Il rappelle encore, à l'occasion de ces propos pédagogiques, qu'il critique chez Freud aussi bien que chez Piaget une approche de la socialisation de l'individu envisagée à partir d'un état d'abord autistique et égocentrique. Pourtant, on ne peut nier que ce reproche est en général moins adressé par lui à Freud qu'à Piaget.

Enfin, il est conforme à l'« humanisme wallonien », ainsi que s'exprime Tran-Thong, de poser qu'« est contraire à la réforme de l'enseignement tout ce qui est sélection »[19].

Psychologie appliquée : différentielle, professionnelle, sociale

Comme on en a plus haut esquissé le thème, Wallon envisage l'ensemble de la psychologie sous forme d'une psychologie générale, à concevoir comme un premier ensemble de grands bâtiments fondé à partir du foyer principal de la psychologie de l'enfance, élargie en psychologie génétique, et développée sur la base d'une interaction avec une psychopathologie à deux versants complémentaires, de l'adulte et de l'enfant. Ce premier ensemble comporte lui-même des développements vers une psychologie de l'individu, du caractère (caractérologie), de la personnalité.

En réalité, à ce vaste ensemble se raccorde alors un autre ensemble qualifié par Wallon de psychologie appliquée (1930). Celle-ci s'articule en une psychologie du travail, puis une méthodologie des tests ou psychométrie ouvrant sur une psychologie différentielle des aptitudes – déjà présente au niveau de la caractérologie ouverte par le premier ensemble (psychologie différentielle des constitutions, des caractères, des types). Suivent l'orientation professionnelle qui se rattache, par le biais de la psychologie pédagogique ou de l'éducation – ou encore psychologie scolaire, à la psychologie de l'enfant et de l'adolescent. Puis vient la sélection professionnelle, ouverte elle-même sur la psychologie du travail et la psychologie différentielle. Viennent alors, dans le reste de l'espace social, la psychologie commerciale puis la psychologie judiciaire, sous le chapeau également d'une psychologie professionnelle dont Wallon proposera en définitive qu'elle vienne englober l'ensemble des chapitres du volume, y compris donc la psychologie du travail et la sélection professionnelle.

19 Tran-Thong : 1969, 47, 56, 61, 71-74, 86-87, 89-90, 102-109, 113-115, 134, 157. L'indispensable ouvrage de cet auteur, aujourdh'ui épuisé, contient beaucoup d'autres aspects très intéressants que le lecteur motivé par ces questions pourra consulter, mais que nous ne pouvions aborder ici, notamment sur l'histoire sociale et politique de l'enseignement en France, sur l'usage des méthodes audio-visuelles, etc.

Mais ce qui est saisissant dans cette perspective, c'est que tout y est rapporté aux notions cardinales d'individu et de personnalité, selon un modèle qui ferait boucle avec le premier grand ensemble de bâtiments.

On osera suggérer que cette « psychologie individuelle » (expression d'abord venue de l'allemand Wilhelm Stern) n'est qu'une autre formule pour celle d'une psychologie clinique, expression à ma connaissance jamais utilisée par Wallon (parfois « méthode clinique ») – qui finit sa carrière juste au moment où Lagache, créateur de ce nouveau champ disciplinaire, la commence à la Sorbonne (1950). Mais ce qui ressort bien de la démarche d'ensemble de Wallon, c'est réellement la perspective globale d'une approche essentiellement clinique dans les différents domaines de la psychopathologie – évidemment, de la psychologie de l'enfant, de la psychologie professionnelle, tout comme de la psychologie expérimentale (surtout de l'enfant), qui représente tout de même un assez vaste volet dans ses publications (380/5 200 pages, soit 7 % de l'œuvre totale, sans parler du volume des recherches mettant en œuvre une méthode strictement clinique).

Sous l'aspect qui vient d'être tout juste évoqué, il importe de souligner que la démarche proprement expérimentale, dont il va à présent être question (1955, 1957-1960, 1962) met toujours en jeu l'interférence essentielle de l'approche clinique conjuguée. C'est ce qui apparente de ce point de vue Wallon à Piaget.

Psychologie expérimentale

Le dernier livre de Wallon (*Les mécanismes de la mémoire*, 1951) est produit tout juste quelques années avant la révolution cognitive de 1956, date à partir de laquelle va se restructurer progressivement la perspective d'ensemble des recherches sur la mémoire. À cette époque encore, la mémoire apparaît comme l'un des grands chapitres du Traité idéal d'une psychologie fonctionnelle néo-béhavioriste, elle-même héritière de l'ancienne psychologie des facultés. On démembre cette grande fonction en facettes, moments ou épisodes censés être caractéristiques de sa nature essentielle, pour ne pas dire éternelle : fixation, conservation, évocation par rappel ou reconnaissance, oubli.

De cette grande fonction propre au psychisme de l'Homme-machine, des travaux consacrés (Ebbinghaus, Foucault, Jost) ont dégagé un corpus de lois très générales repérant un certain nombre de mécanismes d'une évidence expérimentale jugée essentielle : caractères massé ou distribué (loi de Jost), global ou partiel, incident et intentionnel, facilité ou inhibé – par transfert positif ou négatif – de l'apprentissage, organisation de la tâche par le sujet, évolution temporelle de la mémoire, phénomènes d'interférence, discussions académiques sur les modèles généraux de l'oubli.

Ces lois de caractère quasi-platonicien ont été dégagées par un arsenal de méthodologies d'un modèle artisanal d'emblée consacré : méthodes diverses d'Ebbinghaus, Woodworth, Calkins, Münsterberg et Bigham.

Ces lois sont repérées par de telles méthodes comme un catalogue de formes organisant le mouvement sans vie de contenus indifférents et rapportés de l'extérieur à leur structure. Parmi les catégories de matériels (verbal/non verbal ; significatif/non significatif), c'est surtout – pas seulement mais principalement – le matériel verbal non significatif, les fameuses syllabes sans significations d'Ebbinghaus (RUV, ESOJ...) qui a toujours eu la vedette, sous prétexte du contrôle de la pureté scientifique, de la démarche précautionneuse d'une « science pure mais qui n'a pas de mains », ainsi que le disait Péguy de la morale kantienne. De telles errances – voici plus de cinquante ans enseignées par exemple par moi-même, jeune assistant en psychologie, avec le plus grand sérieux – me laissent aujourd'hui rêveur, dans le genre des péripéties de l'histoire de l'alchimie.

L'ouvrage de Wallon et de sa collaboratrice, Eugénie Evart-Chmielnisky, est d'un abord très austère, par sa démarche expérimentale très fouillée, et il d'une lecture ardue par son souci de l'analyse des mécanismes très particuliers, de la différenciation de groupes de conduites, jusqu'à l'analyse clinique des cas particuliers.

Toujours dans le cadre de cette approche expérimentale de l'enfance, la dernière période de la carrière de Wallon a abordé des problèmes aussi variés que le dessin, la latéralisation, le sens de la durée, de la verticale et de l'espace, l'apraxie, la notion de nombre, la représentation du poids.

La principale idée-clef de l'ouvrage de 1951, mais ce n'est pas la seule, est de caractère plus philosophique que proprement scientifique : c'est qu'en psychologie, et en particulier à propos de la mémoire, il n'existe pas de lois générales isolables des contenus concrets où elles s'appliquent – mais seulement des procédures spécifiques mises en œuvre dans des situations définies par l'activité d'un sujet individuel. Cette idée n'a de sens que dans le cadre d'une forme de pensée complexe, de type oppositif, pensée de la contradiction ou contradictorielle, ou encore pensée dialectique, où forme et contenu se déterminent réciproquement, et où la détermination des contenus rencontre par ailleurs sans cesse, dans le repérage des similitudes, des identités, tout aussi bien que des dissemblances, des différences, des contrastes, des oppositions, complémentaires ou alors plus clivées.

Dans le même ordre d'idées, Wallon avait déjà parlé une quinzaine d'années plus tôt dans *La Vie mentale* (1937) d'une démarche de la psychologie scientifique définie comme « étude concrète d'une réalité concrète ». Faisant apparemment référence à un propos de Lénine écrivant que « l'âme vivante du marxisme, c'est l'analyse concrète d'une situation concrète » (*Le communisme*, 12 juillet 1920). Formule qui évoque par ailleurs ce que le même auteur avance touchant la dialectique comme « le mouvement de la chose même » (*Cahiers philosophiques sur la Logique de Hegel*, 1917). Certes on n'ignore pas qu'il est très mal venu d'invoquer Lénine – plutôt que le trivial Popper – dans une discussion moderne de caractère épistémologique[20]. Mais ce qui est en question avec Wallon, c'est que la notion d'un catalogue des lois universelles d'une psychologie générale n'a aucune espèce de signification, contrairement à la foi qui semble animer à cet égard tous les manuels de psychologie français depuis 60 ans (Cuvillier 1947, Burloud 1948), remâchant la formule discutable d'Aristote selon quoi « il n'y a de science que du général ». Selon Wallon, à côté de certains universaux d'application relative très généraux, il existe d'autres mécanismes plus particuliers qui interviennent de façon plus différenciée selon la variété des contenus singuliers. Et cela est une idée venue de la philosophie germanique (De Kant à Hegel) d'abord inspirée par la tradition française (Pascal, Descartes, Encyclopédie, Rousseau).

Cette discussion va très loin dans le concret de la vie contemporaine : indiquant par exemple que le débat sur la mondialisation risque bien de n'être qu'un attrape-nigaud s'il ne se spécifie pas aussitôt dans les termes de ce que la mondialisation peut signifier dans le contexte précis de tel pays particulier par exemple la France.

Redisons encore rapidement, après l'avoir déjà dit assez souvent dans nos écrits, que cette forme de pensée oppositive, contradictorielle, dialectique, centrée sur les divers types de mécanismes intra-conflictuels, est mise en œuvre de façon commune, bien que personnalisée selon leurs perspectives propres, par les trois grands psychologues européens et de prime importance mondiale Freud, Wallon et Piaget, alors qu'elle est totalement étrangère à la démarche positiviste et scientiste de l'empirisme anglo-américain, surtout nord-américain.

---

[20] À vrai dire, cette formule : « analyse concrète d'une réalité concrète », est d'abord venue d'un texte célèbre de Karl Marx sur l'*Introduction générale à la critique de l'économie politique* (1857), dont s'imposerait une étude parallèle avec les quatre célèbres règles du *Discours de la méthode* de Descartes, ce dont j'aurai à reparler ailleurs.

Wallon promeut donc ici une critique radicale du principe même de la psychologie expérimentale scientifique, qui n'a abouti déjà à l'époque, et juste la même année où paraît son livre (1951) qu'à ce cimetière des propositions scientifiques défuntes qu'est par exemple le *Vocabulaire de la psychologie* de Piéron, toujours en vente (1951, 1963).

Enfin, Wallon passe immédiatement de ses conclusions en matière de psychologie expérimentale de l'enfant aux applications concrètes dans le champ de la psychologie pédagogique.

Conclusion

L'œuvre de Wallon tient son importance réelle et moderne de ce qu'elle embrasse tous les champs de la psychologie envisagée dans la perspective d'un encyclopédisme dialectique.

Autour de la psychologie de l'enfance proprement dite s'articulent les champs suivants : Psychologie génétique expérimentale ; Psychologie de l'éducation, scolaire et pédagogique ; orientation scolaire ; Psychologie pathologique ; Psychologie générale ; Psychologie appliquée ; Psychologie du travail ; Orientation professionnelle ; Psychologie différentielle et Psychométrie ; Psychologie sociale ; quelque 300 pages touchant la Psychanalyse ; Psychologie anthropologique ; comparée ; de la mentalité primitive ; Psychologie esthétique, dessin, filmologie ; Épistémologie, philosophie ; Histoire, biographie ; Réforme de l'enseignement ; Politique générale.

Une longue polémique a opposé pendant une quarantaine d'années Wallon et Piaget, dont a fini par se dégager la notion d'une étroite complémentarité de leurs vues : Wallon s'intéresserait à l'étude de la pensée verbale (littéraire), et Piaget plutôt à celle de la pensée logico-mathématique (scientifique).

L'étude de Wallon s'impose aujourd'hui avec d'autant plus d'urgence pour la formation des psychologues que l'esprit dialectique européen de sa démarche s'oppose à la mentalité d'un mécanicisme sommaire et d'un analyticisme réductionniste qui est la marque de la psychologie nord-américaine aujourd'hui dominante dans nos pays.

Bibliographie

Œuvres de Henri Wallon

Les Origines du caractère chez l'enfant. Les préludes du sentiment de personnalité, 1934, 5e éd., P.U.F., Paris, 1973 ; *La Vie mentale* (reprise des contributions d'H. Wallon dans le tome VIII, dont il assuma la direction, de l'Encyclopédie française, Paris, 1938), Éd. sociales, Paris, 1982 ;

L'Évolution psychologique de l'enfant, 1941, 17e éd., Armand Colin, Paris, 1974 ; *De l'acte à la pensée. Essai de psychologie comparée*, 1942, 5e éd., Flammarion, 1972 ; *Les Origines de la pensée chez l'enfant*, 1945, 3e éd., P.U.F., 1963 ; Œuvres I-VI, Paris, L'Harmattan, 2015.

Études

É. Jalley, *Wallon lecteur de Freud et Piaget. Trois études suivies des textes de Wallon sur la psychanalyse*, ibid., 1981 ; *Wallon et Piaget. Pour une critique de la psychologie contemporaine*, ibid., 2006 ; Tran-Thong : *Stades et concept de stade de développement de l'enfant dans la psychologie contemporaine* : Vrin, Paris, 1967 ; *La Pensée pédagogique de Henri Wallon*, P.U.F., 1969.

Chapitre 5

La destruction de l'Université

Le livre, qui porte ce titre, paru en 2015 aux éditions La Fabrique, remarquablement écrit, est par ailleurs d'un pessimisme sans concession, d'une véracité difficile à supporter. Aussi bien n'a-t-il donné lieu, au moins à notre connaissance, à aucun compte rendu dans les principaux hebdomadaires ni quotidiens français.

Son auteur, Christophe Granger, se présente comme un historien, membre du Centre d'histoire sociale du XXe siècle (Paris I/CNRS), qui a publié deux autres ouvrages (2009, 2013).

Ce livre que j'ai rencontré un peu par hasard, vu que les médias semblent en avoir peur, m'a d'emblée paru d'un intérêt puissant à l'égard de tout ce que j'ai écrit en solitaire depuis longtemps dans nombre de titres (peut-être plus de 1 200 pages ; voir Principales références thématiques à la fin du livre), comme aussi des précédents chapitres 2 et 3 de ce livre, où je ressens et crains parfois de donner **l'impression de délirer tout seul au milieu d'un tunnel** – ainsi que dit Descartes au début de sa Méditation 1 s'éprouver comme un « insensé », ou alors « être tombé dans une eau très profonde » (Pléiade, 268, 274).

Non, je ne **suis pas seul, déjà depuis que J.-F. Spitz dénonçait, le tout premier à l'époque il est vrai, les « trois misères de l'université ordinaire » (intellectuelle, matérielle, morale)** (2000). Un peu plus tard, il y a eu d'autres auteurs dont j'ai parlé ailleurs (Jalley 2004, Jourde 2007, Lunel 2007).

Le livre de Christophe Granger a donné lieu à une présentation orale à la librairie l'Atelier le 5 novembre 2015, que l'on peut écouter sur Internet.

La Quatrième de couverture se présente ainsi :

> « Économie du savoir : c'est sur cette notion que s'est enclenchée la débâcle actuelle de l'Université. Le Conseil européen l'a dit en 2000 : l'université doit faire naître une « économie de la connaissance compétitive, facteur d'une croissance durable ». La Banque mondiale

de son côté préconise de privatiser le financement des Universités, de démanteler les « rigidités salariales », d'ajuster la formation des étudiants aux besoins du marché du travail et d'encourager la production des savoirs porteurs de débouchés commerciaux et d'innovation industrielle.

Ces nouveaux objectifs signifient la fin de l'Université en France telle qu'elle existait à la fin du XXe siècle : une institution indépendante où le contenu de l'enseignement et **l'avancement dans les carrières relevaient de décisions prises entre pairs [EJ : un système qui par lui-même montrait depuis le décret scélérat Savary de 1984 qu'il n'était pas exempte de lourdes aliénations. Mais il y a eu pire depuis peu.**] Désormais les universités sont contrôlées par des conseils d'administration où siègent des patrons et des cadres de grandes entreprises. Les enseignements sont des « offres de formation » ajustées aux besoins du marché du travail. Les recherches sont financées par des appels d'offres, en fonction des intérêts économiques privés. Désormais dans une opacité voulue, la précarité s'est généralisée. Par dizaines de milliers, les enseignants chercheurs sont contractuels, post-doctorants sans postes, autoentrepreneurs vacataires payés à l'heure, chômeurs déguisés, voire travailleurs au noir.

Dans le monde entier, du Chili à l'Angleterre en passant par le Canada, la Grèce ou la France, des étudiants et des précaires sont en lutte contre cette liquidation. Refusant de travailler dans des ruines, ils veulent faire naître une nouvelle forme de vie universitaire, collective, indépendante et joyeuse. »

L'avant-Propos annonce que « l'université française a vécu… Partout, elle a fait des étudiants de simples consommateurs-payeurs. Et partout elle a ravalé les connaissances au rang d'une triste marchandise. »

On nous évoque les mobilisations étudiantes depuis 2009.

« En France, comme ailleurs, l'université est le lieu d'une destruction sans précédent. Elle est passée sous propriété de l'OCDE et de la Banque mondiale… » (10).

EJ : On ne nous dira rien des très importantes différences de rémunération entre titulaires du supérieur selon les pays. On croit savoir seulement que les professeurs de l'enseignement secondaire en France gagneraient 60 % de ce que leurs collègues gagnent dans les autres pays européens. Que les salaires du supérieur pourraient selon les pays (Suisse, Belgique, Allemagne, Angleterre, États-Unis) varier sur une échelle de 2 à 10 par rapport à la France.

En tout cas, à l'université, une très officielle « économie du savoir » devrait porter la promesse de « débouchés économiques ».

« En une courte décennie, l'effacement de l'État n'a pas seulement étranglé les finances universitaires. Il a étouffé l'ancestrale autonomie des savants dans la conduite des activités savantes. » L'université « a pris la texture de l'utile, elle est là pour soutenir la croissance et l'emploi » (11).

EJ : Le troisième tournant du XXe siècle, celui que nous cherchions après ceux de 1960 et 1980, se situe bien aux environs des années 2000. Le célèbre article princeps du philosophe politique Jean-Fabien Spitz sur « les trois misères de l'université ordinaire » date de la même année.

EJ : Par ailleurs, la référence à l'utile nous situe dans des références connues dans l'histoire de la philosophie : déjà Protagoras d'Abdère (485-411), à certains égards également Francis Bacon (1561-1626), René Descartes (1596-1650), l'Encyclopédie de Denis Diderot (1713-1784), mais surtout l'utilitarisme de Jeremy Bentham (1748-1832) et le pragmatisme de William James (1842-1910).

En tout état de cause, « l'université française est devenue le théâtre d'une catastrophe sociale – avant même que d'être intellectuelle. Pour assumer ses missions, elle s'est en effet peuplée de précaires, de contractuels, de chômeurs, d'autoentrepreneurs forcés et même de travailleurs au noir. Ce sont des enseignants et des chercheurs. Ils sont souvent payés sous le SMIC, parfois même en nature » (12) [Est-ce la même chose dans les pays plus haut cités ?]

« Ils sont à présent 40 à 50 000 – près d'un quart des personnels » [Plus loin, on va nous dire bien plus.] L'université les « condamne à une forme de vie *sans vie* et *sans avenir* ; elle alimente chez eux la certitude de l'insignifiance personnelle et le sentiment de devoir se contenter d'une vie sans cesse ajournée… les conduit à accepter tout… dans l'espoir de gagner, un jour peut-être, le rang de statutaires. »

En fait, « l'actuelle **précarisation intellectuelle, matérielle et salariale de l'université**… est le résultat de l'application à l'univers du savoir de ce mode de **gouvernement par le vide** qui organise à présent toutes les parcelles de notre monde », s'agissant d'« orchestrer l'acceptation collective de la *misère comme seul horizon possible* » (13).

« Les précaires forment parfois jusqu'aux deux tiers des enseignants (13) [On parlait plus haut d'un quart.] De même, l'État a beau s'en faire une priorité, la recherche scientifique ne tient encore debout que parce qu'elle repose sur une armée de contractuels, de vacataires et de docteurs sans poste… « En montrant l'injustice des maîtres dit Pascal, on ne la corrige pas ». »

[Le temps est réduit à celui de la « *mens momentanea* » (Leibniz). L'avenir comme dimension du « souci » (*Sorge*) dans le monde de la technique (Heidegger) est comme gommé.

Cet écrasement de la temporalité sur un présent sans passé ni avenir est par ailleurs décrit par le livre de Castarède-Dock sur la culture borderline (Chapitre 6), tout comme il correspond à l'encavernement de la philosophie du fait de la radiation du paradigme dialectique.]

Vient un premier chapitre consacré à **« l'oubli de l'histoire » – conséquence naturelle du bannissement des Trois Maudits Hegel-Marx-Freud organisé par la génération des grands liquidateurs structuralistes des années 1960** (Jalley, CRPH 2017) (17).

Ce thème de l'oubli de l'histoire concorde tout à fait avec ce que le livre de Castarède-Dock nous dira dans le prochain chapitre d'une culture hyperpostmoderne de type borderline, uniquement livrée aux reflets spéculaires d'un présent sans épaisseur.]

« L'arme la plus efficace et la plus funeste de toute l'idéologie néolibérale est l'oubli des généalogies » (17).

Il y a eu « au tournant du XIXe siècle, entre 1870 et 1914, toute une métamorphose, qui est celle aussi, de l'État, d'où est sorti l'édifice universitaire que nous venons de perdre. »

En 1815, les facultés de droit, au nombre de 9 dans le pays avec 3 ans d'études, et celles de médecine, au nombre de 3 avec 4 ans d'études, sont là pour assurer la formation et la reproduction des notables. Les facultés des lettres et des sciences n'ont pas de véritable contenu d'enseignement. Elles ont pour fonction de collationner les grades, c'est-à-dire de faire passer les examens, baccalauréat et licences, requis par les facultés de droit et de médecine.

À Nîmes, en 1811, la faculté des lettres a 3 cours en activité, le cours de philosophie compte 9 élèves, le cours de littérature grecque en a 3, le cours de littérature latine n'est pas ouvert, la chaire d'histoire est sans but sauf pour prendre le grade de bachelier ou de licencié.

À Paris, la faculté des sciences a 9 professeurs et 4 professeurs adjoints, celle des lettres 4 et 5.

« La plupart du temps, les facultés des sciences n'ont pas même de laboratoire. Et, souvent, surtout dans les facultés de droit, les enseignants s'en tiennent à répéter chaque année des cours dont ils héritent » (23).

« Jusque vers 1820, dans un moment inaugural qui la façonne pour longtemps, [sous les régimes illibéraux,] l'université est un simple **prolongement du lycée. [Ce qu'elle est en fait redevenue quasiment aujourd'hui.**] Elle n'est là que pour permettre à l'État de contrôler l'accès aux carrières d'officier, d'ingénieur, d'avocat, de médecin ou même de professeur » (24).

EJ : Sur toute cette période, on devrait se référer à la description faite par Lucien Sève du spiritualisme universitaire au XIXe siècle, et dont j'ai rapporté le contenu essentiel dans CRPH 2017 tome 2, pp. 69-101.

Après 1820, « issus, pour l'immense majorité, de lignées de normaliens et dotés de traitements très confortables (12 à 15 000 francs à Paris, contre 1 500 pour un professeur de collège et 800 pour une famille d'ouvrier) [les membres de la *bourgeoisie universitaire*] forment une véritable *élite de notables* » (27).

« Sous la Monarchie de Juillet, un quart des professeurs à la Sorbonne est député, pair de France ou ministre… Guizot, Cousin, Villemain (28)…

Les bâtiments (Duruy, 1864) sont souvent dans un état misérable… Dans les laboratoires, les savants, Pasteur en tête, doivent apprendre à se satisfaire du manque » (29).

« Les réformes menées entre 1870 et 1900 s'enracinent avant tout dans la volonté de rattraper l'Allemagne (31)… Les étudiants étaient 7 900 dans les quatre facultés [médecine, droit, lettres, sciences] en 1876 ; ils sont 39 000 en 1914… [On crée] en tout plus de 360 enseignements nouveaux » (32), dont l'histoire de la philosophie, dans le cadre de « nouveaux principes (égalité, méritocratie, solidarisme, etc.) » (33).

Dans le contexte de « la compétition, ardente et infatigable, que se livrent alors les empires français, allemand et britannique… quelque chose de neuf noue ainsi l'université et l'État-nation… De l'université dépend l'extension de la *raison* qui fonde à la fois l'arbitre individuel et le déploiement d'un État-nation capable d'encadrer et de gouverner le devenir collectif (34)…

Les universitaires sont libérés de la dépendance où ils se tenaient [jusqu'alors] à l'égard du pouvoir » (35).

[C'est la période de ce que Lucien Sève (1962) a appelé « l'apogée du spiritualisme universitaire » dans « la philosophie de la Belle Époque », avec Ravaisson (1813-1900), Renouvier (1815-1903), Lachelier (1832-1918), Lagneau (1851-1894), Barni (1818-1878) et ce qu'il a appelé également les Quatre Grands B : Boutroux (1845-1921), Bergson (1859-1941), Blondel (1861-1949), Brunschvicg (1869-1944). Époque où finissent aussi les carrières de Quinet (1803-1875), Michelet (1798-1874), Hugo (1802-1885).]

Se développe une réflexion savante sur le droit qui est la marque la plus nette de cette *autonomisation de la chose universitaire.* Se développent, à côté des cours magistraux, selon un principe venu de l'École normale supérieure et inspiré des séminaires savants de l'université allemande, conférences et travaux pratiques, encadrés par des chargés de cours et des maîtres de conférences (agrégés ou docteurs), créés en 1877.

S'agissant alors de nouvelles recrues à côté des vétérans, au lieu de l'ancienne opposition figée entre titulaires et suppléants (37). Il y a, selon un principe de continuité, présence articulée des titulaires (900 en 1865, 2 500 en 1914) et de non-titulaires (suppléants et adjoints, chargés de cours, maîtres de conférences), mais qui ne font plus profession de subalternes, et dont le titulariat sera le couronnement de la carrière.

Le lycée, avec ses agrégés, représente longtemps l'antichambre du supérieur, en lettres (beaucoup en histoire) et en sciences plus qu'en médecine et en droit (38).

Mais mieux vaut occuper un poste secondaire à Paris qu'une chaire en province.

Cette université, qui sera celle de Durkheim et de Curie n'a pourtant rien d'idyllique ni de si démocratique, marquée plutôt par la dépendance dans l'indépendance, la proximité de la Sorbonne avec la Préfecture de Police (propos de Péguy 1907 avant d'être devenu celui de Canguilhem). Mais elle se tient dans une autonomie structurelle, avec le sentiment d'une communauté de destin, et de la souveraineté du métier sur lui-même.

L'université traverse deux crises, l'une de reproduction dans l'entre-deux-guerres, l'autre de croissance dans les années 1960.

Les saignées de la guerre parmi les professeurs se combinent à l'affaissement des subsides dévolus par l'État à l'université (30 % de baisse entre 1933 et 1938), avec une mentalité attachée au bachotage et à la préparation des examens. Naît une tension sur le *marché du travail universitaire* qui rend les carrières plus lentes et plus difficiles. Certains en viennent à troquer les exigences de la raison scientifique pour celles d'un humanisme spirituel revigoré (Charles Blondel, Louis Lavelle).

Les appels à la réforme de l'université, de l'État, de l'économie, de l'homme, de l'esprit, etc. se multiplient, à droite comme à gauche, entre les deux guerres. On est déjà séduit par le système américain de libre mise en concurrence des savants. Maurice Caullery, professeur de biologie à la Sorbonne, plaide pour une université œuvrant à se rapprocher du monde professionnel, des industriels et des bailleurs de fonds.

L'après-guerre voit l'effacement du modèle allemand, si prégnant avant 1914, et l'ascension de la référence américaine, amorcée d'ailleurs dès la fin du XIXe siècle.

Cet américanisme séduit l'Angleterre, mais pas l'Allemagne de Weimar (Max Weber, Carl-Heinrich Becker) ni les instances d'État en France.

C'est sans doute la fondation *John Hopkins* (1870), avec la nomination du recteur Gilman (1876) qui inaugure le modèle des universités américaines dont l'exemple circule dans l'entre-deux-guerres, en prélude du mythe contemporain du modèle libéral des universités américaines.

Depuis *John Hopkins* se répand une conception instrumentale du savoir, l'université cessant d'être le lieu de la raison. On a oublié ces racines du *tournant capitaliste du savoir*, qui va soumettre l'institution académique aux principes triomphants de la *rationalisation du travail.*

Dès 1930, dans les établissements industriels privés (aux USA), les industriels représentent un tiers du conseil de direction, et les banquiers plus de 20 % (donc la majorité). La sociologie américaine a été portée, dès les années 1910, à favoriser les modèles privilégiant l'individualisme contre le socialisme.

Dans l'entre-deux-guerres, « une partie des universitaires français réclame déjà l'adoption d'un modèle de la « cité savante » » [Fritz Lang : *Metropolis*, 1927 ; Huxley : *Le meilleur des mondes*, 1932.]

À partir des années 1950, « c'est la brusque croissance des effectifs universitaires qui forme le principal motif de bouleversement. » Le nombre des étudiants passe d'un peu moins de 100 000 en 1949 à près de 500 000 en 1968. On recrute en masse assistants et maîtres-assistants.

En 1950, « c'est toute l'université qui change alors de place dans les affaires du pays. La foi scientiste, que les élites réformistes partagent, fait d'elle le point d'appui d'une *rénovation rationaliste* de la société française. »

Les formations universitaires se pensent désormais à partir des besoins économiques du pays, sous la pression du CNPF, le devancier de l'actuel Medef. Le CNRS procède au recrutement de contractuels, d'auxiliaires et de travailleurs « sur mémoire ». Ces positions ont en commun d'être à la fois mal payées, sans statut et sans espoir de carrière. La précarité des travailleurs scientifiques est dénoncée à l'occasion de grèves entre 1950 et 1970.

L'État gaulliste encourage une recherche incitative « sur programme », dont les financements obliques imposent le recours à des « chercheurs sans cadre ». Cependant, entre les années 1970 et 1990, la multitude de ceux demeurant sans statut s'intègre peu à peu à la fonction publique.

L'université traverse une crise de croissance au cours des années 1960.

Profs titulaires : 671 en 1949, 1 678 en 1969.

MC : 390 en 1949, 3 143 en 1969.

Enseignants temporaires et subalternes : 800 en 1955.

Assistants : 500 en 1960, 11 000 en 1973.

Maîtres assistants : 10 000 en 1973.

Des milliers de « chargés d'enseignement ».

Les assistants, assez jeunes (25 ans en sciences, 28 en droit, 31 en lettres), nommés pour 4 ans, astreints à la préparation d'une thèse disposent d'un traitement décent et assuré, comparable à celui d'un professeur de collège ou de lycée, et d'une grille de carrière ouverte sur une perspective de gradation. Les rangs A (profs) et les rangs B (autres) appartiennent au même univers professionnel aux dispositions soigneusement réglées.

« C'est la prolifération des « rangs B » qui, tout spécialement à la faveur de Mai 678, a bousculé l'institution. » La croissance de l'université entrave, entre 1960 et 1975, le mode traditionnel de reproduction du métier d'universitaire. Faute de postes de titulaires en nombre suffisant, les « rangs B » se trouvent condamnés à des carrières incertaines. Les maîtres assistants, prisonniers d'une thèse d'État qui peut durer dix ou même vingt ans, incarnent tout spécialement cette relégation professionnelle. Ils constituent jusqu'à 60 % des enseignants dans certaines facultés. **La fragilité de leur position a pour effet de les incliner au conservatisme et à la docilité.** Ils sont souvent dépourvus des titres que détenaient leurs devanciers (agrégation, thèse, école normale supérieure).

Cependant, la situation de ces années 1960-1970 ne communique pas avec celle d'aujourd'hui. Les assistants et maîtres assistants, bien que nombreux à se voir fragilisés dans l'accès à la carrière, n'ont, des précaires d'aujourd'hui, ni les attributs de misère ni l'insécurité extrême.

Les réformes de 1970 et 1985 sont avant tout une manière de perpétuer la structure ancienne du métier, ainsi la réforme Savary de 1984 sous Mitterrand : réorganisation du corps en deux catégories, passage de 128 à 192 heures par an pour minimiser le nombre de postes nécessaires. [**L'auteur ne perçoit pas du tout qu'il s'agit d'un véritable Waterloo qui déclasse et paupérise en réalité de 20 points de niveau de vie la carrière de 80 % des professeurs.**]

La ministre Alice Saunié-Seïté expliquait déjà depuis les années 1980 que la loi Faure de 1968, trop libérale, avait fait le jeu des marxistes. On avait déjà dès son ministère renvoyé nombre de vacataires payés à l'heure pour des services divers (cours de langue, de communication, de sports ou d'arts plastiques).

Un nouvel essor spectaculaire des étudiants se produit entre 1985 et 2005 (de 896 000 à 1 300 000), ce qui porte de nouveau à multiplier les personnels provisoires (ATER, allocataires de recherche, moniteurs) qui apparaissent comme les *nouveaux entrants dans la carrière.*

Les réformes précédentes prenaient comme horizon commun le mode linéaire d'organisation du métier d'universitaire tel qu'institué dès 1900. Restant attaché à la progressivité des carrières *dans le temps.*

Or c'est bien cette histoire-là qui a aujourd'hui cessé d'être, **avec une rupture dès les années 2000.** Ce n'est pas seulement que les postes temporaires et subalternes se sont multipliés hors de toute proportion. C'est avant tout qu'ils sont à présent tenus en dehors du métier. [EJ : comme la situation du prolétaire en dehors de celle du capitaliste.] La politique de précarisation déployée depuis 10 ans a fait de l'université un monde dépendant et des postes transitoires une relégation à perpétuité [dans une situation restaurant en quelque sorte, mais agrandie, celle des régimes illibéraux du XIXe siècle avant 1870.]

Un chapitre 2 concerne **la liquidation totale** (59).

La conférence de Lisbonne (2000) assujettit dès lors le travail scientifique aux « agences de financement « et aux « appels d'offres ». Les « besoins du marché du travail » motivent une politique de précarisation systématique des personnels. La *raison* passant ainsi « sous pavillon économique ».

Les initiateurs en sont tout aussi bien Valéry Pécresse sous Sarkozy (2007-2011) que déjà Luc Ferry sous Raffarin (2002-2004) ainsi que Claude Allègre (1997-2000) puis Geneviève Fioraso (2012-2015) sous la bannière socialiste. Il y a déjà beau jeu que la chose universitaire est un marché, dans le cadre d'une *entreprise de dérégulation*, de toute une *manière de défaire un monde.* Y compris l'attribution de faux Prix Nobel d'économie. « Ce qu'il y a, c'est une interminable décomposition de tout » (61), et qui ne se borne pas à l'université. Et comme il y a une *déjudiciarisation* de la justice, et une *déshospitalisation* de l'hôpital.

La « crise » n'est pas un fait, effet, elle est un moyen, une peur, un chantage, « une technique de gouvernement des êtres et des choses » (62), notamment universitaires. [Ce que Marx disait déjà du volant de chômage entretenu à dessein.] « Ce gouvernement par la crise s'est emparé de toutes les fibres de l'activité savante », au prétexte de « l'exigence de s'adapter aux transformations sans précédent du monde. » La précarisation de l'université n'a ainsi rien d'une conséquence de la crise. Elle est la condition de la dissolution générale qui opère en son nom. [**Bel exemple d'illusion corrigée par renversement dialectique : ce que l'on prend pour l'effet est en réalité la cause.**]

« C'est dans le giron de l'OCDE et de la Banque mondiale, entre 1994 et 2004, que ce mouvement de liquidation a pris racine. » Mais « ce qui opère en France opère aussi en Angleterre, aux États-Unis, en Australie, au Japon et ailleurs. [**On ne nous dit pas s'il y a ou non une spécificité de la situation française**, qui apparaîtrait par exemple dans le très faible taux de croissance de la France, comme dans sa place de plus en plus défavorable, sans cesse en recul, au classement Pisa, 26e au dernier de 2016.]

Dès les années 1990, « l'essor d'un marché mondial des échanges a ravalé les vieux États-nations au rang de spectres… ont fait de ces derniers de simples instances bureaucratiques de gestion. Or ce désœuvrement des États [celui également de l'Allemagne, de Pangermania ?] a son effet dans la décomposition des universités [L'université allemande ? À d'autres !] (63).

« L'université est morte *en tant qu'*université » (64). Le même mouvement de restructuration a pris figure commune aux États-Unis, au Canada, en Angleterre, et en France, avec le même nom générique de *knowledge management*, « économie du savoir » (OCDE, 1998). L'*économie fondée sur le savoir* implique un *savoir fondé sur l'économie*, qui est quelque chose de différent d'un vrai savoir sur l'économie. L'université doit partout se réformer. « Si l'université ne s'adapte pas, on se passera d'elle », dit le Britannique Michael Gibbons.

C'est au nom d'une certaine vision économique du savoir que la Banque mondiale somme les États de réformer leurs universités et de les soumettre à une « gestion managériale » (67), sur horizon des mots d'ordre néolibéraux imposés dès les années 1990 (« contrôle des budgets publics », « confiance des investisseurs », « flexibilité du marché du travail »).

« L'emprise du modèle économique américain est sans ambiguïté. Retrait [**prétendu**] de l'État, libre jeu du marché, exaltation de l'esprit d'entreprise et du gouvernement rationnel : il y a là, à peine revisités, les principes imposés dans le sillage du tournant néolibéral des années 1980 » [1980 est le second tournant, celui de la **pensée tiède** (Perry Anderson 2004), de la **pensée-à-droite** (Terray 2012), avant le troisième, 2000, celui de la **pensée faible** (Gianni Vattimo, 2000).]

La « reconceptualisation » de l'université fait qu'elle n'est plus ce qui rend visible le monde depuis la rive des savoirs. « Elle se conçoit utile et rentable » (68).

Les Conférences de la Sorbonne (1998), de Bologne (1999), de Lisbonne (2000), de Bruxelles (2003) ont été tenues d'abord sous l'égide de la gauche européenne (Blair, Schröder, Jospin) (69). [**C'est sans surprise ! La gauche de « gouvernement » a toujours fait ce que la droite souhaitait mais n'osait pas faire.**]

« Partout, en Italie, en Allemagne, en Espagne et ailleurs, sous l'aiguillon de l'*excellence* dont la rhétorique enferme le règne des valeurs néolibérales, les universités ont été soumises à une profonde *dépossession* d'elles-mêmes » [Un autre terme convenable serait celui hégélo-marxien d'**aliénation**] (70).

Les palmarès des universités se sont multipliés depuis les années 1990, surtout celui, tout puissant désormais de l'université chinoise Jiao Tong de Shanghai depuis 2003. Ils sont devenus une technique de gouvernement.

« Ces classements rapportent la « réputation » des universitaires au nombre de leurs publications internationales et des « prix » qu'ils remportent. Ils mesurent l'« importance » d'une université à son efficacité à attirer à elle des capitaux privés. Ils évaluent la qualité des « offres de formation » au nombre des anciens étudiants qui font carrière dans la finance ou les grandes firmes internationales » (71).

Chaque pays se devra, à terme, de compter 40 % de diplômés du supérieur dont il sera question d'engager, aussi rapidement et complètement que possible, l'*insertion sur le marché du travail.* Les études ayant pour objectif d'arracher les étudiants à l'ordre des connaissances pour les attacher à celui des *compétences professionnelles* (72).

Cette conception neuve des études, tout entières conditionnées par leur *utilité* vise l'acquisition d'un *capital professionnel* pas des « clients ».

Soutenues par « la main invisible de l'État », les universités publiques se trouvent soumises à un mouvement de désengagement des États [**Contradiction**]. Subissant le gel des budgets publics, elles font l'expérience d'une « autonomie » qui, au prétexte d'une libre administration, leur impose en réalité une sinueuse et intenable exigence d'*auto-financement.* Elles courent après les capitaux privés en Corée, au Japon, au Chili, en Espagne, en Italie, en Allemagne, au Portugal, au Royaume-Uni.

La part des fonds privés (entreprises, donations et frais d'inscription étudiants) s'établit en moyenne à 31 % dans les pays de l'OCDE, 28 % pour le Royaume-Uni, 20 % en Italie, 23 % en Espagne, 23 % en Allemagne, 26 % au Portugal, 29 % aux Pays-Bas, contre 13 % en France, moins de 10 % en Finlande, Belgique, Suède, Autriche, etc. Mais elle atteint 64 % aux États-Unis, 66 % au Japon, 70 % au Chili, et 73 % en Corée.

Il n'y a rien d'étonnant à ce que cette nouvelle machinerie universitaire se soit accompagnée du déploiement démesuré des « universités privées » (75).

Cependant, celles-ci, dans ce contexte du « moins d'État », bénéficient [**paradoxalement**] d'un accroissement substantiel des subsides publics, et peuvent compter sur la largesse des États.

Les présidents chargés de *manager* les universités à l'égal de grandes firmes privées ont vu leurs salaires exploser – 290 000 euros par an en moyenne (76). Dans le cadre de l'explosion des *for-profit universities*, qui deviennent de véritables usines à étudiants (77 000 à *Ashford University* en 2008, 600 000 « en ligne » à l'*University of Phoenix*). Elles dégagent des dividendes exceptionnels – 4 milliards de dollars en 2010 pour Phoenix (77).

Les universités privées, qui se sont multipliées, sous prétexte de frais d'inscription, s'assurent de confortables profits, ainsi la vorace *BPP University* de Londres.

Une large part des cours et des diplômes y échappe à tout contrôle et à toute réglementation. En France, on aura vu le directeur de Sciences Po conduire la réforme des lycées et inspirer celle des universités (78).

Dans l'esprit des réformes voulues par la Banque mondiale, on voit, par exemple en Angleterre, les étudiants devenir des *clients*, les savoirs se transformer en *marchandises* et les universités en *entreprises* comme les autres. En France, « un même élan de *dés-universitarisation* de l'université est à l'œuvre, qui la fait *relative à une fin qui ne lui appartient pas*…

Partout, il s'agit de déréglementer, de libéraliser, de décloisonner et de rendre autonome » (79).

[**Autonomie signifiant en réalité dépendance : une approche dialectique, inspirée aussi de la psychanalyse, apprend à entendre dans cette rhétorique presque toujours exactement le contraire de ce qu'elle dit.**]

La réorganisation des cursus… est l'une de ces opérations. Amorcée en 2002, initiée aux Pays-Bas, elle a pris en France les traits de la réforme « LMD » : Licence, Master, Doctorat, en place des anciens DEUG, Licence, Maîtrise, DEA ou DESS, puis Doctorat.

« À chaque étudiant l'université nouvelle doit donner l'opportunité de composer ses études comme bon lui semble… Le nouveau régime institue un cheminement à la carte… au gré d'une démarche qui a tout de la « carte d'abonnement de supermarchés », avec remplacement de la *moyenne* (le fameux 10/20) par la capitalisation des *crédits* » (81).

« Les étudiants se conçoivent désormais comme les *entrepreneurs de leurs études*. Sur le mode de l'« acteur rationnel », cette fiction libérale, ils ont charge d'élaborer *par eux-mêmes*, « un projet professionnel ». » Cependant que la déréglementation des études place les universités françaises et européennes dans la compétition internationale, visant à drainer vers elles l'argent des étudiants de Chine et du Moyen-Orient.

Or, « ce que cette désorganisation des études extirpe en premier lieu, ce sont les principes éducatifs qui ordonnaient l'enseignement supérieur » (81). Elle transforme *ce que sont les étudiants* en *acteurs économiques*.

Le nouveau « type de gouvernement qui traverse l'université épouse les vertus de l'individualisme psychologique où se coule aujourd'hui l'esprit du nouveau capitalisme… bref, fait de chaque étudiant *l'entrepreneur éclairé de sa propre existence* » (82).

Le rapport neuf, utilitariste et intéressé aux études universitaires a pour fin mot les « débouchés ».

« La multiplication des cabinets de « coaching en orientation » dit combien l'univers des études supérieures a aujourd'hui pris les traits d'un *monde professionnel avant l'heure* » (83).

Mais « cette « fausse » ouverture sociale a aussi pour effet de soumettre des milliers de lycéens, d'étudiants, et de parents à une profonde inégalité sociale. » La réforme des études enferme l'aveu d'un retournement. En rapportant les études à leur « utilité », elle défait « le principe ancien qui tenait les études universitaires pour un *temps à part* dans l'existence et qui plaçait la raison d'être de l'université dans le fait d'être séparée des enjeux économiques, sociaux, politiques » (84).

[Ce que les Anciens grecs appelaient *skolê* et les Anciens romains (Cicéron, Sénèque) *otium* : loisir. Dans son livre sur la *French Theory* (2003), Cusset décrit une part de l'université américaine comme fonctionnant encore à la façon d'une sorte de parenthèse peu utile bien qu'enrichissante dans la vie.]

Le même dispositif de dépossession opère partout, ainsi avec la **loi relative aux « libertés et responsabilités des universités »** – dite aussi loi LRU ou réforme Pécresse, votée à l'été 2007 et poursuivie sous la présidence de François Hollande : sous prétexte de donner aux universités leur autonomie, « ce qu'elle met en œuvre, en réalité, est à **l'exact opposé** ».

En fait, « elle retire aux universitaires le pouvoir qu'ils avaient d'organiser par eux-mêmes la marche des choses universitaires » (85). Principe qui avait pris vie dans le XIXe siècle finissant, et avec lequel « les universitaires avaient gagné leur autonomie professionnelle, au sein des facultés et une série d'instances élues. »

Ce pouvoir, qui s'est défait depuis 2007, loge à présent « entre les mains, mi-académiques mi-politiques, de présidents d'universités tout-puissants… qui font recruter ou s'opposent au recrutement de qui bon leur semble ». Ils ont « une latitude qui s'étend jusqu'au statut des universitaires recrutés », pouvant en faire, au lieu de fonctionnaires, de simples « agents contractuels ».

La désignation du président se fait par un conseil d'administration de 30 membres comprenant au moins 7 ou 8 « personnalités extérieures supposées mieux avisées des réalités du monde » (87).

Les présidents sont à présent des *chefs d'entreprise*, à qui revient de « mettre en œuvre une organisation managériale de leur université, de ses finances et de sa main-d'œuvre ». Leur rémunération, en fort accroissement depuis 2008, s'étage de 70 000 à 156 000 euros bruts par an.

Ce sont souvent « des professeurs issus de disciplines ouvertement plus proches du monde professionnel que du monde intellectuel –

sciences de l'ingénieur, économie, sciences de gestion – et qui tirent leur légitimité d'avoir au préalable contribué à la gestion de l'université – en tant que président, directeur d'UFR, etc. » (88). Depuis dix ans, les commissions gouvernementales chargées des questions universitaires subissent la même *professionnalisation*, réunissant pour l'essentiel, « des patrons de grandes entreprises, d'anciens économistes, des consultants de grands groupes financiers et même des journalistes économiques. La légitimité à parler de l'université, à en régler le fonctionnement et le devenir n'appartient donc plus aux universitaires. »

Dans la gouvernance nouvelle des universités, « au prétexte de réaliser leur *autonomie*, cette vertu cardinale du nouveau capitalisme, on les prive [**au contraire**] de toute autonomie » (89).

« La *professionnalisation* des formations universitaires prétend assurer l'*insertion professionnelle* d'étudiants-clients. Les universités n'osent plus dire qu'elles vendent du savoir : elles vendent un *à-valoir* sur le marché du travail. La loi LRU, à ce jeu, réalise à merveille les désirs de la Banque mondiale. »

Les offres de formation visent à « assurer l'*employabilité* des futurs salariés ».

Sont organisés des « Rencontres universités-entreprises » (RUE) depuis 2007 au Palais des Congrès, des « concours étudiants » dont le modèle du genre est « La parole aux étudiants », avec un ordre des débats « où loge toute la vision utilitaire d'une université qui ne parle plus de savoirs ou de connaissances mais de débouchés professionnels ».

Une multitude de « partenariats » relient universités et entreprises privées dans le cadre de diplômes professionnalisés, par exemple les laboratoires pharmaceutiques Servier à l'université d'Orléans, et sur le modèle des écoles de commerce ou de gestion.

« Le patronat français, grand et petit, n'a de cesse de réclamer ni plus ni moins que le « copilotage » des formations universitaires », dans le cadre d'une « conception exclusivement professionnalisante de l'université », imposée « dès le tournant utilitariste des affaires universitaires » (92).

Pierre Gattaz à Geneviève Fioraso : « Il nous manque des soudeurs, des chaudronniers, des décolleteurs » (93).

Alors il vaut mieux former à l'université des électriciens du futur que des spécialistes de Proust, y organiser les licences et les masters « professionnels », jusqu'à des « diplômes d'étudiants-entrepreneurs » (D2E), formatés à accroître la crédibilité de leurs démarches auprès des banques (95).

Aujourd'hui, c'est aux disciplines plus professionnalisées – informatique, mécanique et génie civil, sciences de gestion et sciences économiques – que revient la suprématie.

La professionnalisation donne un tour plus pratique aux cours dispensés par les écoles privées.

Se développe aussi un mouvement visant à professionnaliser la formation des professionnels du droit (avocats, magistrats, etc.), au profit des seuls entraînements aux « cas pratiques ».

On prend alors le parti de former non plus des praticiens capables d'interpréter et de critiquer le dit de la loi, mais de simples et dociles exécutants de cette loi, dans l'esprit d'une soumission aux valeurs du droit international, tel que le fabriquent les *law firms* américaines (97).

La recherche, c'est-à-dire *le travail scientifique de production des savoirs*, ne produit plus du savoir, mais de l'*innovation*. Elle a pour mission de dynamiser l'activité économique.

En ce XXIe siècle, les professionnels de la science sont soumis à la logique neuve des *appels à projets*, perdant l'autonomie dans la détermination et la conduite de leurs activités savantes.

L'ANR, l'Agence nationale pour la recherche (créée en 2005), s'attache à « favoriser la créativité, le décloisonnement, les émergences et les partenariats » (99). Les projets collectifs qui y satisfont reçoivent des financements considérables – 300 à 900 000 euros en moyenne.

« La recherche a ainsi changé de nature. Elle a cessé de tirer sa vérité première de l'ordre des choses scientifiques » (100). Elle s'identifie à des questions d'utilité et de finances, s'adosse à des « thèmes d'avenir », passe par la création de gigantesques laboratoires d'excellence (LabEx) munis d'équipements d'excellence (Equipex).

Ces entreprises scientifiques donnent vie à des recherches d'un nouveau genre, dans des mariages contre-nature mettant en scène la subversion des traditions épistémologiques qui *gouvernent différemment* les *différentes* sciences. Par exemple la soumission des historiens à l'impérialisme savant des sciences cognitives. À moins que l'on ne cherche des procédés de fabrication de « familles de molécules inédites », dans le but « de fabriquer et de commercialiser des médicaments et des produits de beauté de nouvelle génération » (102).

La logique des appels d'offres ne fait pas que transformer les chercheurs en coureurs de cachets. Elle subvertit jusqu'aux définitions mêmes de la science.

Il n'y a plus de *frontière possible*, plus de *différence de nature*, entre la recherche publique à vocation scientifique et la recherche privée à vocation mercantile.

Le Crédit d'Impôt recherche (CIR), mis en œuvre sur le modèle américain, est devenu la deuxième « plus grosse niche fiscale » du pays. On a renversé le *sens de la recherche* et organisé, entre poursuite de la science et marché de l'innovation, un savant brouillage. La ministre Geneviève Fioraso explique (2014) qu'il n'y a pas à s'étonner de voir l'*aide publique à la recherche* aller d'abord à des groupes comme Mittal (103).

Soumettre la recherche scientifique à l'aiguillon financier des appels d'offres, c'est la vider de ce qui la fait *scientifique.*

Les crédits, les carrières, les primes et même la forme du travail ordinaire épousent à présent l'idéologie néolibérale. La fièvre de l'évaluation plie tout, laboratoires, revues, chercheurs, à l'ordre commun de la compétition et de l'utilitarisme.

« Cette réforme de la recherche a moins à voir avec l'exercice de la science qu'avec une descente de police » (105).

La « recherche par projets » soumet les enseignants-chercheurs à l'empire du temps court, de l'incertain et du rapide *turn-over* des finances. Ceux-ci travaillent à l'élaboration d'un véritable capital bureaucratique, orienté vers une recherche impliquant la maîtrise de subtilités administratives, avec des exigences si éloignées du travail scientifique qu'elles requièrent le recours à des « consultants extérieurs ».

Tout incite les chercheurs à se faire d'abord des bureaucrates de la compétition, puis à chercher vite et à publier beaucoup, avec la conséquence d'amenuiser l'inventivité des savants et la qualité des savoirs.

La recherche par projets aboutit à subvertir les *formes élémentaires de la vie scientifique* : recherche contre le cancer, primat de la génétique, « nouvelles technologies », sciences de l'environnement, empire des neurosciences (neurohistoire, neurodroit !) Elle anéantit sous elle le nécessaire *pluralisme* des objets (107).

Le projet de cette *science intéressée* est destructeur (108).

En même temps, l'état de délabrement financier des universités est tel qu'un quart des établissements français est à présent en état de faillite (108).

La *culture de la pénurie* oblige à la multiplication des enseignants précaires. Ils sont le produit organisé d'un *choix politique* (109).

Les *déficits* ne sont rien d'autre qu'un principe de gestion – à la manière de la « crise » –, fomenté et mis en œuvre par un État sommé de privatiser les services publics de recherche et d'enseignement.

Le seul horizon vu comme possible est la soumission des établissements à la gestion modernisatrice décidée depuis Washington (110).

La politique publique des universités relève d'une forme de pouvoir incarnée par l'*expertise* (111), l'un des outils favoris de la Conférence des présidents d'Université (CPU).

C'est un bon tiers des « étudiants » du pays que rassemblent aujourd'hui les grandes écoles publiques et privées – auxquels il faut ajouter les 70 000 élèves des classes préparatoires au sein des lycées (113). [40 % seulement dans l'enseignement secondaire public.]

De leur côté, « les grandes écoles publiques se tiennent dans un rapport de concurrence et de préséance à l'égard des universités » (114).

En fait, « les écoles privées complètent le maillage inégalitaire des études supérieures. Les grandes écoles de commerce (HEC, ESSEC, ESCP Europe), les écoles privées généralistes comme Sciences Po Paris, les écoles privées d'ingénieur », mais aussi bien « la multitude des écoles de commerce et de gestion de province – qui rassemblent 9 000 élèves en 1970 et plus de 100 000 aujourd'hui – et les innombrables prépas de droit, de médecine et de pharmacie, ont connu ces années dernières une croissance prodigieuse. »

Par ailleurs, « la *concurrence scolaire* au sein du pays n'a pas pour effet d'aiguillonner la méritocratie. Elle porte surtout les classes les plus favorisées à développer pour leurs rejetons une *stratégie d'évitement des universités*, à investir prioritairement les grandes écoles. » Or, « en 1987, les élèves issus d'un milieu défavorisé comptaient pour 25 % de leurs effectifs. Ils n'étaient plus que 9 % en 2007 » (116).

« Les universités accueillent les *mal placés* dans la compétition scolaire... notamment tous les détenteurs de bacs professionnels qui, à 95,4 %, n'obtiennent jamais leur diplôme. »

De son côté, « Sciences Po s'est imposé, à dater de 2007, à la fois comme le moteur et comme le modèle de la « modernisation » de l'enseignement supérieur. Richard Descoings... a institué la personnalisation des rémunérations (à commencer par la sienne, à hauteur de 537 000 euros par an), y compris « la flexibilité d'une immense main-d'œuvre de faux « maîtres de conférences » soumis au statut de simples vacataires payés à l'heure » (117).

« La *BPP University* de Londres a pris la forme d'une entreprise internationale de commercialisation des savoirs » (118).

« En pliant à elles le sens des réformes, les écoles privées ont avant tout détruit ce qui restait des universités... désorganisé à leur profit le marché des choses universitaires » (119).

« Elle est vertigineuse la destruction des choses universitaires. Elle opère partout à l'identique – en Allemagne, au Japon, aux États-Unis, en

Angleterre, en Espagne, au Chili. » [**On ne nous dit toujours rien d'une spécificité française.**]

Du fait de ce « *gouvernement par le réel*... l'ensemble des activités humaines, indexées aux seuls édits d'un monde réel partout présent, est soumis à un historique décloisonnement de tout » (120).

Le nouveau mode de gouvernement « défait toutes les délimitations existantes, s'accomplit tout entier dans la mouvance du présent... Il libéralise, il dérégule, il décloisonne. »

« C'est de cette historique dés-autonomisation générale que l'université est la victime... Le XXe siècle a défait les conditions de cette existence autonome. Il a livré l'université à *un dehors*. Les études ne sont plus un *temps hors du temps*, elles ont avant tout à être *utiles* » (121).

En fait, « la réforme de l'université n'en a pas seulement changé le financement, elle ne l'a pas seulement inféodée aux édits de la Banque mondiale. En la faisant désormais *relative à une fin qui ne lui appartient plus*, elle a liquidé ce qui faisait l'université ».

Un dernier chapitre (III) est intitulé **le purgatoire**.

En abolissant son indépendance, la réforme a détruit la *profession d'universitaire*.

Entre autres, en faisant « naître, au cœur de l'université, mais soigneusement tenu en marge de la profession, tout un continent de précaires, obscur et misérable » (123).

Ceux-ci « comptent, eux aussi, parmi les « naufragés de la société salariale » [Robert Castel], intérimaires, contractuels, stagiaires ou chômeurs réguliers, que les assauts du néolibéralisme ont multipliés par milliers depuis la fin des années 1990... Ils représentent à présent 15 % des travailleurs du pays » (124).

« Plus de 20 % des personnels [On nous a parlé plus haut de 25 %, puis des 2/3] concourant à l'enseignement supérieur, découvrait un rapport officiel de 2006, sont des contractuels qui recouvrent essentiellement des attachés temporaires d'enseignement et de recherche [ATER], des allocataires de recherche moniteurs et des lecteurs, maîtres de langues et contractuels du second degré. » En fait, « à ces contractuels, il faut encore ajouter un nombre important de post-doctorants rémunérés sur des contrats de recherche » (124). Et en outre, « des milliers de vacataires d'enseignements payés à l'heure, des chargés de cours travaillant au noir ou sous le nom d'emprunt d'un titulaire, et tous ces invisibles chargés de recherche rémunérés en nature. »

Par ailleurs, « une énorme précarité sévit parmi les savants français : près d'un quart (23,4 %) de tous les chercheurs du pays, qu'ils relèvent des établissements de recherche (Inserm, Ined, Inra, etc.) ou des laboratoires universitaires sont des « non-permanents » (2009) (125).

Selon le collectif Pécres 2011, « ce sont 45 à 50 000 précaires qui peuplent les universités du pays. » Il faudrait y ajouter (2012) « les 100 000 vacataires, payés à l'heure et embauchés en marge du salariat, qui peuplent les salles de cours et les amphithéâtres du pays – et dont [seulement] 8 000 ont un service d'enseignement équivalent à plus de la moitié de celui d'un maître de conférences en poste [192/2 = 96]. En 2014, ils seraient même désormais 135 000. »

Pour tout dire, « sans même compter ceux qui officient dans l'illégalité, un chercheur et un enseignement-chercheur sur deux est aujourd'hui un précaire. »

Or, « la précarité n'est pas la conséquence de l'état de délabrement où se trouvent les universités françaises… Elle en est la condition… La libéralisation des études et le management des recherches *reposent sur la dégradation* d'une partie des personnels et sur la multiplication des postes précaires, provisoires, incertains et mal payés » (126).

[**L'inversion de la cause et de l'effet est caractéristique de la dialectique vicieuse, au sens kantien, qui s'est installée dans la caverne contemporaine, du fait de la dégradation d'un usage correct de la véritable dialectique des choses. Même situation à propos du « chômage »**, qui est une condition bien plutôt qu'un effet – ce qui est une des thèses essentielles du raisonnement de Marx dans le **Capital**.]

« Toute la structure des choses universitaires, pour tenir debout [**au moins sur une jambe**], présuppose désormais la multiplication des précaires… Les établissements se trouvent dans la nécessité nouvelle d'assumer, en lieu et place de l'État, le salaire des personnels qu'ils emploient. » Alors, « le contournement des protections sociales et la multiplication des contrats courts, et même très courts sont devenus leur ordinaire » (127).

Dès lors, « c'est un marché de la honte qui se constitue… Des emplois d'enseignants-chercheurs à temps plein sont déguisés en mi-temps, payés sous le SMIC. »

Certains enseignants [docteurs] assurent un service d'enseignement de 192 heures, sont rémunérés de 700 à 830 euros nets par mois selon leurs diplômes. Les contrats « oscillent, pour plus de la moitié, entre deux mois et un an. Parfois même, ils s'interrompent pour reprendre une fois passé le délai qui, au précaire, ouvrirait droit au chômage » (128).

Plus de la moitié des enseignants-chercheurs (docteurs) contractuels au sein des universités et des laboratoires de recherche ont un contrat inférieur à 12 mois (12,5 % inférieur à 6 mois, 37,2 % de 6 à 12 mois) et seuls 10,8 % un contrat de plus de deux ans.

« La mécanique de la précarité traverse tous les lieux du savoir... Elle est le nom de la flexibilité, dont l'obsession a gagné jusqu'aux universités. »

Surtout, « elle permet la mise en œuvre de l'insécurité, de la mobilité, de l'adaptation et de la *créativité personnelle* dont les *managers*, partout à présent, font le socle des nouvelles conditions du travail. » Car « changer sans cesse de poste, inscrire son activité dans le temps court d'une « mission », consentir à une mobilisation de tous les instants au sein d'une tâche toujours neuve apparaît, ici comme partout ailleurs, gage de performance, de dynamisme, de réactivité et d'une docilité au travail travestie sous les traits clinquants de l'*autonomie* » (131).

[**Créativité, autonomie : ces mots désignant en fait un contenu latent inverse de leur contenu manifeste. Toujours selon la même dialectique pervertie de l'idéologie, qui se calque à s'y méprendre sur le travail inconscient de la pensée du rêve.**]

Dès lors, « la précarité universitaire, ainsi orchestrée par les instances de l'économie mondiale, sévit partout à présent. En Angleterre, aux États-Unis [EJ : avec des rémunérations considérablement supérieures], en Allemagne, en Italie, et ailleurs, une partie des universitaires doit se plier à l'incessant *turn-over* qui tient lieu de marché des postes. » Et « partout, après le doctorat, ils doivent en passer par un enchaînement sans cesse plus long de contrats post-doctoraux, 6 mois ou 1 an, toujours renouvelables, souvent renouvelés des années durant, qui sont devenus sans le dire une forme de travail ordinaire... La modernisation des universités a organisé ce qui a tout d'un interminable *purgatoire professionnel* » (132).

Mais, « **nulle part, toutefois, le désastre n'apparaît aussi bien organisé qu'en France.** Les docteurs sans poste sont une institution », à Bac+8, même après avoir « satisfait aux exigences si particulières et si particulièrement françaises de la *qualification* aux fonctions de maîtres de conférences ». En fait, « **1 de ces docteurs sur 10 se trouve durablement au chômage. Ils sont 3 fois plus nombreux qu'en Allemagne, qui en forme pourtant 2 fois plus par an, mais aussi qu'en Angleterre, en Italie ou en Espagne.** » Ainsi, « en chimie, 16 % des docteurs sont aujourd'hui au chômage. Ils sont 10 % en sciences de la vie et de la terre, 9 % en physique. »

Il existe un « manque de reconnaissance nationale du doctorat... Les entreprises privées et l'État lui-même continuent en effet de préférer de loin les titres d'ingénieur et d'ancien élève des grandes écoles » (133).

Mais « les contrats précaires prolifèrent avant tout parce qu'ils rendent possible la *dérégulation bureaucratique* que la réforme managériale des universités appelle de ses vœux… permettent de sortir la profession du fonctionnariat et de l'assujettir au temps court et à la flexibilité que supposent les nouvelles pratiques universitaires. » De fait, « une *déréglementation* sans précédent, à l'université comme ailleurs, a conduit, sous couvert de les assouplir, à dissoudre en peu d'années, toutes les règles du salariat. »

Des « procès [ont été] multipliés ces dernières années par des scientifiques précaires » (135), car « tout, dans l'organisation de l'université, est fait pour multiplier les postes qui n'en sont pas » (136).

Or, « c'est **l'arrachement à l'histoire longue** qui organisait jusque-là la profession d'universitaire qui constitue l'essentiel. » [**Tel est le résultat principal du travail de sape en profondeur de l'« histoire » mené par l'irresponsable cohorte de l'école structuraliste et poststructuraliste des années 1960**.]

« Car les précaires d'aujourd'hui n'ont rien de commun avec la multitude des subalternes d'hier. Ce qui cesse d'exister avec eux, c'est le mode linéaire d'organisation et de reproduction du métier… Ils ont cessé d'être un *devenir*. Une *différence de nature* les sépare des titulaires et les relègue *au dehors du métier* » (137).

Certains vacataires « assument même des services horaires comparables à ceux d'un maître de conférences ».

Il y a « les contractuels [contrats post-doctoraux], les attachés temporaires d'enseignement et de recherche, les allocataires de recherche, les vacataires d'enseignement, les vacataires de recherche, les conférenciers, etc. C'est tout un processus de dévoiement des statuts qui est à l'œuvre » (138).

« Ce sont à présent des centaines de milliers d'enseignants qui assurent chaque année des milliers de cours sous ce régime [des vacataires]. Il leur suffit d'être inscrits en thèse, d'avoir moins de 28 ans ou un emploi salarié [muni de la Sécurité sociale] et, surtout, que leur nom vienne à l'esprit du responsable des enseignements. » Cependant, « le grave est dans ce que ces conditions escamotent : ces vacations ne relèvent pas du salariat. Elles ne comportent pas de cotisations sociales ou patronales, pas de sécurité sociale, pas de congés maladie, pas de congés maternité, pas de congés payés, pas de retraite et pas de droit au chômage. » Eh bien « pourtant, au mépris du droit, des milliers d'universitaires, souvent des docteurs demeurés des années sans poste, vivent désormais intégralement de ce statut » (139).

« Payés, à la fin de chaque semestre seulement [parfois fin mars pour le premier semestre], au nombre d'heures de cours effectuées, ils touchent rarement plus de 4 ou 5 000 euros par an [200 euros par mois ; plus haut on disait 700 à 830… mais déjà docteurs ?], en échange d'un service qui peut atteindre celui d'un statutaire » (140).

Il existe des rétributions en nature, par exemple par le don de livres ou le remboursement de frais de transports imaginaires.

Nombre d'universités, si par exemple les candidats sont « plus âgés que ce que prévoient les textes », recourent au travail au noir, en passant « soit par le portage salarial soit par le système du « prête-nom » » (141).

« Les universités soucieuses de recruter des universitaires sans avoir à les salarier disposent désormais d'un tour de passe-passe légal et officiel : l'auto-entreprenariat » (142). Ce qui représente « une sortie pure et simple du salariat », soit encore « une réinvention du travail à la tâche », une fiction « sur le mode du travail indépendant » (143).

« Tous ces « non-permanents » sont condamnés à de véritables *carrières de précaires…*

De façon subreptice, l'université a aussi appris à faire un usage ordinaire, mêlé à ces contrats épisodiques, du chômage. Elle en use à la manière d'une zone tampon entre deux contrats » (144).

De telles « situations – chômage et bénévolat – sont à présent intégrées au fonctionnement ordinaire des universités ». Cependant, « en consentant à des heures supplémentaires massives, les titulaires privent les précaires des postes stables pourtant nécessaires. De même , la course aux alouettes qui incite à présent tant d'universitaires à tout faire pour décrocher une place honorifique à l'Institut universitaire de France (IUF) ou ailleurs –, c'est-à-dire à fuir l'université sans perdre leur poste, condamne ceux qui les remplacent à n'occuper toujours que des semblants de postes. »

Fragment biographique d'une docteure en géographie, 38 ans : « Depuis l'obtention de ma thèse en 2004, j'ai effectué un post-doc… j'ai ensuite eu quelques mois de vacations et un CDD de six mois en tant qu'ingénieur de recherche cette année. J'ai accepté de travailler bénévolement à un moment pour terminer un article de mon travail de post-doc et la même chose m'était demandée suite à mon CDI… Je suis au chômage depuis six mois et si ma situation ne change pas, je serai au RSA dans un mois. »

En fait, « les postes de précaires n'ont rien de commun avec les autres. Ils ne sont pas seulement sans avenir, ils sont aussi sans passé : [**Leurs sujets n'ont plus d'histoire (ce que diront aussi par un tout autre chemin Castarède-Dock (ch. 6), ni ne risquent plus de faire d'histoire.**]

Ils ne portent avec eux ni principe d'ancienneté ni reconstitution de carrière » (145).

Ainsi, « c'est une régularité ancienne qui rend l'âme. Il y avait jadis un ordre du semblable, il y a prolifération de l'épars. Il y avait la promesse d'un devenir, il y a maintenant, à perte de vue, l'empire de l'instable et de l'incertain. »

Du reste, « *ce n'est pas que les précaires ne sont pas encore devenus des titulaires ; c'est que les titulaires ne sont pas encore devenus des précaires.*

Pour comprendre comment cette condition nouvelle ronge tout le travail universitaire, parler de désastre humain ne suffit. Bien sûr, la misère matérielle imposée aux précaires est bien réelle. » Ainsi « une moitié d'entre eux – les femmes tout spécialement – gagne moins de 1 250 euros par mois [On disait plus haut : de 700 à 830 euros par mois, entre 4 et 5 000 euros par an] ; certains passent des mois d'affilée sans le moindre revenu ; et la plupart – malgré la bonne volonté de l'employeur qui se propose de « faire une lettre à votre banque » – doivent composer avec des délais de mise en paiement parfois étirés jusqu'à six mois » (146).

Même, « certains, dévastés, se résolvent au suicide » (Marie-Claude Lorne, maître de conférences de philosophie refusée à la titularisation à l'université de Brest en 2008).

« La précarité universitaire procède en réalité d'un véritable *système organisé d'incertitude* », avec « ce temps singulier que l'idéologie néolibérale tire vanité d'imposer partout : elle rive [les sujets] à un présent qui, faute de la moindre certitude valable, n'en finit pas de se vivre au présent ; il les prive de l'élémentaire possibilité d'installer sa vie dans la durée » (147). Voir Castarède-Dock ch. 6.

De la sorte, « l'existence des précaires est bien faite pour leur soutirer une interminable docilité… Les précaires ne sont jamais que des *presque universitaires.* »

Alors, « en exerçant en même temps comme caissière, manutentionnaire ou gardien de parking, ils sont tenus de donner le change, d'adopter la ligne de conduite, le geste, la tenue, la parole qui font l'universitaire » (148).

Ils sont « la proie offerte à tous les abus de pouvoir au sein de l'université. C'est cette incertitude organisée qui fait le cœur de la précarité universitaire. C'est elle, surtout, qui fait tenir debout toute la réforme libérale des universités. Car la précarisation des choses universitaires n'a chance de se poursuivre que parce qu'elle repose sur l'*auto-exploitation* des précaires eux-mêmes. » En fait, « toujours dans l'attente d'un poste à venir, ils n'ont d'autre choix que d'accepter les bassesses des postes présents : pour une « ligne sur le CV », en échange de la vague promesse du renouvellement de leur contrat précaire, ils consentent à se charger de dizaines d'heures de cours en plus », voire « à dépanner les titulaires dans la correction de leurs copies, à prendre en charge la rédaction d'articles scientifiques dont leur nom sera absent ou à organiser sans salaire, des séminaires et des colloques internationaux. »

L'un de ces précaires : « Ma charge de travail contractualisée (*i.e.* figurant dans mes contrats de travail simultanés), à certaines périodes, a pu s'approcher du double temps plein, et j'ai connu des périodes où je ne dormais que six heures par nuit » (149).

Il s'agit d'un « nouveau *mode de domination sociale.* L'investissement forcené dans le travail, la concurrence effrénée, l'*auto-management* généralisé, auxquels se soumettent les précaires, sont à la condition d'universitaire ce que l'autonomie est à la gestion des universités : l'apothéose du « néolibéralisme ». » En d'autres termes, « les précaires d'aujourd'hui... ne sont pas autre chose que les *entrepreneurs universitaires* dont rêve toute l'entreprise de modernisation des universités » (150).

« La « modernisation » des universités porte ainsi avec elle une désorganisation des formes élémentaires du travail universitaire... Certains s'en tiennent à reproduire des cours déjà dispensés par d'autres... lisent les copies en diagonale, se font économes de leurs annotations » (151).

« Ce qu'il faut, c'est se demander ce que peuvent bien valoir aujourd'hui des diplômes publics délivrés par des universités publiques dont les équipes enseignantes comptent parfois deux tiers de précaires, de vacataires ou d'autoentrepreneurs », autrement dit d'« universitaires sans poste, étrangers à la profession et contraints de s'arranger comme ils peuvent avec les règles du métier. »

Ainsi, « la réforme de l'université emporte avec elle la forme ancienne du travail scientifique. Là où ce dernier se concevait dans la durée, attaché à une logique d'accumulation continue des connaissances et de leur dépassement... Il faut changer de sujets et parfois même d'univers épistémologique à chaque nouveau poste » (153).

« Cette nouvelle organisation du travail scientifique, ni cohérente ni raisonnée, est faite de ruptures, de reprises et de dispersions qui se déguisent en flexibilité. »

La précarité « a aussi pour effet de placer la production des savoirs et l'univers où elle s'opère sous le signe du conservatisme » (154).

La soi-disant réforme a « imposé, au sein de l'université, au nom de la compétition et de la flexibilité, une *individualisation des relations professionnelles* qui, en lieu et place des contrôles anciens, ouvre la voie à l'*arbitraire des rapports de pouvoir* » (155).

« Il y a surtout la *captation symbolique* de leur travail. »

La gestion managériale des universités « a en particulier pour effet de généraliser, au cœur du métier, le règne assumé des liens personnels et du clientélisme (156)… Les choses universitaires… dans des régions entières de la profession, où règnent les liens personnels et le bon vouloir, prennent pour règle une dévastatrice absence de règle » (157).

Avec la précarité croissante, « plus le métier universitaire a chance d'apparaître d'abord réglé par l'exercice d'un *arbitraire généralisé* » (158).

« Faire l'histoire de cette destruction, c'est écrire un fragment de celle plus vaste, qui depuis dix ans [2005] frappe nos sociétés tout entières » (159).

« Depuis 2009, tout spécialement, des milliers de luttes, souvent éphémères, parfois violentes, ont pris possession des universités en Angleterre, en Espagne, en Grèce, aux États-Unis », au Chili, au Canada (160).

En France, les chercheurs se sont manifestés dès 2004. Ils ont donné corps au collectif « Sauvons la recherche », composé surtout de biologistes et de physiciens. En 2007, d'autres collectifs se sont constitués, « Sauvons l'université » (161).

Certains universitaires, pour dire l'anéantissement du métier, ont choisi de démissionner (162).

L'opération Science en marche a repris, bien après (automne 2014), la mobilisation étudiante de l'automne 2007, puis de l'hiver 2009 (164).

Le collectif Papera (Pour l'abolition de la précarité dans l'enseignement supérieur) a mis en place une « plateforme participative » sur Internet (165).

Les mobilisations locales de précaires n'ont en réalité pas cessé ces dernières années (Caen 2014, etc.).

L'ouvrage se termine par des **propositions pour servir à ceux qui ne se résignent pas** (169).

Il faut expulser le patronat de la vie des universités (170).

Il faut arracher le pouvoir aux présidents d'université omnipotents qu'ont institués les réformes.

Il faut mettre fin à la libéralisation des études et les détacher de l'obsession professionnelle.

Il faut surtout (Marc Bloch, Najat Vallaud-Belkacem) opérer sans délai et sans appel la fermeture de toutes les grandes écoles.

EJ : Il n'est pas certain que la fermeture de l'École normale supérieure et de Polytechnique soit une bonne idée. C'est au contraire la seule et regrettable grosse sottise que contient ce livre.

Par exemple, voici plusieurs années, la fermeture des deux Écoles normales supérieures d'éducation physique (ENSEP masculine et féminine), dont personne n'a plus souvenir, n'a probablement pas été une grosse réussite pour la vie sportive en France, à tous ses niveaux.

Le chapitre suivant 6 traite en apparence seulement d'un tout autre sujet. Mais on a déjà signalé plus haut des points de raccords plus que plausibles entre le thème de la précarisation de l'université et celui de la précarité d'un sujet narcissique évoluant dans une société de type borderline caractéristique de la période hyperpostmoderne.

Chapitre 6

Le nouveau malaise dans la civilisation

Nous reproduisons d'abord un communiqué de presse de l'ouvrage ainsi intitulé, dont le texte nous a été transmis par un courriel de Marie-France Castarède.

« En 1930, Freud publiait *Le malaise dans la civilisation*, œuvre majeure où il détaillait les fondements de la société et les dangers qui la menaçaient. Le livre se concluait par une épigraphe que beaucoup d'observateurs ont jugé prophétique du nazisme : « Les hommes sont arrivés maintenant à un tel degré de maîtrise des forces de la nature qu'avec l'aide de celles-ci, il leur est facile de s'exterminer les uns les autres jusqu'au dernier. Ils le savent, d'où une bonne part de leur inquiétude actuelle, de leur malheur, de leur angoisse. »

Aujourd'hui, le malaise dans la civilisation semble plus féroce que jamais mais sous une forme différente de celle que décrivait le père de la psychanalyse. Attentats meurtriers, radicalisation, catastrophes écologiques, addictions technologiques, vacuité artistique et mise à mal spirituelle, le monde semble aller de plus en plus mal que jamais. Les auteurs, une psychanalyste et un psychologue, après avoir confronté leurs générations dans le *Nouveau choc des générations* (Plon, 2015) ont choisi cette fois d'unir leurs forces pour penser ce trouble nouveau et allonger, sans concession ni détours, le monde sur le divan.

Ils décrivent **la transition d'une société névrotique à une société narcissique.** Samuel Dock développe la notion d'hédonisme de survie, selon laquelle nous consommons (des expériences, des loisirs, des objets…) pour compenser notre incapacité à élaborer nos conflits psychiques et nos frustrations, pour survivre psychiquement aux deuils qu'impose l'existence humaine. Marie-France Castarède investigue la montée des violences qui traversent notre société. Elle constate également la difficulté de l'homme d'aujourd'hui à sublimer ses pulsions et le recours fréquent au passage à l'acte. Tous deux analysent les mutations du rapport à la spiritualité, à la nature, à la science et à l'art, soit aux piliers de la civilisation, qui subissent **la carence du langage contemporain**. Ils proposent également des solutions concrètes pour lutter contre cette déroute.

La quatrième de couverture propose un texte un peu différent, probablement antérieur au précédent, et que nous avons trouvé intéressant de reproduire également, avec ses variantes en italique :

« *Plus de quatre-vingts ans après, ce* malaise dans la civilisation, plus *virulent* que jamais, s'exprime sous des formes nouvelles. *Retour des fondamentalismes religieux*, attentats *dévastateurs, crise* écologique, addictions technologiques *et impasses transhumanistes*, *désinvestissement* spirituel, *aliénation des médias, fractures politiques… Entre nihilisme et narcissisme, dépression et hébétude, l'humain se perd, la société vacille.*

Après *Le Nouveau Choc des générations*, les auteurs ont choisi cette fois d'unir *leurs savoirs et de confronter leurs expériences pour offrir une approche singulière de ce trouble inquiétant qui traverse l'humanité*, et pour allonger, sans concession ni détour, le monde *d'aujourd'hui* sur le divan.

Marie-France Castarède [1940-] est professeur des universités en psychopathologie et psychanalyste. Parmi ses ouvrages, *La voix et ses sortilèges* et *Au commencement était la voix* sont aujourd'hui des références. Elle contribue régulièrement à de nombreuses revues.

Samuel Dock [1985-] est psychologue clinicien et écrivain. Il a notamment accompagné Julia Kristeva dans la rédaction de ses mémoires, *Je me voyage* (2016). Depuis avril 2012, il traite des grands sujets d'actualité dans une tribune libre au *Huffington Post.*

En Introduction, on nous dit d'abord que ce nouvel ouvrage prend la suite du précédent sur le *Nouveau Choc des générations.*

Les deux auteurs y faisaient contraste dans le constat de « la démesure d'une fracture intergénérationnelle agissant puissamment au sein de notre société hypermoderne, séparant les Œdipe d'autrefois des Narcisse d'aujourd'hui », dans une opposition allant de la promotion de la pudeur au corps surinvesti et personnalisé à l'extrême, de l'image mentale aux écrans omniprésents, de la vertu de la patience au culte de l'urgence, de la prudente construction relationnelle au partenaire aisément consommable, de l'enfant-martyr à l'enfant-roi » (12).

Cependant, une « nouvelle civilisation, débordant de très loin la fracture générationnelle », est à l'enseigne de « **la déroute du langage, la difficulté à supporter à supporter le manque malgré sa dimension humaine constitutive, l'essor du narcissisme contemporain, l'avènement d'un hédonisme forcené et le néofétichisme de marchandise.** »

« La psychologie clinique et la psychanalyse ont quelque chose à dire de la culture », ont à prendre en compte « le sentiment d'incompréhension [des patients] face au marasme dans lequel ils perçoivent que la société s'est engagée. » En « dénonçant la société narcissique, *Le Nouveau Choc des générations* ouvrait une voie que le présent ouvrage se veut clôturer. »

« La polysémie de la crise » s'étend « de l'anxiété au terrorisme ». Les concepts de « postmodernité » et d'« hypermodernité » font l'objet de nombreux débats théoriques » (13). Samuel Dock a suivi Julia Kristeva et Jean **Baudrillard** dans leur réflexion sur l'atteinte du « registre symbolique » suscitée par « notre société d'hyperconsommation et par notre civilisation de l'image ». Marie-France Castarède, de son côté, s'est principalement intéressée à la famille et aux pratiques esthétiques.

« Avec la surenchère d'images, le néofétichisme du corps, comme des objets, l'accélération sociale du temps, notre capacité d'élaboration-représentation s'affaiblit, les mythes et les récits s'effondrent, le sens de nos existences se dissout… Les conséquences de cette déréliction sur l'individu et ses relations intersubjectives [sont] le déni de l'altérité, la dépression et la perversion, [les troubles caractériels : **Bergeret**], la réification. »

De fait, « la crise qui nous taraude s'impose comme un vertige, une nausée insoluble [Sartre, 1938] », dans le cadre d'une *borderlinisation* de la société (15).

Dans sa Préface à *Malaise dans la civilisation*, Clotilde Leguil* oppose le pessimisme de Rousseau à l'optimisme rationaliste de Kant, « au profit d'une paix perpétuelle ». L'originalité freudienne est de coordonner à l'idée classique du contrat social le thème du renoncement pulsionnel (17).

Pour Freud, « l'amour va contre les intérêts de la civilisation » – idée très neuve pour l'époque et même encore maintenant – cependant que « la civilisation menace l'amour de restrictions notables » (18).

L'agressivité primaire des êtres humains menace continûment la société de destruction, cependant que, selon les « modèles utopistes, la libido serait mobilisée par la société pour tenter d'endiguer l'agressivité. » Dans tous les cas, « on a troqué un morceau de bonheur possible contre un morceau de sécurité. » **Freud pense dans la tradition pessimiste de Hobbes. Mais il va plus loin aussi, en affirmant que l'amour lui-même peut être vu comme une menace par et pour la civilisation**, ce qui a été peu commenté (Totem et Tabou, 88 ; ici pages 136, 144).

Cependant, « la civilisation se construisant sur le renoncement aux pulsions, à la sexualité et à l'agressivité, ce « refus culturel » s'avère un échec puisqu'il se fait alors le principal moteur d'une agressivité qui, invariablement, se retourne contre Éros », [d'abord en tant que facteur du lien social à côté de l'identification] (23).

Les « défaillances du narcissisme » intéressent plus aujourd'hui « psychiatres et psychanalystes » que la névrose.

Or, « **l'art, la science, l'aménagement de la nature, la religion, tels sont les quatre piliers civilisationnels** par lesquels [selon Freud] l'homme entend favoriser son bonheur et éloigner la souffrance : ce sont les ruses d'Éros. »

« **Un nouveau choc** » est intervenu aux moments cruciaux de janvier 2015 et de novembre 2015 (32).

M.-F. C. souligne que pour Gilles Kepel, le mot « guerre » n'est pas le terme adéquat.

D'après Fethi Benslama, « l'année 1924 marque la fin du dernier empire islamique, vieux de 624 ans (1300), l'abolition du califat, c'est-à-dire du principe de souveraineté théologico-politique en islam, et la fondation du premier État laïc en Turquie [par Ataturk]. C'est l'effondrement d'un socle vieux de 1 400 ans (524), la fin de l'illusion de l'unité et de la puissance… Le symptôme de cette cassure est la naissance en 1928 des Frères musulmans. L'islamisme promet le rétablissement du califat par la défaite des États… Apparaît la figure du surmusulman. » Du point de vue de la psychanalyse, on peut lire « la période actuelle comme une histoire écrite à partir des exigences du Surmoi de la tradition islamique » (36).

« Une situation qui apparaît d'une sauvagerie inconnue à ce jour. »

« Le **surmoi [est] désavoué** ». M.-F. C. : « Depuis fort longtemps, notre société n'a cessé d'affaiblir l'autorité en général et celle des enseignants en particulier » (39).

« Pour comprendre le passage à l'acte terroriste, il faut invoquer un soubassement anthropologique avec la dilution de l'autorité et des normes au sein des familles recomposées… [avec pour] première conséquence psychique [un] alliage délétère de nihilisme et de narcissisme. »

Aujourd'hui, « se remarque un défaut d'admiration et de discernement. »

À ce propos, « les psychanalystes, aujourd'hui, préfèrent parler, à propos du complexe d'Œdipe, de *tiercéité*, un concept tiré de l'œuvre de Charles Sanders Pierce. André Green a repris cette idée : « L'imago paternelle a besoin d'être construite comme tiers permettant de différencier le dedans et le dehors et les frontières du moi, d'installer un espace tiers entre la mère et l'enfant… [Toujours selon Green], s'il n'y a pas de père ou d'instance tierce, c'est le déchaînement de la violence. La fonctionnalité du Surmoi postoedipien suppose que l'environnement a effectué un dosage utile entre l'amour et la sévérité. »

Par ailleurs, « le *négatif*, d'après Green, est comme le résultat d'une prise de pouvoir violente et sans partage qui ne laisse aucune place pour un dialogue lucide. Il s'agit du **travail de la pulsion de mort**… Il nous faut admettre aujourd'hui la centralité du concept de destruction » (42).

Manque « un surmoi ancré dans l'histoire de [la] famille et [du] groupe éducatif… Le « Surmoi collectif » du mouvement islamiste enjoint de tuer, comme il s'agissait pour Hitler et ses partisans d'exterminer les juifs… Dans les deux cas, le Surmoi est au service de la pulsion de mort. »

Du reste, « tout le monde se plaint du défaut de langage et de mise en mots » [Bentolila] (43).

S. D. : « Brimer quelqu'un, même si cette démarche est étayée par votre ésotérique dosage entre amour et sévérité, ne l'a jamais aidé à développer la moindre ressource symbolique » (44).

M.-F. C. : On débat aujourd'hui, « à travers tous les délais médiatiques, de la défaite de la civilisation européenne, de l'effondrement du niveau scolaire et de la culture, de la montée des communautarismes. Il s'agirait, en bref, du déclin annoncé de l'Occident. »

De fait, « le désir de mort est essentiel dans le djihadisme… La figure du père est à la fois omniprésente et disparue… Pour ces jeunes le modèle est ce dealer gagnant beaucoup d'argent grâce à la drogue… Ils deviennent des héros négatifs [Fahrad Khosrokhavar*] » (47).

Selon Marcel Gauchet, « il va de soi, dans les démocraties de notre continent, que Dieu [EJ : **sauf sous la forme du Veau d'Or**] ne s'occupe plus des affaires de la société. En revanche, le politique ne pourvoit pas à une vision du monde pour guider son action, ce qui induit le désarroi et l'absence d'un sens cosmique » (48).

On est confronté à « un passage à l'acte *gratuit*, sans fondement et sans balises repérables… Il ne s'agit pas de la radicalisation de l'islam mais de l'islamisation de la radicalité… [de] haine de soi… Violence moderne : tuer froidement et tranquillement. Nihilisme et orgueil sont profondément liés. »

S. D. : On remarque « en consultation la pauvreté du vocabulaire… Cette **carence langagière** renforce leur sentiment d'exclusion… [Avec] l'absence de projet professionnel, d'espoir en l'avenir, d'ambition : une mise à mort de l'Idéal du Moi au profit du Moi idéal » (49).

M.-F. C. : « Le *passage à l'acte… l'agir* s'opposent à la *prise de conscience* [par] la *pensée symbolique* » (50).

S. D. : « Des parents en grande difficulté avec leurs adolescents… Des décharges hétéro-agressives dirigées contre le corps enseignant ou d'autres membres de la famille, tout le panorama des conduites à risque extrêmement précoces » (51).

M.-F. C. : « Le travail de Bergeret* sur la violence fondamentale améliore notre compréhension de ces phénomènes. »

S. D. pointe le « harcèlement scolaire meurtrier… galvanisé par les réseaux sociaux… La jouissance presque sexuelle de l'acte meurtrier ne laisse pas de place au doute… [On a] raison de parler d'une « border linisation » de la société [dans le précédent ouvrage] » (53).

Selon Ilse Barande*, la néoténie, la prématuration ont rapport avec les deux figures de la perversion et de la dépression.

« Malaise social, violence des pauvres, violence des riches : le Narcisse moderne ne tolère ni la frustration ni la perte » [Elsa Godart*] (55).

M.-F. C. : « Les 1 % les plus riches au monde possèdent plus que 99 % des autres… La barbarie a aussi un aspect social » (56).

S. D. : « la domination du capitalisme néolibéral ne se contente pas d'étouffer la liberté. Elle se veut elle-même synonyme de liberté » [Chul Han].

Contexte où les mots clés signifient régulièrement leurs contraires.

« Le sentiment de n'avoir rien à perdre, ni avenir, ni statut, ni place autre que celle définie par les puissants, favorise le passage à l'acte auto- et hétéro-agressif » (57).

« La misère morale favorise la misère affective, et conduit certaines personnes engluées dans des problématiques transgénérationnelles effroyables, à développer des troubles psychiques… Le malaise dans la civilisation peut être tout à la fois psychologique, social et culturel. Il nous confronte à la polyphonie du vide [J. Suaudeau*] » (58).

Une approche transdisciplinaire est nécessaire.

Michel et Monique Pinçon-Charlot* : « Les plus riches agissent en tenue de camouflage, costume-cravate et bonnes manières sur le devant de la scène, [mais] exploitation sans vergogne des plus modestes comme règle d'or dans les coulisses. Cette violence sociale, relayée par une violence dans les esprits, tient les plus humbles en respect : **le respect de la puissance, du savoir, de l'élégance, de la culture, des relations entre gens du « beau » et du « grand » monde.** » Alors « l'accaparement d'une grande partie des richesses produites par le travail, dans l'économie réelle, est organisé par les circuits mafieux de la finance gangrenée. Les riches sont les commanditaires et les bénéficiaires de cette violence aux apparences savantes et impénétrables, qui confisque les fruits du travail... La crise est celle de vies brisées, amputées de tout projet d'avenir, dans cette immense classe sociale à laquelle les dirigeants politiques de la droite et de la gauche libérale se sont associés [par le haut]. » Bien plus, « cette violence est en voie d'aggravation, notamment parce que, dans la nouvelle phase du capitalisme que représente le néolibéralisme, **la finance prend le pas sur la politique**, offrant aux riches toujours plus de pouvoirs. On imagine que cette situation inique qui se poursuit à travers le temps est « naturelle ». » De fait, « le langage est mis à mal pour faire passer les riches pour des bienfaiteurs, les ouvriers comme des « charges ». Il y a une **entreprise de corruption du langage, une escroquerie linguistique**, qui passe souvent par des oxymores comme « flexisécurité » ou « croissance négative ». Ce procédé rhétorique corrompt profondément le cerveau » (59).

Un **hédonisme de survie** occupe l'absolutisation du présent immédiat.

Nicole Aubert* parle du « **culte de l'urgence** », comme Virilio de celui de la vitesse, ce qui du reste n'est pas si nouveau.

On a vu que la dimension de l'histoire a été éliminée des catégories mentales (Jalley : CRPH, 2017).

On **manque d'abord du manque**. Tel est le mal dont souffre l'hypermodernité, le nouveau malaise dans la civilisation (63).

M.-F. C. : la paix et la redistribution des richesses semblent le préalable indispensable à l'entente (65).

Le malaise dans la civilisation pour la théorie freudienne est éternel.

Malek Chebel* : « On ne peut plus laisser une minorité de musulmans tenter d'imposer des valeurs qui ne s'adaptent pas à un pays laïque comme la France » (69).

S. D. : Le Surmoi peut se faire agent de la pulsion de mort (J.-A. Miller).

M.-F. C. : « Une vraie autorité, un authentique Surmoi paternel font partout défaut : dans les familles, dans les écoles, chez les hommes politiques... Un nouveau système d'éducation est indispensable » (71).

Banalité et radicalité du mal : Hannah Arendt (1963, 1978) invoque un « **manque de pensée** » (75).

S. D. invoque la « pensée opératoire » telle que définie par Marty et M'Uzan (2010) : pensée de machine, robotisée, efficiente sur le plan cognitif, mais incapable d'effectuer des liens entre affect et représentation, entre soi et l'autre (Joyce Mc Dougall, 1978) (77).

L'idéologie de Daech relève elle-même du registre opératoire (P.-H. Salazar, 2015)… « Ils ont tout, de l'argent, du travail, des chances de réussir, et moi je n'ai rien » ; un idéal de jouissance propre à la société capitaliste qui leur semble proscrit et qui doit être détruit » (79).

L'actuel objet d'études concerne les dynamiques perverses [sans oublier les caractérielles - Bergeret] : F. Dolto, J. McDougall. Au zénith de la perversion culmine la **folie psychopathique**.

On évoque aussi les propos de Mélanie Klein sur l'envie (81).

Ce niveau anté-oedipien se situe très loin de l'ambivalence, dans une immaturité quasi psychotique.

Selon Winnicott (Houari Maïdi*), la maturation adolescente oblige à se réapproprier une nouvelle image du corps.

S. D. : « Toxicomanies, délinquances, autres troubles limites, passages à l'acte… L'éthique hédoniste promue par le capitalisme a donné naissance à une génération narcissique qui veut pouvoir jouir de tout, tout le temps… Ces jeunes ne supportent pas d'être manquants et s'estiment victimes d'une injustice » (84).

Une « idéologie totalitaire leur promet de mettre un terme à leur exclusion, de briser le cercle de la fatalité et de « reprendre le contrôle », de les délester de leurs oripeaux de victimes pour les vêtir d'un costume de héros. » Telle est « l'ignoble formule magique de l'État islamique. Et si le plan achoppe, ils auront eu la décharge d'excitation dans la violence suprême et peut-être un passage posthume à la télévision » (85).

M.-F. C. : Selon P. Hassner*, « **la montée du fondamentalisme religieux tend à remplacer le totalitarisme.** » D'après les experts, « la résilience de l'islam est supérieure à celle du communisme. L'ambition est mondiale, universelle… Leur désespoir se nourrit aussi du vide culturel et du désarroi spirituel de nos sociétés préoccupées avant tout de profit financier, de jouissances matérielles et de médiatisation. »

S. D. : « **Le Moi idéal est abandonné au profit de l'Idéal du Moi** » [Freud, Lagache, Lacan] (87).

M.-F. C. : « Cette carence du Surmoi, qui bascule vers le Moi Idéal, est sans doute une caractéristique de cette nouvelle société qui s'ébauche sous nos yeux. **L'individualisme triomphe, entraînant la décomposition du lien social.** Les valeurs traditionnelles des sociétés structurées autour d'un idéal paternel sont en régression. L'Œdipe n'est plus une valeur hiérarchique mais la simple reconnaissance d'un palier familial aléatoire. »

Selon H. Maïdi, « la restriction de l'agressivité envers l'extérieur apporte une dureté et donc une agressivité dans l'Idéal du Moi de la personne. Plus grande est la maîtrise de l'agressivité, plus intense devient la tendance agressive de l'idéal contre le Moi. » Par ailleurs, « les politiques répressives s'inscrivent exactement dans cette dynamique » (88).

S D. : « Le terrorisme n'est pas le malaise dans la civilisation, pas plus que le nazisme ne l'était du temps de Freud... Le terrorisme, comme le nazisme, fomente l'extinction même de la civilisation. » Tel est **le cauchemar de Freud**.

Les gouvernements Hollande et Sarkozy ont porté des coups terribles à notre métier.

« Les jeunes des banlieues n'ont ni accès à la culture, ni emploi ni espoir... Comment faire autrement de passer à l'acte pour se faire entendre ? » (93).

M.-F. C. : B. Cyrulnik souligne « le triptyque « une religion, un chef, un sauveur. » C'est un appel pour des actions plus ciblées » (94).

[C'est ce que Bion appelé **groupe de couplage** reposant sur le présupposé de base d'un espoir de type messianique, relatif à un être qui n'est pas encore né – le califat mondial – mais qui sera capable de résoudre les problèmes du groupe.]

La fracture d'une planète est le titre du chapitre suivant (2) (97).

S. D. : « Freud a effectivement fait du contrôle de la nature un facteur civilisationnel fondamental... Pour Freud, la nature ne s'offre à nous que pour être défrichée... [Or] nous pensons aujourd'hui que la protection de la nature garantit notre survie bien avant « l'exploitation » de celle-ci, qui la menace lorsqu'elle se veut effrénée » (98).

Les plus grands émetteurs de CO2 étant aujourd'hui « États-Unis, Chine, Inde, Brésil, Canada et Russie » (99).

S. D. : « Pour le philosophe américain Daniel Callahan*, la dette de l'homme à l'égard du passé façonne sa responsabilité envers le futur » (101).

M.-F. C. : Michel Serres parle d'« un contrat naturel qui nous permettrait de faire la paix avec la Terre afin de nous sauver. »

S. D. : Hans Jonas met en jeu un « principe responsabilité » à propos du « danger [ayant] son origine dans les dimensions excessives de la civilisation scientifique-technique-industrielle ». Pour Jonas, « l'homme n'est plus seulement un loup pour l'homme ; il l'est pour toute forme de vie » (102).

Pour Narcisse, « le lointain dessine le point de chute pour lequel il faut éviter la chute » (103).

Retrouver la Terre, un intérêt vital : P. Teilhard de Chardin est l'un des premiers à y avoir insisté (105). Il a été un précurseur du mouvement écologique.

M.-F. C. dit avoir été marquée également par Edgar Morin (1993). Il a été l'un des premiers à considérer que le développement de la triade science/technique/industrie avait à perdre son caractère providentiel (107).

[C'est à partir des années 1950 que vont commencer à s'opposer à nouveau selon deux courants majeurs dans la pensée de l'époque, en fait de source plus ancienne, les technophobes (Rousseau, Marx, Nietzsche, Bergson, Heidegger, Friedmann, Jaspers, Jonas, Morin, Virilio, Rosa, Sadin, Faucheux, Fukuyama) et les technophiles (Bacon, Descartes, Simondon, Serres, Lecourt).]

S. D. : Après les trois humiliations décrites par Freud : Copernic, Darwin, Freud lui-même, voici venu le temps où « l'homme qui se rêvait propriétaire d'une planète aux ressources illimitées commence à se réveiller » (109).

S. D. expose encore que, selon Pascal Bruckner (*Le fanatisme de l'apocalypse*, 2011), l'écologisme développerait **un nouvel obscurantisme**, en fait un essentialisme antihumanité caché sous cet amour immodéré de Gaïa. P. B. accuse Jonas d'exercer par son « chantage prévisionnel » un « chantage générationnel » (113).

Or cette rêverie apocalyptique et surtout post-apocalyptique est avant tout habitée par « un fantasme très adolescent » (116).

« Le malaise est désiré, la ruine de la civilisation n'effraie plus, elle excite » (117).

Selon M.-F. C., « le vide le plus dramatique apparaît comme celui du vide narcissique, de la carence identitaire et psychique. »

« *Tous des zombies. La planète Terre au fond du fossé* » (118, 123).

S. D. : à côté de la pensée écologiste de Hans Jonas et de ses suiveurs, un propos comme celui de F. Burbage* (*Philosophie du développement durable*) exprime « un désir enfoui de retour à l'indifférenciation organique. » Selon les Verts, « c'était toujours mieux avant ». En fait, « ce que masque la lutte écologique contre l'extinction de l'espèce humaine n'est rien d'autre que le fantasme d'anéantissement de cette dernière » (126).

Cependant, il est vrai qu'en 42 ans, 58 % des animaux vertébrés présents sur la terre ont disparu [! ! !] (127).

Selon M.-F. C., « nous ne sommes plus dans l'*ère du soupçon*, mais dans une pensée *désobjectalisante* » [Propos qui va entièrement à l'appui de celui d'E. J. sur l'**expansion d'une antiphilosophie associée à une antidialectique.**]

S. D. cite Olivier Mongin (essayiste français, 1988-2012) et Romain Felli* (géographe et politiste suisse).

Il pense qu'il existe un fossé d'allure infranchissable entre sa génération et la précédente.

Il mentionne que Margaret Mead parlait déjà du « fossé des générations » (1972).

M.-F. C. dit repenser au monde paysan qui caractérisait les sociétés au début du XXe siècle.

S. D. incrimine « ce que nous coûte chaque jour l'avidité de votre génération… À partir de 1945, toutes les industries qui autrefois servaient à la guerre ont été mises à profit pour développer à outrance la société de consommation » (133). Il dit ne pas adhérer non plus à cette « conception du monde paysan… Oui, votre génération a été particulièrement vorace, et c'est ma génération qui en paie le prix. Vos trente Glorieuses, je vous assure que nous les sentons passer. »

M.-F. C. dit que son enfance à la campagne est datée de 1940-1945. C'est après que sont advenues des décisions politiques importantes qui horrifient la nouvelle génération (134). Ce qui la choque dans les sociétés occidentales d'aujourd'hui, c'est la surconsommation, « cette idée qu'il faut amasser sans fin, amasser, et amasser encore. Toujours plus, mais pour quoi au final ? »

En fait, « Freud a préconisé une conscience morale forte, nécessaire à la créativité et à la sublimation, pas à la jouissance des objets de consommation » (135).

S. D. : « aux névrosés d'hier succède la **multiplicité des perversions et des dépressions**, des rapports contrariés à l'objet. La pulsion de mort elle-même a changé de visage » (136).

M.-F. C. dit se souvenir d'avoir trait les vaches et des trajets avec la jument de ses grands-parents.

Une de ses idées est que « la voix est bien la médiatrice avec le regard, dès le plus jeune âge, de la tendresse, ingrédients indispensables de la bonne vie, y compris pour les animaux » (137).

« Les travaux du Docteur Robert Poretsky* sur le développement de l'enfant ont d'ailleurs montré que la relation avec l'animal influence favorablement la sociabilité des enfants et leurs capacités d'empathie » (138).

Le lobe frontal contient les fameux *neurones miroirs* (139).

S. D. voit toujours pour l'instant *Narcisse au sommet de la chaîne alimentaire* (140).

Il cite la psychanalyste Simone Korff-Sausse*, G. Deleuze et F. Guattari, É. De Fontenay touchant le fait que « la philosophie n'a jamais été très favorable à l'animal. »

Narcisse exulte, ses « besoins toujours comblés » (142).

Selon l'historien Yuaval Noah Harari*(1976-, professeur d'histoire israélien), les animaux sont les principales victimes de l'histoire.

« Depuis la fin des années 1970, la protection des espèces n'a cessé de croître… Progressivement, un rapport plus fraternel avec l'ensemble des animaux s'est tissé » (144). De nombreux films en témoignent.

« Aujourd'hui, notre nature, si elle se veut humaine… fait partie de la Nature… Narcisse veut pouvoir jouir de toute la biodiversité, tout voir, que ses enfants disposent des mêmes privilèges… Narcisse veut tout, consommer et s'habiller, mais il ne veut pas que qui que ce soit souffre, surtout pas quelque chose qui, *comme lui*, éprouve » (145).

Albert Schweitzer faisait du respect de la vie le cœur même de sa pensée (146).

M.-F. C. dit avoir eu la chance de suivre les cours de Ricœur à Paris-X, parallèlement à ses cours de psychologie clinique (147).

EJ : Le pessimisme, voire même la misanthropie du jeune Samuel Dock ont assurément un côté bien sympathique. Mais ils aboutissent également à l'inconséquence intellectuelle de toujours condamner la thèse aussi bien que l'antithèse. S. D. voit d'abord la pensée écologique sous-tendue par une sorte d'antihumanisme, tout lui reconnaissant en définitive le mérite opposé justement d'un humanisme indispensable à l'éthique. De toute manière, Narcisse aura toujours tort avec lui, cruel si le sort de la vie animale lui indiffère, hypocrite et ridicule si au contraire il a en davantage souci. Il faut tout de même savoir. Bien entendu, qui veut noyer son chien l'accuse d'avoir la rage. Mais ce n'est pas ainsi que l'on génère de la bonne doctrine, qui marche sur ses deux pieds.

Les nouvelles spiritualités occupent le chapitre suivant (3).

M.-F. C. dit se sentir « à l'aise avec un agnosticisme qui lui enjoint de garder des valeurs d'éthique et de spiritualité » (150).

Donc, « à une crise identitaire correspond une crise plus étendue, concernant l'ensemble de la civilisation, [comme] expression de notre époque… On ne peut étudier en profondeur le repli narcissique que dans le cadre d'une analyse hétérodoxe, transdisciplinaire, culturelle, économique, politique de l'hyperindividualisme contemporain. » On doit « dépasser les prérequis de la psychologie clinique et de la psychanalyse », pour s'intéresser particulièrement aux « enseignements sociologiques. »

S. D. mentionne Julia Kristeva dont il est un collaborateur de plume.

L'actuel malaise dans la civilisation oscille entre deux tendances : d'un côté le nihilisme – auquel peut s'ajouter une certaine forme de matérialisme scientiste et positiviste – et de l'autre côté le retour au religieux (152).

Selon Kristeva, l'interprétation en psychanalyse est « pardon ». EJ : Pourquoi par pas l'absolution de la confession catholique ? Plus Dame Tartine, je meurs !

M.-F. C. avance que « processus de civilisation et développement individuel vont de pair » (153).

S. D. pense que « paradoxalement la psychanalyse s'enlise parfois dans des discours proches du discours religieux. »

Nombre d'analystes camouflent leurs angoisses et leurs défaillances contre-transférentielles, les affects que leur suscitent les patients par une moralisation en appui sur la transcendance. « Mieux vaut employer l'enseignement psychanalytique comme un appareillage métaphorique, philosophique, intellectuel, que comme un sacerdoce clinique. La psychanalyse ouvre au voyage vers soi » (154).

On est en face d' « une génération religieuse », alors que Freud considérait « la religion comme la névrose obsessionnelle universelle de l'humanité ».

Sans la « confondre avec une quelconque *religiosité*, la psychanalyse touche au sacré par sa méthode d'investigation » (159).

S. D. se réclame de « la pratique littéraire, ce jeu, cette mise en tension constante qu'est l'écriture » (160).

EJ : Vive quand même la philosophie, quand on en est capable !

La gadgétisation spirituelle est le propre de la postmodernité, voire de l'hypermodernité.

La sociologie, plus encore que la philosophie – on sait qu'elle n'est plus dans le coup (Jalley, CRPH 2017) –, nous le rappelle à chaque instant : rien ni personne n'échappe à son temps.

> Selon S. D., le sociologue G. **Lipovetsky** (1983) a analysé le processus de désinvestissement massif des institutions politiques et religieuses ainsi que sa première implication : l'auto-investissement de l'individu, jusqu'au vide, jusqu'à sa désubstantialisation. Une parfaite dénégation socioculturelle, une désaffection symbolique au profit de cet individualisme aussi perdu que pathétique... mais tellement cool. Pour Lipovetsky, l'origine de l'asthénie postmoderne ne fait aucun doute : « La crise des sociétés modernes est avant tout culturelle ou spirituelle. » Ce n'est pas l'absence de sens que remet en cause cet auteur mais la façon dont l'individu s'en empare, y impose sa logique flottante, l'accessoirise.
>
> Cela ne signifie pas pour autant la disparition de la spiritualité : G. L. évoque même à ce sujet un renouveau. Mais un renouveau mal défini, plus erratique que flexible, plus soucieux d'autosatisfaction que de connaissance, de loisir que d'intellect, prônant l'écologisme ou le psychologisme comme le sésame du

développement personnel, d'un épanouissement caricatural qu'il est finalement difficile de considérer comme une véritable conquête spirituelle. Pour lui : « Le néomysticisme participe de la gadgétisation personnalisée du sens et de la vérité, du narcissisme psy… en permettant un cocktail individualiste du sens conforme au procès de personnalisation. » On découvre là, commente S. D., « une spiritualité vidée de sa substance, sans audace et sans risque, surtout sans effort, un cadavre sémantique avec lequel habiller la carcasse de son néant intérieur.

La spiritualité transparaît dans cette optique comme un subterfuge adoré, fétichisé, une ostentation a-sensée accommodable au goût personnel. On pioche dans chaque religion ce qui nous satisfait … On mélange New Age, le bouddhisme et le taoïsme à la psychanalyse…

La tentation du self-service fait des grands enjeux spirituels de notre temps de simples sursauts existentiels, des frissons d'allégresse… C'est *cool*, oui. Mais le vide reste vide…

Il en va de même pour la recherche intellectuelle » (162-163).

CQFD. On a parlé de **l'encavernement de la philosophie dans la doxa et l'essayisme, en relation avec la prolifération de l'antidialectique** (Jalley, CRPH, 2017).

« L'hypermodernité prolonge la postmodernité, ou plutôt la radicalise », [dans] « une époque profondément schizophrénique. Le sujet y est toujours coincé entre la culture de l'excès et l'éloge de la modération, « une société libérale caractérisée par une logique paradoxale » (Sébastien Charles*, philosophe canadien, 2007).

Il faut hyperconsommer, de tout [voir la description de la vitesse par Paul Virilio et Harmut Rosa], dans « une fièvre enragée de *l'avoir* au détriment de *l'être* » [Gabriel Marcel].

S. D. : « C'est plutôt dans la chair qu'il faut chercher la pensée », dans « l'**explosion des troubles psychosomatiques** ». D'après le sociologue, anthropologue et philosophe Jean-Marie Brohm* (1940-), « le corps est aujourd'hui le fétiche de la postmodernité libérale, la religion sportive avec son culte de la performance et son obsession de la compétition » (166).

M.-F. C. : Françoise Héritier nous parle du « sel de la vie ».

S. D. : « Alors on croit », cependant que « l'ascétisme est délaissé au profit d'un hédonisme fébrile… La spiritualité ne propose alors plus qu'une distraction… Toujours plus, et toujours plus vite » (167).

M.-F. C. reconnaît à S. D. un « style haletant, trépidant bien qu'angoissé, fustigeant plus qu'encourageant ». Elle défend la « condition humaniste », fondée sur une « morale autonome par rapport à la religion » (168).

« Les maîtres asiatiques sont venus s'installer en Occident à partir [du premier tournant – marqué par le coup d'État gaulliste] des années

1960… en confirmation de votre hypothèse [celle de S. D.] de l'investissement massif des corps » (169).

Ce qui tend à corroborer aussi « l'hypothèse de Lipovetsky sur la spiritualité à la carte. »

D'après M.-F. C., les problèmes actuels de notre planète ne se réduisent pas qu'à des questions économiques. Nos sociétés sont aussi déboussolées car nos existences manquent de sens » (171).

S. D. : « On consomme aujourd'hui de la spiritualité comme n'importe quel produit » (173).

Dans sa première théorie de la « société de consommation » (1972), Baudrillard décrit le « croire et consommer »… On a foi dans l'objet [Platon, Descartes, Spinoza, Hume]… L'avoir se confond dans l'être [(Gabriel Marcel), dans le cadre du] mercantilisme contemporain » (174).

Du reste, « le signe débarrasse de l'objet… On ne s'est jamais cru aussi maître du produit que depuis qu'il est **tapi derrière l'écran [ainsi que dans la caverne de Platon**]… Selon certains théoriciens [S. Khallad, 2004], il existerait une certaine de forme de sacralité dans la marque » (175). C'est, proclame Baudrillard, « la fin de la transcendance ».

Baudrillard, dans *Simulacres et simulation* (1981), dit « voir le monde se déformer… **C'est toute la métaphysique qui s'en va** » [ce justement dans le deuxième tournant des années 1980, marqué par l'avènement de Mitterrand, Thatcher, Reagan, comme de la pensée tiède (Perry Anderson, 2004, du penser-à-droite (Emmanuel Terray, 2012) ; voir EJ : CRPH 2017] (177).

« Une vision du monde qui coupe l'individu de toute identité spirituelle, le coupe de son histoire » (EJ : CPF21 2013, CRPH 2017).

M.-F. C. dit que « l'investigation analytique doit, autant que faire se peut, se rapprocher de la vérité profonde du patient » (179).

Selon S. D., « la psychanalyse demande du temps, des efforts, un investissement psychique important… Tout ce que déteste le capitalisme. »

D'après Baudrillard, « tout est toujours plus. Tout n'est plus jamais rien… À la fin des fins, il ne reste que le corps… [Même] la révolte est devenue génétique. C'est celle des cellules dans le cancer. »

Ainsi, « de très nombreux cas psychosomatiques concernent des pans entiers de la clinique moderne. »

M.-F. C. : « Le corps finit par exprimer ce que l'esprit ne peut plus réaliser » (181). La psychanalyse a le souci de se connecter avec les nouvelles découvertes.

Déjà Max Weber (1919) doutait que « la science pourrait nous conduire jusqu'à Dieu » (182).

C'est Jean-François **Lyotard** qui a introduit le terme *postmodernité* en philosophie (1979). Il s'agirait pour lui de « l'incrédulité à l'égard des métarécits... le projet des Lumières, celui de la science prodigieuse, de la raison universelle et régulatrice, celui de l'irréversibilité du progrès technoscientifique et politique » (183). Depuis Auschwitz, « ce sont les temps eux-mêmes qui se sont révulsés, tandis que l'humanité opérait le deuil magistral de ces **récits messianiques promulguant la dialectique, l'herméneutique, le discours, l'émancipation du sujet et celui du développement des richesses... Il en va de même de l'histoire judéo-chrétienne, de l'hégélianisme, du positivisme, du marxisme, de l'évolutionnisme.** »

EJ : En réalité, c'est l'ensemble du cadre habituel des références culturelles que la mentalité contemporaine envoyait au fond de la poubelle, constat qui s'accorde en plein avec le récit de l'historien Christophe Granger sur *La destruction de l'université* (2015), et dont tire les marrons du feu la classe politique (à)droite à mystifier la crédulité des gogos avides de gober le discours social répandu par les mégaphones médiatiques.

« Le malaise dans la civilisation décrit par Freud n'était qu'un prélude au suivant, à celui de la postmodernité » (184).

Ce que nous apprend Lyotard (1979), c'est que nous avons cessé de croire en l'homme en même temps qu'aux progrès de la science. Mais déjà, et « bien avant les simulacres de Baudrillard (1972) et l'ère du vide de Lipovetsky (1983), l'amputation d'un signifiant majeur a introduit la postmodernité. Celui de Dieu. »

EJ : Cela fait tout de même bien plus longtemps qu'en principe Dieu était mort (Nietzsche, *Le gai savoir*, 1882).

En tout cas, « la fin des métarécits, des narrations à fonction légitimante entraîne l'apparition des **microrécits** », entre ceux fomentés par **la philosophie de poche, celle des « pense-menu »** – déjà baptisés par George Berkeley (1731).

En résulte « la préférence pour les événements locaux ou proches de soi, l'indifférence aux concepts globaux et universels... le **triomphe de l'anecdotique et du particularisme** » (185).

Selon M.-F. C., « l'homme postmoderne ne présente aucun contre-projet, aucune critique formulée théoriquement », et c'est le plus jeune des deux interlocuteurs (S. D.) qui s'affilie à « des pensées très noires et très inquiétantes ».

EJ : Une fois que l'on s'est débarrassé de tous les outils de la critique philosophique, il ne reste plus que le vide, auquel aboutit par exemple le doute de Pyrrhon le Sceptique :

Pyrrhon d'Élée (365 - 275), fondateur de l'école sceptique, déclare, d'après Eusèbe, que « les choses sont égales et sans différences, instables et indiscernables, et que par conséquent, nos sensations et nos opinions ne sont ni vraies ni fausses, qu'il ne faut avoir nulle croyance, mais rester sans opinion, sans inclination, et être fermes dans ces formules : nulle chose n'est plutôt qu'elle n'est pas ; elle est et elle n'est pas ; ni elle n'est ni elle n'est pas. De cette disposition résulteront d'abord le silence (*aphasia*) et ensuite l'ataraxie ».

Mais le plus facile, le moins perturbant, c'est encore le « **retour au religieux** ».

M.-F. C. : « L'homme moderne ne présente aucun contre-projet, aucune critique formulée théoriquement. »

M.-F. C. souligne le paradoxe selon lequel c'est le plus jeune des deux interlocuteurs, dans leur livre commun, qui « s'affilie à des pensées très noires et très inquiétantes. »

D'après Marcel Gauchet, « le christianisme est la religion de la sortie de la religion » (186).

Frédéric Lenoir préconise « le retour à des valeurs universelles qui sont aussi celles du christianisme : vérité, justice, respect, amour, liberté. »

Selon Gauchet, « l'écroulement de l'avenir comme espace de projection collectif incite à se réfugier dans l'héritage, dans l'histoire qui nous a faits... La nostalgie renaît d'une conviction partagée avec ses semblables... Les religions comblent un vide du discours social qui ne parle que de réussite et de bien-être matériel. »

Pour lui, les formes de religiosité évoluent, mais le besoin de religion ne disparaît pas. Quand on parle de liberté, d'égalité et de fraternité, idéaux de la république laïque, on reste dans « des valeurs défendues par la religion chrétienne » (187).

S. D. : « Chez les plus jeunes, on observe d'un côté, une hausse de la sécularisation et de l'individualisme, de l'autre, le retour à certaines formes de croyances et de réussite parallèles. Ce déclin des institutions religieuses et l'essor de ces formes de spiritualités nouvelles composent le substrat de l'ère postchrétienne. »

A. Comte-Sponville produit un « plaidoyer pour une mentalité spirituelle liée au nouvel humanisme et dégagée de la religion » (188). La laïcité de l'État n'a rien d'incompatible avec « la spiritualité personnelle de chaque individu ».

Mircea Eliade a reconnu la « **survivance du sacré** », malgré sa « déstabilisation », « quand notre civilisation a fait de l'anthropocentrisme le plus aliéné des humanismes » (190). Pour lui, « le sacré ne se révèle que dans son opposition au profane » (191). Il appelle « l'acte de la manifestation du sacré la *hiérophanie*, qu'il définit par la manifestation terrestre d'une autre réalité » (192). Du reste, « la conviction religieuse ne serait pas l'unique chemin que l'on puisse emprunter » (193).

Avec « **la mort du mythe**... les mythologies se retrouvent déguisées dans d'autres activités de l'homme : spiritualités New Age, superstition, ésotérisme mais aussi technologie, investissement ma ssif du corps, etc. » (195).

S. D. Francis Fukuyama* (1992 ; 1952-, philosophe, économiste et politiste nord-américain) a utilisé l'expression de « fin de l'histoire ».

EJ : C'est du reste de cette manière que Kojève interprétait jadis la conclusion de la *Phénoménologie de l'esprit* de Hegel.

Eduardo Colombo* (1997 ; 1929-, psychanalyste franco-argentin) considère que l'homme a à « accepter la tâche inconfortable de maintenir l'esprit critique sur les valeurs mêmes » dont il est le créateur (196).

« À un ordre symbolique a bel et bien succédé un ordre narcissique... L'histoire humaine n'a jamais été aussi personnalisée, hyperindividualisée, épanouie dans un anonymat abyssal, comme l'avait suggéré Lyotard avec les microrécits » (197).

Cet état de choses : **l'installation d'un (dés)ordre présymbolique, va de pair avec la régression vers une logique binaire, et même simplement associative, en relation avec l'effacement du paradigme dialectique associé au fonctionnement normal de la pensée naturelle – tel que démontré par la psychologie développementale européenne** (Freud, Wallon, Piaget).

« Nous disposons toujours de cette boussole intérieure, mais plus du pôle susceptible de l'orienter » (198).

M.-F. C. souligne à nouveau que « le choc des civilisations se manifeste dans les propos respectifs des deux locuteurs » du livre.

S. D. : « Pour Marx, « la religion n'est que le soleil illusoire qui gravite autour de l'homme tant que l'homme ne gravite pas autour de lui-même ». » Propos flamboyant dont on regrette qu'il ne puisse servir d'oriflamme de ralliement à toute la jeune génération, plutôt que de se laisser dominer par « ce vide intérieur, l'hédonisme antalgique, la carence du langage et de la pensée dans un présent dénué de substance » (199).

Pour Nietzsche, « derrière les faux prétextes des philosophes, les valeurs morales du bien et du mal, se terre « la volonté de puissance » [défense contre une dépression profonde ?] et l'essentiel du monde sensible, le corps » (200).

« En l'absence de référent symbolique, c'est bien vers le corps que se tourne prioritairement l'homme contemporain...

Nietzsche a supputé que la volonté du vrai qui se trouve dans la science représente le dernier rempart de l'esprit religieux » (201).

Selon Éric Sadin* (2013 ; (1967-) écrivain et philosophe fr.), la technologie offre bien une nouvelle mythologie « érigée sur une forme de religiosité d'un âge nouveau », [avec] « la science comme religion, l'espérance technologique comme la foi inconditionnelle en sa révélation. »

Heidegger (1954) a fait du nihilisme la dernière étape d'un oubli originaire de l'être (202).

EJ : la question étant de savoir dans quelle mesure sa propre démarche n'est pas concernée par un tel nihilisme, d'abord inspiré par Nietzsche.

« Dieu est mort… Qui croire ? Où aller ? s'interrogeait Nietzsche. Ce sont ces questions qui motivent le rapport au sacré de l'individu hypermoderne…

Reste que la tentation du nihilisme est toujours plus forte pour les jeunes générations nées dans un vide insensé… Le lien entre **nihilisme et narcissisme** » apparaît de façon toujours plus évidente » (203).

« Le corps, la religion, la science, la consommation, tous les domaines, y compris celui de l'inconscient, peuvent être investis [chacun] selon son goût » (203).

L'**omnipuissance technologique** est le thème du chapitre suivant (4) (207).

M.-F. C. pose que, « comme toute science, la psychanalyse doit aussi admettre ses frontières… [Freud allant] jusqu'à dire : « La psychanalyse, science des processus inconscients, peut rarement à elle seule résoudre un problème, mais elle semble appelée à fournir des contributions importantes aux domaines les plus variés des sciences » (209).

Il est rare que soit admis aujourd'hui que la psychanalyse est une science, a fortiori offre les racines de l'ensemble encyclopédique des savoirs, étant envisagé que les racines ne sont qu'une partie de l'arbre des savoirs. C'est ce que Freud semble avoir toujours présupposé, sans il est vrai le dire nettement, sauf à proposer tout de même l'image d'un pont (*Brücke*) entre sciences de la nature et sciences de l'homme.

S. D. : « La psychologie clinique est un humanisme… [Cependant que] l'individu se retrouve coupé, éloigné des produits d'une science qui devait pourtant lui permettre de se réaliser en tant que sujet, certes en phase avec son environnement, mais d'abord avec lui-même » (210).

M.-F. C. dit ressentir « profondément le clivage entre, d'une part, les découvertes scientifiques qui vont changer durablement notre existence quotidienne… et, d'autre part, l'absence de consensus sur l'éthique, la morale personnelle et collective… La psychanalyse est un métier d'écoute et de parole, qui restera indispensable pour contrebalancer la course technologique irréfrénée. »

S. D. : « Le monde aujourd'hui est numérique [Le rêve de Galilée et de Descartes…]… Cela signifie d'abord que **l'implication technologique devient une condition irréfutable de la science**, plus encore, un état naturel des choses. Le champ d'application et d'expérimentation scientifique se décline dans chaque domaine de la vie, du médical, du loisir », selon une « perpétuelle interconnexion » (211).

On peut qualifier de prothétique « cette relation de dépendance que nous entretenons aujourd'hui avec la science et ses produits ». Cependant, il importerait de « maintenir au moins théoriquement la césure entre la science en tant que moteur de produits technologiques et la science visant la recherche, la connaissance pour la connaissance, une production cette fois-ci de Savoir. » Mais « est-il encore possible, dans la société de l'hyperconsommation, de considérer la science pour la science ?… Le Savoir juste pour le Savoir intéresse-t-il encore qui que ce soit ? »

M.-F. C. : « Il faut inventer une *cyberdémocratie* pour accompagner la révolution numérique… Il faut s'inspirer de *NetGen* (Génération Internet) qui pratique le *flow* mais l'aider à dépasser l'ère de l'immédiateté [Le flow [étant] un état mental atteint par une personne lorsqu'elle est complètement immergée dans ce qu'elle fait] » (212).

S. D. : L'enseignement devrait porter « sur la méthodologie de la recherche et de la réflexion »

EJ : **Ce qui est plus facile à dire qu'à faire**. J'ai vu jadis à René-Descartes des enseignements orientés sur la méthodologie, et qui étaient d'une sottise profonde, sous la houlette de collègues tels que Paul Fraisse, Maurice Reuchlin, Georges Noizet, Jean-Claude Spérandio.

Selon J. Kristeva (2001), « la curiosité psychique s'éteint dans la société dominée par la technique et le spectacle », se produit un « affaiblissement de la pulsion épistémophilique, appelée aussi *pulsion d'investigation* » (213).

S. D. : « Les produits d'un savoir extraordinaire nous éloignent de ce savoir… La curiosité scientifique correspond aujourd'hui au risque de raviver la douleur du vide » (214).

« Le savoir est bien là, à portée de main, mais réifié [Michel Faucheux, 2010 ; 1957-, essayiste fr. ; Françoise Hatchuel, 2002 ; 1966-, ens. sc. de l'éduc. fr.]… La dynamique profondément transgressive de la démarche scientifique du chercheur échappe profondément à l'homme hypermoderne » (215).

Pour J.-M. Blanquer (2014 ; 1964-, admin. enseign.), « la révolution digitale est la quatrième blessure narcissique de notre histoire », après

Copernic, Darwin et Freud. « L'homme devient le neurone d'un cerveau géant à l'échelle de la planète » (216).

M.-F. C. : Autour des années 1950 : la brosse à dents souple, la baignoire équipée de douche, la montre-bracelet, le réfrigérateur, la machine à laver, le lave-vaisselle.

Essor de la voiture individuelle, le premier avion de ligne (1952), machines à poinçonner, GPS.

Avancées remarquables de la médecine avec les nouvelles techniques d'investigation (bilans sanguins, radiologie, rayons X, scanner, IRM, etc.) et le perfectionnement des méthodes curatives (vaccins, antibiotiques diversifiés, chimiothérapies, [neuroleptiques], médicaments diversifiés, étude du génome, internationalisation de la recherche (217).

Transistor individuel en 1960 [son rôle auprès du contingent pendant la Guerre d'Algérie], chaînes numérisées écoutables dans le monde entier en 2000, CD.

Télévision en France en 1967, téléphone portable dès 1990, ordinateur personnel en 1976 (218).

S. D. : on regarde les films et on écoute la musique en streaming, tout se fait en ligne (219). Plus d'objets !... « un présent permanent où tout ne se vit qu'une seule fois, dans lequel on ne *détient* plus rien. »

EJ : **Désuétude de l'histoire dans le contexte d'une philosophie de poche sous-tendue d'antidialectique.** Heidegger décrit la temporalité comme un mode d'identification fondamentale du Dasein, qu'il qualifie comme un existential. **C'est la subjectivité même qui est anéantie par ce rabattement sur le présent.**

On ne revient jamais sur les photos. C'est l'hyperindividualisme contemporain et son nécessaire « présentisme » qui ont engendré ces techniques, et non l'inverse. On emmène son smartphone avec son chargeur, une demeure de poche qui représente et délimite la « bulle personnelle ».

M.-F. C. : Le droit de vote des femmes n'est intervenu qu'en avril 1945, grâce au général de Gaulle (220).

« La surconsommation nous confronte à des excès nuisibles et dangereux. »

En fait, « les progrès scientifiques de naguère advenaient beaucoup plus lentement qu'aujourd'hui... Tous les progrès scientifiques ont été décuplés par l'ère du numérique... Dans l'omniprésence technologique pour berceau [s'offrent] tablettes tactiles, téléphones ultrasophistiqués, appartements domotiques, cinéma en 3 D à domicile, nanochirurgie, omniprésence du virtuel, révolutions cybernétiques », car « la technologie s'est imposée partout, ou plutôt sur tout... Il n'a jamais été aussi simple de se servir d'objets complexes dont nous ne concevons même pas le fonctionnement » (222).

S. D. : Le fétichisme met en jeu « le camouflage du véritable objet du désir par un autre, qui n'en est que l'ersatz mais prétend tout de même y suppléer. » Sont ainsi camouflés la valeur d'usage pour Marx, le sexe de la femme pour Freud, même Dieu pour Charles de Brosses [*Du culte des dieux fétiches*] (223). La nature est remplacée par l'environnement. Dans l'exotisme cyberpunk, un genre de science-fiction, « l'admirable et le dérisoire se croisent en une fantasmagorie sauvage ».

Et « le corps lui-même s'éprend de cette technologie, qui se veut intuitive. »

Les enfants maîtrisent parfois mieux les nouveaux objets que leurs parents : se crée « à travers cette connectivité quasi-symbiotique un langage gestuel singulier. » Selon Éric Sadin, « le smartphone représente le comble du fétichisme contemporain », dans « **l'empire du tout-écran » [Une forme moderne de caverne platonicienne**] (224).

« Le réseau phagocyte la vie quotidienne... L'être humain hypermoderne n'est plus seulement désubstantialisé » par manque d'étayage symbolique, mais aussi « parce qu'il se dématérialise » (225). L'homme stochastique développe une personnalité virtuelle dans l'univers digital. Le sujet, le moi virtuel en viennent à s'évanouir au contact de ce « double virtuel ».

[Lacan aussi a décrit ce *fading* du sujet. Même il envisage le sujet ordinaire comme un trou. Mais c'était déjà le cas de Sartre. Mais alors quel est le rapport avec cette borderlinisation comme pathologie de la civilisation ?]

Friabilité de la psyché narcissique, vulnérabilité de l'individu : « les événements et les êtres se perdent et se succèdent mais sans que rien ne se crée, sans que rien ne se lie à rien » **[Bion décrivant de son côté l'attaque contre les liens**] (226).

M.-F. C. : Guy Debord (1967) décrit ainsi l'individu devant les images : « Plus il contemple, moins il vit. »

S. D. : « L'homme est devenu, pour ainsi dire, une sorte de dieu-prothèse... L'homme d'aujourd'hui ne se sent pas heureux... Le corps est comme un espace hors langage dans lequel n'intervient aucun tiers symbolique... Nous sommes habitués à cet état, à cette transaction entre l'esprit et **l'écran [Encore une fois la caverne**], les yeux mi-clos, le corps ailleurs » (227).

Ce n'est qu'à la fin des années 70 que le téléphone portable, inventé en 1973, a été automatisé, [donc dans le deuxième tournant, 1980, de l'après-guerre, celui des années Mitterrand-Reagan-Thatcher].

Avec ce qui s'appelle « le *style télégraphique*… la vie psychologique, avec ses méandres et ses atermoiements, en un mot sa complexité, n'irrigue plus la communication avec autrui. » En même temps se produit une surenchère perpétuelle de l'information », dans « l'insolence… l'ignorance… l'incompétence. » On dira de tel philosophe illustre que « c'est un con » (229).

« L'ubiquité de l'information atteint aujourd'hui des proportions démentielles… un flux en perpétuel renouvellement… L'information, tout le temps, tout de suite… mais comment, et pourquoi ? **Cet autoengendrement, comme dans une machine autonome**, génère « un effondrement de l'information sur elle-même, [par] une implosion du sens, sous la profusion des signaux » (230).

M.-F. C. : On vit « dans un monde où le leadership n'existe plus : la figure patriarcale démodée [**Lacan, 1938**] n'a pas été remplacée. »

S. D. : « Qu'importe la raison, pourvu que nous ayons l'interaction [**Positivisme scientiste nord-américain**]… Dans le tumulte grandissant de prouesses cybernétiques, de virtuosités électroniques, comment remarquer encore la frontière entre l'artificiel et la naturel ? » Ainsi, « quelque chose nous échappe irréductiblement. Ce pandémonium spectaculaire, toutefois totalement banal aujourd'hui, ressort de l'auto-engendrement », tel que décrit par Racamier (1989).

La **gorgone de la technologie** prend un essor formidable « dans cet environnement apocryphe, totalement familier, pas intégré, mais plutôt absorbé par notre existence… plus opaque que jamais. » Notre impuissance face à cette omnipuissance nous confronte à « un innommable » (231).

M.-F. C. dit songer à « un processus de **désobjectalisation** à l'égard des personnes… Même dans la rue, je ne me sens pas tranquille, car personne ne regarde où il va… chacun accaparé par l'écouteur branché dans ses oreilles. » On ressent « l'impression d'une « foule solitaire » » (David Riesman, 1950), cependant aussi que « l'individu extrodéterminé cherche la norme de son comportement dans le regard et les réactions des autres et des médias » (232).

S. D. : « Les yeux rivés sur leurs portables, *zombifiés*… nous recevons en consultation des cyberdépendants, qui ne pensent qu'à jouer et à surfer encore » (233).

« L'artificialisation du post-industrialisme… engage la réalité dans un processus de dé-symbolisation, d'une inquiétante étrangeté » (M. Faucheux, *La tentation de Faust*, 2008). « À cet instant où l'humanité a les yeux rivés à la lumière d'un écran… reste l'objet. Il ne subsiste plus de distance, même plus d'instruments à manipuler car nous nous confondons avec eux, certainement plus de rêve. »

« L'humain faisait la science. De la science maintenant dépend l'humain [*Metropolis* de Fritz Lang, Aldous Huxley.]… Les dévoiements contemporains de la science nous racontent l'élimination de l'homme » (234).

M.-F. C. : « Jacques Testard* donnait naissance en 1982 au premier bébé-éprouvette… C'est du clonage social. »

S. D. : « La perte de notre humanité au bénéfice d'une science fétichisée et autonome, hors de contrôle. La perte des limites fondatrices entre les espèces, entre l'objet et le sujet, entre le vivant et le mort, entre les temporalités. » Comme « la perte du contact avec la réalité… de la filiation de notre vie intérieure avec le monde extérieur… du naturel au profit de l'artificiel, **[la perte de toutes les différences], la perte de notre histoire**… La technoscience… est source de rupture anthropologique » (235).

M.-F. C. : Pour la génération adulte en 1960, la mondialisation n'existait pas, on vivait dans la tradition des parents. « La révolte contre le père » (G. Mendel*, 1968) fut jugée comme l'explication la plus profonde des événements de 1968. Aujourd'hui les MOOC (Massive Open Online Course), formations ouvertes à tous et dispensées en ligne changent radicalement les enseignements.

S. D. : dès à présent, « l'humain après l'humain », le posthumain, la néohumanité. À quoi ressemblera l'être humain 2.0 (Raymond C. Kurzweil*, 2007 ; 1948-, futurologue nord-américain) ? À l'aube d'un « transhumanisme », envisagé comme permis par la fusion de l'intelligence humaine et de la technologie… [On éprouve] un état de **confusion entre la science et la technique**, l'importance de l'habitus technologique, l'intrication symbiotique à l'objet, la sidération corporelle » (237).

André Choulika* (1965-, cherch sc bio fr.) a inventé une méthode pour reprogrammer le génome, annonce la création d'une banque de cellules-médicaments. En 2006, le biologiste japonais Shinya Yamanaka* (1962-) explique la fabrication de cellules pluripotentielles induites ou IPS.

On s'achemine vers la *biomédecine*. Un bébé né cette année a une espérance de vie de 140 ans. Selon Douglas Merton* (biologiste nord-américain), le vieillissement n'est pas inévitable, bien que pour le moment inéluctable (239).

Aucun spécialiste ne nie le potentiel et les enjeux fantastiques de l'ingénierie génomique et de la biologie synthétique (Laurent Alexandre,

2011 ; 1960-, chirurgien fr). Pour certains savants, il s'agit d'atteindre la *machine pensante* [Pour cela] le corps serait prolongé, restructuré, investi de milliers d'ordinateurs microscopiques (2012 ; Monique Atlan*, 1965-, journ fr ; R.-P. Droit) (240).

« L'humanité augmentée représente le paroxysme d'une humanité fusionnée avec son objet. Elle ne va plus sans son fétiche car elle devient… comme lui contrôlable, interchangeable, inhumaine. »

M.-F. C. : David Chalmers* (1966-, philosophe de l'esprit australien) réfléchit sur la conscience et la question de l'intelligence artificielle inamicale.

Jean-Claude Heudin* (1957-, chercheur en intelligence artificielle à Léonard-de-Vinci Paris) ne pense pas possible de reproduire sur un ordinateur l'équivalent de l'intelligence humaine… [Mais] une intelligence artificielle sera meilleure en logique et rationalité que nous… Le robot humanoïde est un fantasme. » Quitte à éviter de se projeter dans les *paradis artificiels* de l'avenir (241). M.-F. C. a un ami qui tond sa pelouse dans la campagne normande avec un robot, et qui peut même le faire de Paris.

Selon « l'homme neuronal » de Changeux (1983), « l'épigenèse englobe tous les mécanismes qui se superposent à l'action des gènes et régulent leur expression. »

Pour Jean-Didier Vincent*, « le cerveau, c'est le cri de la chair ». Et « il insiste, dans la construction de notre cerveau-corps et de notre affectivité, sur le rôle essentiel de la relation aux autres… « Le sujet est un reflet de l'autre ». »

Pour António Damásio* (1944-, neuroscientifique nord-américain), l'émotion est absolument essentielle (242).

La *position moniste* estime que le cerveau peut [re]produire la conscience, alors que la *position dualiste*, soutenue par David Chalmers, maintient que la conscience humaine reste une singularité irréductible à cause de sa *complexité.*

Selon André Green, « l'inconscient des cognitivistes n'est pas le même que l'inconscient freudien » (243).

Pour J. Kristeva, « l'homme moderne est un narcissique, peut-être douloureux mais sans remords. »

La fin de la nature humaine est proclamée par **Dominique Lecourt, exemple typique de l'insigne médiocrité de la philosophie de poche contemporaine en France**. Selon lui, « la « nature humaine » n'est qu'une imposture conceptuelle. [Du fait d']une inversion du rapport de force entre la technique et la vie, la première semble aujourd'hui capable de produire la seconde… Issue de la vie, [la technique] y trouve sa place » (245).

Mais « s'il n'existe plus de nature humaine, il n'existe plus de possibilité de la nier ou de l'entraver. Tout est possible. L'individu *posthumain* s'envisage comme un être de jouissance, n'ayant plus pour seule limite que celle de la technique. »

Il s'agit d'une perversification du discours philosophique, basée sur la dénégation de la castration. « D. Lecourt annihile une entité surmoïque venant nous structurer… La science et la technique ne font plus qu'un, le sujet s'y confond dans une jouissance orgastique » (247).

M.-F. C. : Francis Fukuyama exprime « sa défiance… les technologies les plus puissantes du XXe siècle – la robotique, le génie génétique et les nanotechnologies – menacent de faire de l'humanité une espèce en voie de disparition. »

S. D. : « L'être humain va franchir les limites de ce qui constituait l'essentiel de sa finitude… **tuer la mort, combler la béance**… Le double permettrait, pour Freud, de garantir fantasmatiquement l'immortalité du moi… (Otto Rank) » (248).

« L'Autre technologique intervient comme ce *doppelgänger*, ce double narcissique… renoncer à l'engluement technologique n'est plus possible car qui saurait abandonner cet « énergique démenti à la puissance de la mort » ? » (249).

Selon Jean-François Chiantaretto* (1998 ; 1954-, psychologue et psychanalyste fr), « ce dédoublement permet de se passer de la mère tout en maintenant la complétude narcissique. » Ainsi est préservée « l'image d'une mère omnipotente et totalement bienveillante » (250).

« La projection perpétuelle vers l'avenir, à travers la fiction du post humain, suggère que c'est à l'origine que quelque chose faisait défaut », y compris « le processus de régression jusqu'à l'état inorganique qui précède la naissance.

La dépendance technologique et la sacralisation de la science témoignent donc d'un double deuil impossible : celui d'un corps immortel… celui de l'objet, qui comble l'absence laissée par la séparation avec la mère, et qui divertit [**Pascal**], agite le vide. »

Ainsi, « nous prions [la science] de nous offrir des prodiges qui remplaceront ce qui faisait défaut dès le commencement… La fuite vers la science crée une relation addictive aux produits technologiques, ceux-là ne pouvant jamais combler le manque-à-être originel » (251).

De la sorte, « le deuil impossible de la mère et la recherche de son substitut, la difficulté à reconnaître et à accepter notre mortalité, l'aura d'inquiétante étrangeté qui entoure aujourd'hui la science et l'omnipuissance technologique, tout ceci témoigne de notre méconnaissance de nous-mêmes…

C'est à une crise du sens que nous confrontent les technologies contemporaines » (Ellul, 1973), à « la destruction progressive du lien social. » Et « il est fondamental que psychologues, psychiatres et psychanalystes participent aux grands débats éthiques de notre temps » (252).

M.-F. C. : « Le portable sert en principe à communiquer avec l'autre, mais s'agit-il d'une vraie rencontre ?... Qui dit manque de structure langagière, dit manque de pensée fine et élaborée. »

S. D. ; « La croyance *religieuse* en la science aménage quelque temps l'angoisse mais ne permet pas une véritable élaboration psychique » (253).

« Narcisse ne veut pas mourir. Il ne *veut surtout pas en parler* » (254).

Il faut préserver la **nécessité éthique de la psychanalyse**, compte tenu de « l'éviction symbolique dont souffre la science aujourd'hui » (255).

« La négation de la *castration* et l'éviction de la Loi engendrent une perversification de la recherche qui brise le tabou fondateur de l'interdit de l'inceste…

Le savoir n'est plus questionné et ne fait plus l'objet d'une réflexion véritablement psychologique et structurale mais uniquement technique. »

S'agissant de « délivrer le patient de son aliénation… ce qui est pensé et parlé n'est pas projeté ou agi » (257).

La psychiatrie biologique est un risque pour l'avenir

« La tiercéité, le symbolique, pour reprendre des termes psychanalytiques, devant faire partie de nos programmes de vie » (257).

« Tous les spécialistes s'accordent sur le constat actuel : la biologie a peu apporté à la pratique clinique. » On ne dispose « toujours pas, à proprement parler, de tests biologiques des troubles mentaux, et les médicaments psychotropes sont issus des découvertes cliniques des années 50 et 60 » (258).

De fait, « depuis ces découvertes majeures, les médicaments psychotropes n'ont pas permis de progrès spectaculaires dans le soin des troubles psychiatriques. La psychiatrie biologique serait-elle une bulle spéculative, comme l'explique François Gonon (2011), un neurobiologiste ? »

En particulier, « il n'est pas du tout avéré que les troubles mentaux peuvent et doivent être compris comme des maladies du cerveau. Rien n'est moins sûr ! »

Ainsi par exemple, « le syndrome TDAH, considéré comme le trouble mental le plus fréquent chez les enfants de 4 à 17 ans. Aux USA, un enfant sur dix serait concerné. De nombreux parents consultent pour des difficultés scolaires et de comportements de leurs enfants. Beaucoup de prescriptions se font » en termes de Ritaline (259).

Selon Gonon, « dire que ces troubles sont une maladie du cerveau, c'est faux. Dire que la société les fabrique, c'est vrai. »

M.-F. C. : « C'est un comportement dramatique mais fréquent. » Selon Serge Lebovici, « ces prescriptions feraient plus tard le lit de diverses addictions…

Or, une nouvelle discipline, l'*épigénétique*, vient tout bouleverser…

Aujourd'hui, l'épigenèse est revendiquée comme explicative des troubles mentaux… Jean-Claude Ameisen a dialogué à plusieurs reprises avec André Green sur ces questions. Il a montré l'importance des relations entre le corps et le cerveau. »

Touchant « la genèse des troubles mentaux, il ne faut pas oublier non plus le lien observé, dans un tout autre domaine, entre pauvreté et santé mentale. »

S. D. : « Les thérapies cognitivo-comportementales offrent néanmoins de bons résultats sur un grand nombre de pathologies psychiques (principalement les phobies, les névroses obsessionnelles, certains troubles du comportement alimentaire, etc.) et ne doivent en aucun cas être négligées » (261).

« Chaque approche psychothérapique sérieuse a ses avantages et ses inconvénients, ses règles et ses méthodes, son champ d'application et sa légitimité » (262).

« Il ne faut pas être trop vindicatif non plus à l'égard des traitements médicamenteux » (William Styron, 1990).

M.-F. C. : « Certes ! Mais le discours erroné de la psychiatrie biologique et ses perspectives thérapeutiques abusives nourrissent des espoirs illusoires dans le grand public. Ceci est particulièrement vrai aux USA où les troubles psychiatriques sévères sont répertoriés plus fréquents que dans les pays européens. »

De ce point de vue aussi, « on pense au taux de naissance d'enfants prématurés plus élevés, aux enfants nés de mères adolescentes plus nombreux, aux inégalités sociales plus flagrantes aux États-Unis qu'en Europe. »

On doit « lutter pour une *démédicalisation de la souffrance psychique*.

En définitive, la neurobiologie récente démontre une plasticité du réseau neuronal rendant déterminants l'expérience et l'environnement.

Cette *neuroplasticité* constitue la pierre angulaire du rapport de la psychanalyse avec les neurosciences. »

Ainsi donc, « les causes des troubles mentaux peuvent-elles être appréhendées de plusieurs points de vue qui sont complémentaires : neurobiologique, psychologique et sociologique. » Ce « point de vue sociologique enrichit notre vision politique et spirituelle de la science. »

La « nouvelle révision du DSM fait l'objet de nombreuses critiques selon lesquelles il présente des classifications arbitraires et sans fondement scientifique, servant les intérêts des laboratoires pharmaceutiques » (265).

« Le DSM, autrefois utilisé pour faciliter les communications entre les psychiatres et les psychologues à l'international, est devenu, dans sa cinquième version [DSM 5], ose-t-on dire, un traité de mise à mort de la singularité psychique… Nous sommes tous un peu névrosés, psychotiques, borderline, pervers. » Et « c'est au moins en partie pour cela qu'un grand nombre de défenseurs des DSM antérieurs craignent aujourd'hui les dérives de la dernière version. »

Les transmutations de l'art offrent le thème du chapitre suivant (5) (267).

S. D. : Freud considérait que l'existence cause à l'être humain de nombreuses souffrances qu'il ne saurait supporter « sans l'aide de divertissements et de « satisfactions de remplacement ». »

On peut évoquer « l'exorcisme affectif, la catharsis, l'apaisement ou la stimulation intellectuelle, la transcendance, ou la résilience que permettent certaines œuvres » (268).

M.-F. C. : Selon Winnicott (1971), « la créativité est quelque chose d'universel. Elle est inhérente au fait de vivre. » Proust (1927) dit que « la vérité suprême de la vie est dans l'art. »

S. D. : La nouvelle génération se compose principalement d'artistes en tous genres, d'**artistes made in facebook** (268). Les réseaux sociaux exhibent « créations prometteuses ou fantaisies absconses » (269).

« Plus capables d'être sans paraître. Des artistes par défaut » (270).

« Communiquer, sans s'arrêter, parce que nous en avons le droit », dans « l'exercice d'un pouvoir aliénant…

Le fantasme du *tous-artistes* s'entremêle aux arches du monde extérieur et social de l'hypermodernité » (271).

« La téléréalité… réduit l'individu à un produit, parmi tant d'autres, parfaitement calibré… Le désir d'exhaustion narcissique n'accorde à l'art véritable qu'un espace insignifiant » (Walter Benjamin, 1936).

L'**expression-réflexe** joue dans « le nombre des *likes* et des partages… L'objectif irréductible est de transformer le talent en argent » (273).

« « J'adore »… L'expression de l'assentiment doit rester rudimentaire… Après tout Narcisse ne supporte que son reflet, même s'il finit par s'y abîmer » (274).

Certes, « il y a une forme de beauté dans ce partage d'images… la beauté de l'égalité… Il n'est même plus nécessaire de courir après les musées quand Facebook propose un espace d'exposition infini… l'individualisme postmoderne a fait de la « culture » et du dévoilement de l'émotion personnelle des piliers de l'hédonisme contemporain » (275). On est dans la dimension de l'auto-érotisme (Daniel Sibony*, 1987 ; 1942-, philosophe et psychanalyste fr).

« Être un artiste au quotidien, dans le métro, dans l'ascenseur, au bureau… Il est [devenu] nettement plus aisé au *self-made-artist* de se réclamer photographe » (276). Alors que Gide disait : « Faire œuvre durable, c'est là mon ambition » (277).

S. D. « **L'art de Narcisse** n'incite personne à penser (279).

Guy Ribes, célèbre faussaire français était capable de réaliser un Chagall en trente minutes, vendu alors 20 000 Francs. Il serait l'auteur de 40% du catalogue raisonné de Dufy.

Proust disait qu' « un artiste qui renonce à une heure de travail pour une heure de causerie avec un ami sait qu'il sacrifie une réalité pour quelque chose qui n'existe pas » (280).

M.-F. C. : C'est le psychanalyste Didier Anzieu qui a le mieux étudié le processus créateur. Il y voit : 1. Le saisissement créateur ; 2. La prise de conscience de représentants psychiques inconscients ; 3. L'institution d'un code auquel il faut faire prendre corps. Le Moi du créateur doit alors satisfaire deux maîtres : le Moi Idéal et le Surmoi ; 4. La composition proprement dite de l'œuvre ; 5. Produire l'œuvre au dehors.

Selon Catherine Grenier* (2008 ; 1960-, historienne de l'art fr), l'art aujourd'hui doit tout d'abord « toucher » le spectateur. [**Mais Molière et Racine disaient également la même chose**…]. Le XXIe siècle est né sous l'empire de l'émotion… Les mentalités sont désormais marquées par une affectivité démultipliée et une emprise nouvelle du sensible sur la raison » (283).

S. D. se dit proche de la mentalité de Kant (1790) (284).

« Le mépris pour le regard de l'autre, ou plutôt le désintérêt, révèle l'emprise narcissique de notre ère… l'indifférence postmoderne, indifférence par excès, non par défaut, par hypersollicitation, non par privation » (286).

EJ : **Or justement, le narcissisme postmoderne ne comporte pas que ce versant excité, labile, hypomaniaque, mais un autre versant ralenti, adhésif, dépressif. Ce que d'aucuns ont appelé la dépression blanche (A. Green) – ni névrotique ni mélancolique-psychotique, mais la dépression devant l'angoisse de perte de l'objet maternel.** Voir Bergeret 1974, 1982.

« Saturation, information et isolation » (Lipovetsky 1983) (287).

Narcisse reproduit ce qu'il voit.

M.-F. C. : Selon Michela Marzano*, « la jouissance perpétuelle finit par épuiser le désir » (288).

S. D. : D'après Àgnes Heller* (1929-, philosophe hongroise marxiste) et Ferenc Fehér* (1933-1999, disciple hongrois de Lukács, École de Budapest), le postmodernisme (1988) désacralise l'art en le diffusant massivement. Selon Catherine Grenier, « les artistes contemporains ne répondent pas tant au chaos du monde plutôt qu'ils ne reproduisent... le morcellement culturel et identitaire, la domination technologique et le règne du virtuel. »

Un *tout-dire*, un *tout-jouir* (289).

EJ : **Le passé de la culture occidentale n'est pas sans comporter des registres comparables de l'expérience du vide : la nausée de Sartre, l'absurde de Camus, l'angoisse du Dasein heideggérien dans le monde de l'(o)utilité technique, le spleen de Baudelaire, la mal du siècle de Musset, l'amour-propre de La Rochefoucauld, le divertissement pascalien, la nuit mystique de Jean de la Croix et Thérèse d'Avila, l'acédie des anachorètes, le vide bouddhiste, l'(auto)érotisme venu de manque (Pénia) et d'expédient (Poros) chez Platon (plus l'histoire de l'anneau de Gygès, etc.). La question étant de savoir ce qui est vraiment nouveau et spécifique dans le symptôme français du XXe siècle.**

M.-F. C. : La sublimation est un mécanisme névrotique et normal.

Bien utilisé, « le destin ne peut plus grand-chose contre nous » (Référence stoïcienne de Freud) (290).

S. D. : « On peut sublimer aussi bien l'angoisse, la détresse, la haine, la peur et d'autres affects plus archaïques que la pulsion sexuelle. »

M.-F. C. : « Quelque chose nous survit si nous avons attaché notre nom à une réalisation vraiment personnelle » [! ?]. Puis elle cite à bon droit Kant, Hegel. Selon Winnicott, « la vie vaut vraiment la peine d'être vécue » (291).

D'après celui-ci, l'*illusion artistique* (Castarède, 2012) occupe notre *aire d'expérience culturelle*, l'œuvre d'art est un *objet transitionnel transnarcissique* (A. Green, 1992).

Malaise dans l'art contemporain

S. D. : Daumier s'est fait censurer 400 images pour sa dernière rétrospective au Petit Palais. Ce qui vaut, c'est le fade ; le bienséant, le politiquement correct, le passe-partout made in France (295).

L'artiste britannique Anish Kapoor (1954-) a acquis l'exclusivité du Vantablack, un certain « noir ».

Telle photo de Peter Lik (1959-, Australie) s'est vendue 6,5 millions d'euros en 2014 (296).

Bien souvent, la création à l'exécution la moins dispendieuse, la production la moins sophistiquée coûtent le plus cher.

Au nom de l'art, l'artiste visuelle Morgane Tschiember (1976-) fait écouter de la musique à des plantes vertes.

Nathalie Heinich, sociologue de l'art (1955-) décrit l'apparition d'une bulle artistico-financière depuis une quinzaine d'années. Il existe un facteur « ostentatoire » et des rivalités de collectionneurs qui favorisent la surenchère (297).

Les pouvoirs publics jouent un rôle déterminant dans la promotion des artistes (298).

Jean Baudrillard : « La majeure partie de l'art contemporain s'emploie à s'approprier la banalité, le déchet, la médiocrité comme valeur et comme idéologie… **Viser la nullité alors qu'on est déjà nul** » (300).

Selon Catherine Grenier, on recherche, plutôt que l'illusion, « la désillusion… dans une entreprise de perversion des valeurs. »

S. D. : Lipovetsky décrit (2013) le capitalisme, la société capitaliste libérale, comme « un système d'essence transesthétique », l'art s'y présentant « toujours associé et mélangé avec les logiques du commercial » (301).

Une telle société est le cadre de « **la décadence des intellectuels. Des législateurs aux interprètes » (Zigmunt Bauman**, 2007). C'est **l'empire *mainstream*** où toujours « l'œuvre est un produit » (302).

« Quand Jan Fabre (1958-, dessinateur belge) lance des chatons dans l'escalier d'un hôtel, qu'est-ce qui le sépare d'une lady Gaga (1986-, auteure-compositrice-interprète et actrice nord-américaine) qui porte une robe en viande ? »

« Dilution », selon Jean Baudrillard (1995).

« Pourquoi l'art ne pourrait-il pas se dissoudre dans le transesthétisme capitaliste ? » (303).

Selon Lacan (1988), « la jouissance, au sens où le corps s'éprouve, est toujours de l'ordre de la tension, du forçage, de la dépense, voire de l'exploit. »

Il y a un lien entre le rejet de l'art figuratif en peinture (Picasso) et celui de la tonalité en musique (Schönberg) (304).

« Rien ne reste ; tout se confond dans l'immédiateté. »

C'est exactement le début de la *Phénoménologie de l'esprit* de Hegel, le niveau le plus bas de la certitude sensible, le ceci [dans le maintenant-ici] et le préjuger[21].

Des armées de Levy (1961-, Marc) et de Gavalda (1970-, Anna), de Teulé (1953-, Jean) et de Pancol (1964-, Katherine), livres bariolés aux titres faciles (305).

Howard Phillips Lovecraft (1935 ; 1890-1937, écrivain nord-américain) a prophétisé cette période de la « camelote » laissant parfois place à du « brillant » (306).

M.-F. C. dit s'être formée autrefois à la lecture des Brontë et de Dickens.

S. D. : D. Sibony : « un enfant lit s'il se lie avec quelqu'un qui aime lire » (307).

M.-F. C. dit se sentir avec S. D. dans une « conversation profonde » malgré une « différence intergénérationnelle majeure ».

S D. : On relit peu les livres que l'on a aimés. « Une course vers la nouveauté… témoigne de l'angoisse de mort contemporaine. Le ralentissement se vit comme une pétrification morbide. »

EJ : **La composante antagoniste de dépression liée à la fébrilité hâtive du narcissisme postmoderne est ici clairement pointée.**

S. D. : Selon Baudrillard, **la pensée critique, dialectique, à l'affût de la différence, semble difficile à envisager dans le marasme narcissique qui préfère le semblable, la dispersion, la fusion, l'(im)perfection** (309).

Selon Nina Rodrigues-Ely (historienne de l'art), sous l'impact des nouvelles technologies, « la génération Y, née connectée au monde, est déjà imprégnée de nouveaux imaginaires qui induiront une culture globale peut-être différente de la culture *mainstream* formatée d'aujourd'hui… La génération Y est née avec une autre perception du temps et de l'espace, totalement décloisonnés l'un de l'autre [**Où est le progrès** ?] ; le temps ne se mesure plus selon l'échelle temporelle passé/présent/futur. Ainsi les artistes Y font entrevoir le temps global d'un présent permanent, un processus qui absorbe le passé sans le rejeter [Même question.]

Certains artistes qui ne passent pas à la radio ont une centaine de fans au maximum… Les jeunes sont aujourd'hui capables de produire leurs musiques, leurs films, leurs jeux vidéo, leur web séries, leurs bandes dessinées, et de les diffuser ou de les éditer, de trouver un public, ce qui témoigne d'une créativité et d'une volonté inouïes [Mais dans le néant, comme on a dit ?] (311).

[21] *Die sinnliche Gewissheit : Das Dieses und das Meinen*, [*Jetzt-Hier oder Dieses*], Lasson 69, Jarczyk-Labarrière, 152.

M.-F. C. : « C'est la consommation tous azimuts qui paraît négative et dangereuse, de même que l'absorption de l'art dans le divertissement. » Encore une fois, on a le sentiment que le processus de sublimation est moins puissant qu'il ne l'a été pour la génération antérieure. « La négation de l'altérité, le libertinage, le sexe consommable, même l'hyperexcitation de toutes les images… Tout cela ne peut que nuire à la sublimation. Les pulsions étant épuisées par leur réalisation effrénée, il n'en reste plus pour la création. »

S. D. : Non, la nouvelle génération ne rêve pas que de pornographie et de sexualité perverse et sans limites.

Il nous faut « réactualiser le modèle freudien, car il fut marqué par son époque » (312).

Il y a d'autres pulsions à sublimer que la pulsion sexuelle : « la mort dans un monde où l'on ne croit plus en rien ; trouver sa place sur une planète surpeuplée ; la difficulté de créer quand tout semble déjà avoir été réalisé ; l'angoisse de ne plus pouvoir tenir le rythme d'une société hyperaccélérée [**Pas sur tous les points ni dans tous les domaines**] ; la solitude de l'être technologique » (312).

Hier, « la civilisation puisait dans les pulsions sexuelles de chacun pour lier entre eux les individus. Aujourd'hui, elle s'appuie sur le narcissisme, le principe de plaisir [Il s'agit toujours d'un autre régime, mais régressif, de la sexualité.]… Le déni d'altérité dévoile un bouleversement structurel du rapport de l'individu à la société et engendre un nouveau malaise dans la civilisation. » De fait, « nous sommes plus narcissiques que névrosés ; la conscience de culpabilité a cédé la place à un hédonisme anxieux ; l'idéal n'est plus tant à la répression qu'à la consommation… de tout » (313).

S'agissant de « l'art curatif », par « l'œuvre-symptôme », la création de l'image comme une cicatrice… Les artistes proposent aujourd'hui un « retricotage » du monde. En mêlant passé et présent dans une œuvre-suture, en réintégrant le monde et l'histoire dans une subjectivité résiliente » (314).

Le projet étant parfois de divertir dans une *performance* (315).

Janine Chasseguet-Smirgel a travaillé les états limites (316).

La chanteuse Björk, tente de produire de nouveaux sons, comme sa grand-mère, peintre, cherchait de nouvelles couleurs (317).

M.-F. C. dit que, selon Valéry (1932), « ce qu'il y a de plus profond dans l'homme, c'est la peau » [Le Moi-peau d'Anzieu] (317).

S. D. : selon Kristeva (2004), « la culture, façon médias, n'est guère qu'un hôpital de jour pour calmer la souffrance narcissique des classes moyennes. » L'art a « vocation pour l'individu hypermoderne à procurer un certain quantum de sensations ; c'est peut-être là que se situe la grâce » (318).

Les individus de la nouvelle génération sont « submergés par leurs écrans et leurs images » [**Le nez collé contre le fond de la caverne** : dans la première rangée au cinéma, on n'y voit à peu près plus rien] (319).

« La musique forme un rempart… une excitation choisie joue le rôle d'un véritable pare-excitation. »

Le sujet n'a plus « qu'à se rabattre sur son intégrité psychosomatique » (320).

La résilience de Narcisse s'appuie sur « un objet non plus transitionnel mais transitoire, entre la vie psychique et la vie extérieure. » Cette notion d'objet transitoire est due à Joyce Mc Dougall (2001) (321).

M.-F. C. : « De nombreuses mères donnent à voir à leurs bébés une séquence télévisée pour les calmer et les endormir, là où la génération [antérieure] privilégiait les comptines et les berceuses » (322).

L'art ne serait-il qu'« un objet de résilience… pour se distraire et s'envoyer en l'air ? » (323).

S. D. : « L'art, dans l'hypermodernité, est un sursaut, un repli sur les éprouvés du corps dans un monde où le langage fait défaut » (324).

M.-F. C. : Dostoïevski fait dire à un de ses personnages que « la beauté sauvera le monde » [**Mais ça n'en prend pas tellement le chemin.**]

Selon Malraux (1951), « l'Art est un anti-destin » (325).

Elle cite les *Cinq méditations sur la beauté* de François Cheng (2006 ; 1929-, écrivain franco-chinois).

« L'être humain, pour apaiser ses violences, a besoin d'une néoréalité construite qui lui apporte une certaine forme de bonheur » (329).

Pour André Green, « c'est le corps imaginaire de la mère qui est retrouvé en appui…

« La beauté et la laideur doivent être présentes dans une œuvre » (330).

Umberto Eco a publié *Histoire de la beauté* (2004) et *Histoire de la laideur* (2007) (331).

S. D. : Selon Catherine Grenier, « les années 1990 et 2000 ont vu se multiplier sur la scène internationale des images de vanités » (332).

Conclusion :

M.-F. C. : « Le virtuel et l'occasionnel l'emportent trop sur le stable et le fidèle. [Certes] l'autonomie des jeunes, en partie à cause du chômage, est fluctuante et inquiète. Le registre social interfère, comme l'a très bien souligné S. D., avec le registre psychologique. Le passage à l'acte est plus bruyant et plus fréquent que [jadis]. Les troubles psychosomatiques aussi. »

EJ : La régression pathologique plonge désormais à un niveau plus bas, plus profond que le niveau névrotique.

« Tout est chosifié, fétichisé, comme si l'homme hypermoderne s'acharnait à chercher un objet de substitution à l'Autre dont la société a éliminé la place. Le nouveau malaise de la civilisation, qu'elle préfigure, n'est que le narcissisme, porté à son paroxysme » (338).

S. D. : « les « sédatifs » se font aujourd'hui divertissements de masse, avachissement mental plutôt qu'élévation, torpeur plutôt qu'apaisement [Surgit parfois **le moment dépressif**], l'art se délite et ne mérite même plus son nom ; la pensée semble fatiguée d'éprouver ; le sédatif embrasse **l'anesthésie, notre coma psychique** » (340).

M.-F. C. dit avoir été formée par Didier Anzieu, Serge Lebovici, André Green. Elle se dit aujourd'hui quelque peu déconcertée par **la fermeture des milieux analytiques sur l'évolution rapide et déterminante du monde** » (341).

« Un nouveau Freud est attendu, mais pas parmi ses épigones ou ses détracteurs… Ce qui reste des découvertes de Freud, à l'aune de son œuvre, est considérable » (342).

« Il semble que les thérapies de type psychanalytique, envisageant d'autres modes d'intervention que la cure type, sont à même de mieux répondre aux exigences des nouvelles symptomatologies » (344). À ce sujet, on cite : Fethi Benslama, Fahrad Khosrokhavar, Julia Kristeva, Philippe Gutton, Houari Maïdi, etc.

S. D. : « Maud Mannoni expliquait que la clé de l'analyse se situait dans la capacité de l'analyste à frustrer la pulsion et à restaurer le narcissisme. »

Il ne faut pas négliger de « questionner le potentiel traumatogène de notre civilisation. Désignons l'accélération du temps [EJ : Mais certaines choses ne bougent pas, comme collées dans un conservatisme crispé.], l'omniprésence de l'image, la désubstantialisation postmoderne, l'absence d'ataraxie, de calme au profit d'une hyperactivité fédérée : fuir le vide, remplir de divertissements et de loisirs le moindre interstice, le moindre vide, tout, tout de suite, et surtout pas la paix, surtout pas prendre le temps de se tenir face à soi-même, de décélérer, de penser » (346).

[Il y a aussi la contre-image du moment dépressif, en face de la composante quasi-maniaque de l'hypermodernité. On rappellera par ailleurs la description classique des embarras de Paris dès le XVIIe siècle, tout comme le caractère frénétique de la société mondaine du

Second Empire, souligné dans la musique d'Offenbach, et déjà bien avant dans celle endiablée de Rossini.]

M.-F. C. : Daech, « c'est l'obscurantisme contre les Lumières », le contraire des exemples de Mandela, Martin Luther King, Yitzhak Rabin, Ghandi, Mère Teresa, Sœur Emmanuelle, Aung San Suu Kyi, Malala Yousafzai.

S. D. ; La psychanalyse a besoin d'une « méthode plus holistique », de « s'ouvrir à un inconscient qui ne serait plus simplement personnel, groupal ou familial, ni même collectif, mais bien social » (347), qui tienne « compte de cette dialectique constante d'influences réciproques entre le sujet et la société » (Bernard Lahire*, 2013 ; 1963-, sociologue fr).

« En coupant le sujet de la parole sociale, en le contraignant à chercher toujours plus loin en *lui-même sa vérité*, un grand nombre de psychanystes se font l'agent de cette déstabilisation civilisationnelle et identitaire, ils entretiennent le vide de Narcisse » (348).

Cependant, « certains paradigmes cliniques s'avèrent, à l'étude, d'une fécondité heuristique, irremplaçable… par exemple *l'angoisse de perte d'objet* agissant dans les dépressions. » Mais « nous ne pouvons pas l'aborder isolément et individuellement quand c'est toute notre société qui fustige la perte, l'échec, le renoncement au profit d'un fantasme d'emprise, de complétude et de jouissance perpétuelle. »

Il existe « un parallèle stupéfiant entre ce que décrivent la sociologie et la psychologie. Cette angoisse du vide dont souffrent les états limites et qui trouve sa source dans un défaut d'appui d'étayage narcissique » (349).

M.-F. C. : « La psychanalyse à l'université et la psychologie ont mis du temps avant de se dégager définitivement de la philosophie, grâce notamment à Daniel Lagache. » [**Ce qui n'a peut-être pas été en tous points une entreprise géniale.**]

La licence de psychologie étant créée en 1947, c'est en 1968 que l'on redéfinit, au sein du groupe intitulé « Philosophie et Sciences Humaines » quatre sections : philosophie, sociologie, psychologie, sciences de l'éducation (350).

S. D. : « D'autres approches que la psychanalyse, et qui y sont opposées, semblent plutôt utiliser l'objet, au risque de saborder le langage pour adapter l'individu à la société » (351).

Aujourd'hui, « la civilisation exalte les ambitions égoïstes, **favorise les microrécits, défend l'anecdotique [d'où l'encavernement de la philosophie de poche]** et encourage l'immédiateté, préfère le plaisir personnel et un fétichisme polymorphe… Outre le sacrifice du renoncement pulsionnel au profit de l'hédonisme de survie, le malaise d'aujourd'hui repose également sur l'éviction de l'altérité et de l'autorité. »

Alors, « « aime-toi avant tout, aime-toi toi-même envers et contre tout, même contre ton prochain »... Le déni du langage n'appelle plus que la peur de l'étranger, de l'inconnu » (352).

Clotilde Leguil* (1968-, psychanalyste fr) : il s'agit de ne pas renoncer à son Désir [céder sur son désir] aujourd'hui « au nom de la jouissance, de l'immédiateté et de l'obsession de complétude » (353).

M.-F. C. : L'enseignement de la littérature est important. La psychanalyse doit intégrer les autres disciplines : psychologie sociale, cognitive, comportementale, anthropologie, neurosciences. Elle doit être « une anthropologie sociale » (353-354).

S. D. : « Narcisse souhaite l'égalité à tout prix, l'égalité avant tout, avant même la liberté » (356).

Les aspects négatifs du narcissisme doivent être corrélés à la crise du langage... [devenu] totalement dépendant d'un produit technologique dont [le sujet] ne cherche même plus à comprendre le fonctionnement... la fétichisation du corps, de son apparence et de ses éprouvés, de l'image et de tous ces écrans omniprésents, cette réification qui s'étend jusqu'à l'autre » (358).

Le langage reste « l'unique moyen de métaboliser et de transcender la perte, d'accepter le manque-à-être. »

Du reste, « Narcisse ne s'intéresse pas à ceux qui ne lui ressemblent pas... élude les différences caractérielles de ceux qu'il aime... s'en remet à la technologie et à ses promesses... Narcisse veut tout et surtout pas le contraire ; il conspue le vide » (359).

M.-F. C. : La pathologie psychanalytique est passée « des névroses aux défenses psychotiques, appelées *cas limites*, limites par rapport à la distinction classique entre *névroses* et *psychoses*. D'où la fréquence de la *réaction thérapeutique négative* (360). Apparaissent aussi les *hypernarcissiques*, « personnalités toxiques » selon Laurent Schmitt.

« L'hypernarcissisme est sans cesse encouragé et légitimé par la société... La médiatisation exacerbée va de pair avec l'*hyperindividualisme.* »

Selon A. Green, « la priméité est l'être, le secondéité est la relation, et **la tiercéité la pensée ; la tiercéité est également la condition de la temporalité** » (361).

S. D. : « L'ère du vide est celle de la mort du père, des institutions patriarcales, des symboles d'autorité... [Le sujet] se fait plutôt dépressif ou pervers, en lutte pour l'objet, plutôt que phobique ou obsessionnel, en butte à son désir... pathologie narcissique... anorexie, addictions, passages à l'acte sociopathiques...

Le tatouage, le muscle travaillé, le vêtement apparaissent comme des signatures identitaires participant à la construction de soi » (362).

M.-F. C. : La crise du symbolique contemporaine est grave... On observe « la recrudescence du *passage à l'acte*... de la *somatisation*... de l'*hypernarcissisme*... Ce sont des rejetons de la *pulsion de destruction* » (363).

Elle évoque Vladimir Jankélévitch comme un de ses maîtres, et parlant de la musique.

Margaret Mead avait parlé avec une préscience extraordinaire du *Fossé des générations* (1972).

Pour reprendre rapidement ce que j'ai déjà formulé autre part, la destruction consommée de l'université, en appui du nouveau malaise dans la civilisation, sont des symptômes complémentaires, en rapport avec l'**encavernement de la philosophie**, dont les témoins sont par ailleurs la **méconnaissance de la culture postkantienne** (VKBH : Von Kant bis Hegel), autre versant d'une **aliénation dans l'hyperempirisme scientiste nord-américain**, d'où la résultante sans surprise d'une **antidialectique**, en compagnie de ses compagnons grimaçants, l'**antihumanisme** et l'**antipsychologisme** comme rejetons persistants des années 1960, et dont l'ensemble affuble, au carnaval du tribunal médiatique, le fantôme de la philosophie du masque d'une réelle **antiphilosophie**[22], pour ne pas parler enfin d'un **antipédagogisme**[23] dont le sarcasme est devenu monnaie courante dans tels milieux journalistiques. Toutes portes alors ouvertes sur l'**agonie éthique et politique du corps social**.

Ainsi, la France récolte aujourd'hui les fruits de la philosophie de poche – philosophie de pense-menu, disait jadis Berkeley (*minute philosopher*, 1732) – qu'elle s'est préparés depuis quelque soixante années : agitée par l'esprit de surface, aimantée par l'anecdotique, livrée à un bavardage sophistique, hostile à toute vision d'ensemble d'un paysage. De quoi se plaindrait-on ?

Manque partout – cela se voit comme une énorme verrue sur le visage du top-model, si bien toiletté qu'il soit – l'outil dialectique généré par la tradition critique-romantique et postromantique (Kant, Fichte, Schelling, Hegel, Marx, Engels, Lénine, Mao Zedong : oui, tous et même

[22] Au sens négatif courant, mais pas au sens technique précis, où l'a parfois entendu Alain Badiou, d'une forme très sophistiquée de philosophie qui met en question la philosophie (Paul de Tarse, Pascal, Rousseau, Nietzsche, Kierkegaard, Wittgenstein).

[23] Pour le propos récurrent de Jacques Julliard par exemple, pédagogues et psychologues porteraient une responsabilité essentielle dans le marasme de l'Éducation nationale, mais surtout pas les historiens.

ces derniers, sans oublier non plus Freud, Wallon, Gesell et Piaget) : **identifier, coordonner et dépasser, si faire se peut, les oppositions.**

Dans les Hebdomadaires *Nouvel Observateur* et *Marianne*, qui représentent depuis assez longtemps l'un de nos postes d'observation, certes parmi d'autres, de la vitalité de la philosophie française contemporaine, les interventions des philosophes de profession paraissent se raréfier encore davantage dans les six premiers mois 2017 que pendant toute l'année précédente 2016, au cours de laquelle nous pensions pouvoir relever déjà une telle tendance à l'égard des années précédentes (Voir Jalley, CRPH 5, 2016).

La plupart de ces noms sont bien connus des médias, ou alors déjà relevés dans l'Inventaire de notre *Critique de la raison philosophique* (CRPH 1).

Michaël Foessel (NO 2708 du 29/9/-12/10/2016, NO 2724 du 19-25/1/2017, NO 2730 du 2-8/3/2017[24]), Jean-Claude Milner (NO 2709 du 6-12/10/2016), Alain Finkielkraut (M 1018 du 7-13/10/2017), Élisabeth Badinter (NO 2714 du 10-16/11/2016), Tristan Garcia (NO 2715 du 17-23/11/2016, M 1035 du 27/1/-2/2/2017), Régis Debray (M 1021-1022 du 28/10/-10/11/2017), Guy Debord (M 1027 du 2-8/12/2017), André Gorz (M 1027 du 2-8/12/2017), Philippe Muray (M 1027 du 2-8/12/2017), Ruwen Ogien (NO 2722 du 5-11/1/2017), Michel Onfray (NO 2723 du 12-18/1/2017, M 1034 du 20-26/1/2017, NO 2730 du 2-8/3/2017), Hélène L'Heuillet (M 1033 du 13-19/1/2017[25]), Marcel Gauchet (NO 2725 du 24/1/-1/2/2017, M 1040 du 3-9/3/2017), Alain Badiou (NO 2725 du 24/1/-1/2/2017), Pierre Dardot (M 1035 du 27/1/-2/2/2017), Christian Laval (M 1035 du 27/1/-2/2/2017), Pascal Bruckner (NO 2726 du 2-8/2/2017), Olivier Roy (NO 2726 du 2-8/2/2017), Tzvetan Todorov (M 1039 du 24/2/-2/3/2017), Jacques Rancière (NO 2731 du 9-15/3/2017), Cynthia Fleury (NO 2731 du 9-15/3/2017), Yves Michaud (NO 2731 du 9-15/3/2017), Frédéric Worms (NO 2731 du 9-15/3/2017), Bruno Latour (NO 2732 du 16-22/3/2017).

Parmi les nouveaux venus, à l'égard des références antérieures, on a relevé les patronymes suivants :

Florent Guénard (NO 2710 du 13-19/10/2016), Éric Sadin (M 1027 du 2-8/12/2016), Vincent Delecroix (NO 2720 du 22/12/-4/1/2017), Michel Eltchaninoff (NO 2723 du 12-18/1/2017), Jean-Claude Michéa

---

[24] Foessel Michaël : *La nuit. Vivre sans témoin*, Autrement, 2017.

[25] L'Heuillet Hélène : *Du voisinage*, Albin Michel, 2017.

(M 1032 du 6-12/1/2017, NO 2727 du 9-15/2/2017), Florence Burgat (NO 2728 du 16-22/2/2017, M 1046 du 14-24/4/2017), Guy Hocquenghem (NO 2729 du 23/2/-1/3/2017, bien connu), Mark Alizart (NO 2730 du 2-8/3/2017),

Dans la rubrique des auteurs qui nous sont déjà connus soit par les mêmes médias NO et M, soit parfois encore par notre Inventaire de CRPH 1 2017, on a donc 23 auteurs pour 30 interventions. Alors que dans la seconde rubrique des auteurs nouvellement cités, on ne rencontre que 8 auteurs pour 10 interventions.

On a 30 auteurs pour 39 interventions pour 7 mois de parution des 2 hebdomadaires, soit environ 4 par mois pour les 2, et en définitive 2 par mois pour chacun des deux hebdomadaires NO et M.

On pourra penser que c'est beaucoup ou peu, selon le type d'approches bien connues par l'expression familière du « verre à moitié plein ou à moitié vide ». Les données très abondantes que nous avons produites précédemment à cet égard sur un bloc continu de plusieurs années (commençant en 2013) (CRPH 3 et 4 2017) devraient permettre une évaluation concrète sur ce point. Nous éviterons au moment de conclure de repartir sur de nouveaux travaux, que nos lecteurs peuvent facilement accomplir, si cela les intéresse, à partir de nos ouvrages. Mais notre sentiment personnel incline plutôt vers la conclusion d'une extinction progressive des interventions des philosophes.

On voit immédiatement que c'est toujours le même fonds de noms notoires qui domine dans les interventions sur les noms nouveaux, dans une proportion de 75 %, donc que **le taux de renouvellement est relativement très faible**.

Pour aborder à traits rapides la question des contenus de l'activité philosophique, nombre de philosophes ont tendance, comme déjà dit, à opérer dans le champ de la philosophie de poche – la *minute philosophy* aurait toujours plus ou moins existé (ce qui est encore un autre sujet) – ceci d'autant plus en fonction de la récence de leur carrière.

Parler de l'intérêt de vivre la nuit (Foessel), ou de la qualité des relations de voisinage (L'Heuillet), n'a en soi rien de répréhensible, pas plus que le registre célèbre des Propos d'Alain – qualité de l'expression de la démarche intellectuelle mises à pas – mais cela m'intéresse personnellement moins que la centration d'Onfray sur le thème de *La décadence*, qui est loin de valoir à cet auteur déjà contesté l'ensemble des suffrages. Encore fait-il preuve d'un courage devenu rare à se confronter à un sujet aussi sensible.

De fait, ce qui apparaît également à l'examen de ces sept mois de parution des deux hebdomadaires, est un trait que nous avions déjà pointé dans notre CRPH de 2017 : la tendance qu'aurait la génération des philosophes à abandonner le champ de ce que nous appelions dans le même ouvrage le « bloc idéologique », formé par l'ensemble, certes hétéroclite mais « réel », des philosophies religieuse, morale, sociale, politique, économique.

Ceci à de rares exceptions près plus ou moins bien connues du public et de tendances diverses pas forcément convergentes (Badiou, Badinter, Debray, Dardot, Bruckner, Finkielkraut, Gauchet, Laval, Milner, Rancière, Sadin).

Et ce qui se produit de façon corrélative, que nous avions déjà signalé également et qui insiste dans la période récente, c'est **l'investissement progressif de ce territoire du « bloc idéologique », abandonné par les philosophes, de la part de leurs voisins de certaines spécialités connexes des sciences humaines et sociales (SHS)** : historiens, sociologues, psychologues, économistes, géographes, anthropologues, éthologues, politologues, linguistes, critiques littéraires, essayistes, écrivains, biologistes et physiciens même, dont nous n'avons pris le loisir de citer les noms :

Michel Agier, Michel Aglietta, Jacques Attali, Jean Baubérot, Alain Bentolila, Patrick Boucheron, Luc Boltanski, Pierre Bourdieu, Pierre Cahuc, Johann Chapoutot, Christophe Charle, Benjamin Coriat, Bruno Dumézil, Benoît Duteurtre, Frédéric Encel, Annie Ernaux, Arnaud Esquerre, Jean-Gabriel Ganascia, Jacques Généreux, Yves Lacoste, Jean-Pierre Laurent, Nicolas Leron, Branko Milanović, Tobie Nathan, Pierre Nora, André Orléan, Thomas Piketty, Claude Quétel, Pascal Quignard, Robin Rivaton, Pierre Rosanvallon, Élisabeth Roudinesco, Omar Saghi, Dominique Schnapper, Vincent Tiberj, Franz de Waal, Sophie Wahnich, Florence Weber, Michel Winock, Michelle Zancarini-Fournel.

Sans parler du contingent des étrangers notamment anglo-américains, mais pas seulement, Frank Bajohr, Gavin Boyd, Wendy Brown, Ian Buruma, Judith Butler, Kamel Daoud, Angus Deaton, Georges Debregeas, Nancy Fraser, Markus Gabriel, Michael Goebel, Ian Kershaw, Maynard Keynes, Ivan Krastev, Michael Lind, Alain Mabanckou, Jan-Werner Müller, Bruno Pontecorvo, David Van Reybrouck, Arundhati Roy, Timothy Snyder, Guy Standig, Joseph Stiglitz, Wolfgang Streeck, Fred Turner, Peter Wagner, Slavoj Žižek.

Quitte à répéter ce que j'ai déjà développé ailleurs, **la détérioration du mécanisme intellectuel fondamental de la pensée naturelle, assuré par le noyau rationnel de la dialectique (NRD) (genèse/structure, métonymie/métaphore), est très observable dès les modèles les plus anciens de la pensée associationniste** (Aristote, Hume, Hartley, James et Stuart Mill,

Th. Brown, Bain, Spencer, Taine), où les mécanismes de l'association par ressemblance, contiguïté et contraste apparaissent tout à fait lisibles – pour qui sait lire – comme des modes de niveau inchoatif ou dégradé, fœtal ou détérioré, soit encore des formes de bas régime ou d'inachèvement, des deux dimensions cardinales, synchronique et diachronique, verticale-statique et horizontale-dynamique du NRD. La différence entre les deux paradigmes dialectique ou associationniste de l'activité de pensée étant de savoir si la prise en compte s'est opérée de la révolution copernicienne inaugurée par **Kant en 1781. Le pont aux ânes, la croisée des chemins sont là, pas ailleurs, pour distinguer le mode du penser dialectique européen accompli de sa propre aliénation** dans son image spéculaire déformée.

L'empirisme associationniste, hérité de Locke et Hume, relayé par le perceptionnisme de l'école écossaise, puis le phénoménisme comtien, le parallélisme de Wundt, le pragmatisme de James, le néopositivisme du Cercle de Vienne, est resté le matériau de base sensorialiste, atomiste, analyticiste, passiviste de toutes les formes de l'idéologie nord-américaine : béhaviorisme, psychologie cognitive, philosophie analytique, philosophie de l'esprit, idéologie New Age.

Il s'agit là d'une dérivation dégradée de la dynamique de la pensée naturelle, de caractère adversatif, oppositif, contradictoriel, dialectique en un mot, et dont les terroirs d'origine ont été avant tout Jérusalem, Athènes, Rome, la France, puis l'Allemagne.

L'idéologie nord-américaine ne s'est jamais réfugiée dans l'innocence théorique. Elle a toujours été l'alliée du néolibéralisme économique, de la vision mercantiliste venue de Locke et d'Adam Smith, puis vêtue de blanc par la justification presbytérienne d'un ordre éternel de la nature des choses. Telle est aujourd'hui le bras armé de la « silicolonisation » (Sadin) de l'univers, par toutes les formes insidieuses du *soft power*, comme ils disent.

C'est du continent polaire formé par le consentement à la servitude (in)volontaire de cette formidable aliénation que la philosophie française – trois fois plus représentée dans les ouvrages classiques depuis soixante-dix ans (1939-2014) que le nain de la philosophie américaine – a d'abord à se délivrer par détachement critique, par rééducation douloureuse, par retour dans le territoire de son véritable patrimoine. **Ce spectacle du géant français (Sartre, Merleau-Ponty, Bachelard, Ruyer) aujourd'hui enchaîné et courbé devant le nain de la pensée « pauvre » états-unienne** est aussi déshonorant pour les philosophes français que grotesque aux yeux du monde.

Ce n'est pas que tout ait été bon ni sans taches sur le continent européen, pour n'envisager que le niveau des idéologies philosophiques : la justification d'abord germanique de la tyrannie d'État (Fichte, Hegel), l'hégélianisme de droite, le néokantisme, le spiritualisme universitaire français et italien, et encore en France le courant traditionnaliste contre-révolutionnaire, les philosophes collaborationnistes (Chevalier, Guitton, Thibon), le dogmatisme structuraliste et ses anti-(humanisme, psychologisme), l'antimarxisme buté et de principe des « nouveaux philosophes » – Faire croire que le goulag est inscrit *a priori* dans la pensée même de Marx est une imposture grossière –, enfin le grand branlebas contre la psychanalyse au nom du DSM – la Bible de l'organicisme en psychiatrie.

La psychopathologie psychanalytique a toujours été dépassée et a démissionné devant l'analyse radicale de ces cas individuels monstrueux qu'ont été Hitler, Staline, Mao Zedong, Pol Pot. N'y a-t-il pas toujours eu un moment où la volonté générale des peuples aurait pu contrarier leur prise de pouvoir ? Que se passe-t-il à ce moment-là ?

Malgré la soumission servile au modèle anglophone abject des revues à comité de lecture, il existe encore de vrais combattants dans la nouvelle génération des philosophes français : **Dardot, Laval, Eltchaninoff, Michéa, Sadin**, quelques autres encore peut-être ?

Il y a eu un moment où le peuple de France pouvait s'ouvrir la fenêtre sur un autre destin : il a préféré la manifestation de soutien au Général de Gaulle sur les Champs-Élysées le 30 mai 1968. *É finita la commedia* pour un demi-siècle.

Une autre fenêtre pourrait-elle s'ouvrir – donc cinquante ans plus tard – lors du prochain scrutin pour les élections présidentielles ? Ce sera tout juste oui, ou tout juste non, un moment très furtif en tout cas même si décisif. Les anges ne repasseraient plus de longtemps. Il va falloir savoir plutôt que de pleurnicher.

Ce qui suit écrit après l'élection du nouveau président de la République : Eh bien, non, la fenêtre à peine entr'ouverte s'est presque aussitôt refermée, et on peut gager que ce sera maintenant pour longtemps.

Un dernier point : c'est par erreur que j'ai attribué dans *Louis Althusser et quelques autres*, 2013, pages 109-178 à Jean Hyppolite des textes dus en réalité à Gille Deleuze. Il s'agit de son cours à la Sorbonne au cours de l'année 1958-1959. Je pense être le seul et le dernier à en posséder le manuscrit retranscrivant la parole de l'auteur de manière intégrale.

Liste nouvelle des auteurs[26] à intégrer au Tableau 1 CRPH 2017

Alexandre Laurent (1960-), chirurg fr
Ameisen Jean-Claude (1951-), méd bio fr
Atlan Monique (1965-), journ fr
Aubert Nicole, psycho et socio fr
Balier Claude (1925-2013), psycha fr
Barande Ilse (1928-2012), psychia et psycha fr
Benslama Fethi, psycha fr
Bergeret Jean (1926-2016), psychia et psycha fr
Brohm Jean-Marie (1940-), socio, anthropo et philo fr
Burbage Frank, philo environ. fr
Callahan Daniel (1930-), philo nord-américain
Campiche Roland, théol suisse
Castarède Marie-France (1940-), psycha fr
Chalmers David (1966-), philo de l'esprit australien
Charles Sébastien, philo canadien
Chebel Malek (1953-2016), anthropo algérien
Chiantaretto Jean-François (1954-), psychologue et psychanalyste fr
Choulika André (1965-), cherch sc bio fr.
Clair Jean (1940-), écrivain fr
Colombo Eduardo (1929-), psychanalyste franco-argentin
Cupa Dominique, psycha fr
Damásio António (1944-), neuroscientifique nord-américain
Faucheux Michel (1957-), essai fr
Fehér Ferenc (1933-1999), disciple hongrois de Lukács, École de Budapest.
Felli Romain, géographe et politiste suisse
Frye Northrop (1912-1991), crit lit canadien
Fukuyama Francis (1952-), philosophe, économiste et politiste nord-américain
Gérard Alain, méd fr
Godart Elsa (1978-), doct philo et psycho
Grenier Catherine (1960-), historienne de l'art fr
Grondin Jean (1955-) phi canadien
Harari Yuaval Noah (1976-), enseig histoire israélien
Hassner Pierre (1933-), relat intern fr
Heinich Nathalie (1955-) socio art fr
Heller Àgnes (1929-), philo hongroise marxiste

[26] Issue du livre de Castarède-Dock (chapitre 6).

Heudin Jean-Claude (1957-), cherch intellig artific Léonard-de-Vinci Paris
Houzel Didier, pédopsy et psycha fr
Kervasdoué J de (1944-), eco santé fr
Khosrokhavar Fahrad (1948-), socio franco-iranien
Korff-Sausse Simone, psycha fr
Kurzweil Raymond C. (1948-), futurol nord-américain
Ladrière Jean (1921-2007), phi belge
Lahire Bernard (1963-), socio fr
Lambert Yves (1946-2006), socio fr
Lecourt Édith, psycho fr
Leguil Clotilde (1968-), psycha fr
Lenoir Frédéric (1962-) écrivain fr
Maïdi Houari, psycho fr
Mannoni Maud, psycha fr
Marzano Michela (1970-), philo italienne
Mendel Gérard (1930-2004), psychia et sociopsycha fr
Merton Douglas biolo nord-américain
Olivier M.
Pinçon-Charlot Michel et Monique (1942- ; 1946-), socio fr
Pirlot Gérard, psycha fr
Poretsky Robert, méd nord-américain
Rémy Brigitte, méd fr
Ricard Matthieu (1946-), moine
Rizzoletti Giacomo (1937-) méd et bio italien
Sadin Éric(1967-) écrivain et philo fr
Schweitzer Albert (1875-1965), méd et pasteur protest fr
Sibony Daniel (1942-), philo et psycha fr
Sinagaglia Corrado (1966-), écrivain italien
Suaudeau Julien (1975-), écrivain fr
Testard Jacques (1939-), biolo fr
Varenne Katia, psycha fr
Vincent Jean-Didier (1935-), neurobiolo fr
Yamanaka Shinya (1962-), biolo japonais

Final

Dans mon « Profil » ci-dessus, je signale que « les quelques tentatives faites par Émile Jalley pour produire le concernant une notice Wikipédia se sont toujours heurtées à une fin de non-recevoir venue de Big Brother. »

Or voici qu'à cet égard, un événement très insolite s'est produit dans la période toute récente.

Ces temps derniers, le message suivant m'est parvenu sur Facebook, que d'habitude je ne fréquente guère, d'un inconnu dénommé Sébastien Lemoine, qui semble me vouloir du bien – une fois n'est pas coutume et il me convient de savoir profiter de pareille chance.

« Sébastien Lemoine a indiqué que vous apparaissez sur Facebook.

Sébastien Lemoine vous a identifié dans une publication.

Ils ont mis 6 ans, écrit-il, avant d'accepter une biographie sur Émile Jalley.

En 2011, Émile Jalley avait ouvert une page. Il a été refoulé comme un malpropre.

J'en ai créée une en 2015, la page a été supprimée.

J'ai ouvert une page sur wikirouge.

Et j'ai également ouvert une page de citations wikiquotes. »

Me reportant alors non sans curiosité à Wikipédia, voici ce que je lis :

Émile Jalley (né en 1935) est un épistémologue et psychologue français…

Lucien Sève le retient parmi les « intellectuels communistes » [? !] ayant joué un rôle « considérable » dans « l'évolution de la pensée psychologique et pédagogique en France ».

Ce n'est pas que j'écarte de moi l'épithète de « communiste », puisqu'aussi bien Jésus de Nazareth l'était déjà. Mais je préférerais que l'on de qualifie de « marxiste », et au surplus « original ». Car enfin un marxiste orthodoxe, qui va chercher le « noyau rationnel de la dialectique » (NRD) jusque dans le *Sophiste* de Platon (mouvement + repos =

être). Capable au surplus de publier quasiment coup sur coup (2015, 2017) des éditions commentées consistantes de la *Doctrine de la science* de Fichte et de la *Phénoménologie de l'esprit* de Hegel (1807, 2017), cela ne s'est pas beaucoup rencontré jusqu'ici.

Aussi bien, je préférerais me voir qualifier de psychologue, épistémologue et philosophe français, disons de tradition dialectique.

Jusqu'à présent la qualité de « philosophe » m'a été refusée par le comité de lecture composé de « pseudos » qui préside à la rédaction et à la modification des articles, bien que j'aie déjà rédigé et publié quelque 5 500 pages au seul titre de la philosophie. Je serais « épistémologue et psychologue français », ce qui n'est déjà pas si mal. À suivre.

Merci, cher Sébastien. To soon.

Bibliographie d'Émile Jalley
Résumé

Principales publications

Ouvrages individuels (37), collectifs (40) et éditions (24) soit 101 titres

WLFP, Wallon lecteur de Freud et Piaget, Paris, Éditions sociales, 1981, 561 pages.

VM, Wallon : La Vie mentale, présentation, Paris, Éditions sociales, 1982, 416, pp. 7-108, 373-416, 147 pages.

Henri Wallon : La vida mental, Introducción y edición de Émile Jalley, Editorial Crítica, Grupo editorial Grijalbo, Barcelona, 1985, pp. 7-24, 253-290, 57 pages.

Henri Wallon : Psychologie et dialectique (avec L. Maury), présentation, postface d'Émile Jalley : « Une dialectique entre la nature et l'histoire. Une psychologie conflictuelle de la personne. La spirale et le miroir », Paris, Messidor, 1990, 245 pages, pp. 189-245, 58 pages.

Dictionnaire de la psychologie (Doron Roland, Parot Françoise), 72 articles d'Émile Jalley, Paris, PUF, 1991.

Atlas de la psychologie (H. Benesch), direction de traduction de l'allemand avec augmentation, Paris, Livre de Poche, 1995, pp. 44-45, 298-299, 374-375, 416-417, 8 pages.

Dictionnaire de la psychologie (W. D. Fröhlich), direction de traduction de l'allemand, Paris, Livre de Poche, 1997, pp. 1-2.

« Psychanalyse, psychologie clinique et psychopathologie » : in Psychologie clinique et psychopathologie (R. Samacher et col.), Paris, Bréal, 1998, 15-60, 46 pages.

FWL, Freud, Wallon, Lacan. L'enfant au miroir, Paris, EPEL, 1998, 390 pages.

Olivier Douville et col. : Psychologie clinique tome 2. La psychologie clinique en dialogue, débats et enjeux, Émile Jalley : Janet, Paris, Dunod, 2001, 303 pages, pp. 52-57, 6 pages.

Henri Wallon : L'Évolution psychologique de l'enfant, Texte introduit par Émile Jalley, Paris, Armand Colin, 2002, pp. 1-32, 182-187, 40 pages.

CPUF1, CPUF2, La crise de la psychologie à l'université en France, tome 1 : Origine et déterminisme, tome 2 : État des lieux depuis 1990, Paris, L'Harmattan, 2004, 531 et 515 pages. [2433].

PPAF, La psychanalyse et la psychologie aujourd'hui en France, Paris, Vuibert, 2006, 396 pages.

WP, Wallon et Piaget. Pour une critique de la psychologie contemporaine, Paris, L'Harmattan, 2006, 497 pages.

GPC, La guerre des psys continue. La psychanalyse française en lutte, Paris, ibid., 2007, 513 pages.

CRP, Critique de la raison en psychologie. La psychologie scientifique est-elle une science ? ibid., 2007, 512 pages.

GP1, La guerre de la psychanalyse. Hier, aujourd'hui, demain, ibid., 2008, 450 pages.

GP2, La guerre de la psychanalyse. Le front européen, ibid., 2008, 547 pages.

FCP, Un Franc-Comtois à Paris. Un berger du Jura devenu universitaire, ibid., 2010, 453 pages.

PP1, PP2, Psychanalyse et psychologie (2008-2010). Interventions sur la crise, tome 1 : propositions de base, questions d'actualité, repères historiques, pour l'équilibre des deux psychologies à l'université, tome 2 : psychanalyse et neuroscience, la vérité de la science, la querelle de l'évaluation en psychologie, ibid., 2010, 299 pages et 313 pages. [6413].

AO1, Anti-Onfray 1. Sur Freud et la psychanalyse, ibid., 2010, 185 pages.

AO2, Anti-Onfray 2. Les réactions au livre de Michel Onfray, débat central, presse, psychanalyse théorique, 2010, 322 pages.

AO3, Anti-Onfray 3. Les réactions au livre de Michel Onfray, clinique, psychopathologie, philosophie, lettres, histoire, sciences sociales, politique, réactions de l'étranger, le décret scélérat sur la psychothérapie, ibid., 2010, 352 pages.

DP1, DP2, Le débat sur la psychanalyse dans la crise en France, tome 1 : Onfray, Janet, Reich, Sartre, Politzer, etc.; tome 2 : (In)culture, (dé)formation, aliénation, ibid., 2011, 261 pages et 244 pages.

SM1, Six Manifestes contre le DSM, tome 1 : Présentation et commentaires, ibid., 2011, 228 pages.

SM2, Six Manifestes contre le DSM, tome 2 : Suite des commentaires : Censure, Crise de l'enseignement, ibid., 2011, 234 pages.

MSL, Mes soirées chez Lacan. Préface : É. Jalley, pages 11-39, 29 pages. Interviews à : Ch. Melman, M. Czermak, M. Drazien, Cl. Lanzmann, J.-J. Tyszler, M.-Ch. Cadeau. Par le soin de : C. Fanelli, J. Jerkov, D. Sainte Fare Carnot. Roma, Editori Inter) nazionali Riuniti 2011. [8007].

CPF21, La crise de la philosophie en France au XXIe siècle. De Parménide et Héraclite à Lacan, ibid., 2013, 388 pages.

LAQA, Louis Althusser et quelques autres. Hyppolite, Badiou, Hegel, Marx, Alain, Wallon. Notes de cours 1959-1960, Paris, L'Harmattan, 2013, 390 pages.

VKBH, Richard Kroner, De Kant à Hegel (1921-1924), 2 vol., 395, 338 pages, traduction par Marc Géraud, Introduction par Émile Jalley (Tome 1, pp. 7-18, 12 pages), ibid., 2013.

BALA, Badiou avec Lacan. Roudinesco, Assoun, Granon-Laffont, ibid., 2014, 204 pages.

TGDF, La « théorie du genre » dans le débat français. Butler, Freud, Lacan, Stoller, Chomsky, Sapir-Whorf, Simondon, Wallon, Piaget, ibid., 2014, 150 pages.

ACF, Sándor Radó : L'angoisse de castration chez la femme, trad. Marc Géraud, Préface par Émile Jalley, 9-27, 19 pages, ibid., 2014, 120 pages.

TPFM, Thomas Piketty « Marx du 21e siècle ? » ibid., 2014, 278 pages.

TPMIF, Thomas Piketty : la mécanique des inégalités en France, injustice fiscale, crise de l'enseignement, contre-réforme sociale, (dé)colonisation, ibid., 2014, 280 pages.

HW, Henri Wallon : Œuvres 1 : Délire d'interprétation, Psychologie pathologique, Principes de psychologie appliquée, Les mécanismes de la mémoire ; Œuvres 2 1903-1929 ; Œuvres 3 1930-1937 ; Œuvres 4 1938-1950 ; Œuvres 5 1951-1956 ; Œuvres 6 1957-1963 ; ibid., 2015, 3130 pages.

GW, Germaine Wallon : Les notions morales chez l'enfant, 1949, ibid., 2015, 250 pages.

API, Association psychanalytique internationale : Bergler, Bibring, Fenichel, Glover, Laforgue, Nunberg, Strachey : Le Congrès de Marienbad 1936. Un rendez-vous manqué avec Lacan, traduction de Marc Géraud, Introduction par Émile Jalley (55 pages), ibid., 2015, 148 pages.

KB, Karl Bühler : Le développement intellectuel de l'enfant, Iena, Fischer, 1918 traduction par Marc Géraud, Introduction par Émile Jalley (165 pages), ibid., 2015, 507 pages, 2015.

HSR, Hermann Samuel Reimarus : Fragments de l'anonyme de Wolfenbüttel édités par Gotthold Ephraim Lessing, traduction par Marc Géraud, Introduction par Émile Jalley (89 pages), ibid., 2015, 370 pages.

RCQVM, La réforme du collège. Sauver l'école, une question de vie ou de mort, ibid., 2015, 238 pages.

DSF1, Johann Gottlieb Fichte : La doctrine de la science 1794 de Johann Gottlob Fichte, nouvelle traduction de Marc Géraud et annotations d'Émile Jalley, ibid., 2016, 248 pages.

DSF2, Émile Jalley : La doctrine de la science 1794 de Johann Gottlieb Fichte. Naissance et devenir de l'impérialisme allemand, ibid., 2016, 264 pages.

EK, Elsa Köhler : La personnalité de l'enfant de trois ans, traduction par Marc Géraud, Introduction par Émile Jalley (65 pages), ibid., 2016, 119 pages.

PPAL1, Émile Jalley : La psychanalyse pendant et après Lacan. Tome 1 : Bion, Blanco, Gaddini, Kohut, Kernberg, Stoller, Robion, ibid., 2016.

PPAL2, Émile Jalley : La psychanalyse pendant et après Lacan. Tome 2 : Robion. Remarques sur Jacques Lacan, ibid., 2016, 474 pages.

CRPH1, Émile Jalley : Critique de la raison philosophique. Première partie (tome 1) : La preuve par l'ordre et la mesure, ibid., 2017, 285 pages

CRPH2, Émile Jalley : Critique de la raison philosophique. Deuxième partie (tome 2) : La preuve par l'histoire de la philosophie, ibid., 2017.

CRPH3, Émile Jalley : Critique de la raison philosophique. Deuxième partie (tome 3) : La preuve par l'histoire de la philosophie, ibid., 2017, 454 (234 + 220) pages.

CRPH4, Émile Jalley : Critique de la raison philosophique. Troisième partie (tome 4) : La preuve par la psychologie, ibid., 2017, 251 pages.

CRPH5, Émile Jalley : Critique de la raison philosophique. Quatrième partie (tome 5) : La preuve par l'espace médiatique, ibid., 2017, 314 pages.

PHE, Hegel Georg Wilhelm Friedrich, Phénoménologie de l'esprit de Hegel, 1807, Nouvelle traduction par Marc Géraud, Postface par Émile Jalley, Logique et structure dans le plan de la Phénoménologie de l'esprit et dans l'œuvre de Hegel, ibid., 2017, 472 pages, 51 pages.

HER, Herbart Johann Friedrich, La psychologie comme science, traduction par Marc Géraud, postface par Émile Jalley, en préparation.

EMGS, Émile Jalley : En mémoire de Gilbert Simondon, ibid., 2017, 268 pages.

TRA, Émile Jalley : Trajectoires, ibid., 2017, 260 pages.

Encyclopédies

« Wallon Henri » : Encyclopaedia Universalis, tome 23, Paris, 1985, 807-808, 2 pages.

« Wilfred Bion » : ibid., tome 4, 1989, 182-185, 6 pages.

« Concept d'opposition » : ibid., tome 16, 1989, 956-965, 10 pages.

« Psychanalyse et concept d'opposition » : ibid., tome 19, 1989, 179-186, 8 pages.

« Psychologie génétique » : ibid., tome 19, 1989, 232-238, 7 pages.

« Les stades du développement en psychologie de l'enfant et en psychanalyse » : ibid., Symposium, 1989, 895-902, 8 pages.

« Les grandes orientations de la psychologie actuelle » : Encyclopédie médico-chirurgicale, Paris, Éditions techniques, 1989, 37030A10, 1-10, 10 pages.

« Psychologie clinique » (en collaboration) : ibid., 1991, 37032A10, 1-6, 6 pages.

« La psychologie moderne » : Les origines de la psychologie moderne. Les paradoxes de la psychologie. La psychopathologie. La psychologie clinique. La psychanalyse. La psychologie cognitive. Les domaines de la clinique. Les tendances actuelles, in : Les Lois de la Pensée, Philosophie, Linguistique, Sociologie, Religion, Principes fondamentaux de la vie mentale, Clartés, L'Encyclopédie, 1996, 16041-16043, 50 pages.

« Wallon Henri 1879-1962 » : Encyclopédie philosophique universelle. Dictionnaire : Paris, Presses Universitaires de France. 1992, 2 pages.

Articles divers

« Le thème du miroir dans l'histoire de la philosophie » : L'Unebévue, Paris, EPEL, n° 14, Hiver 1999, 35 pages.

« Données pour un panorama bref, partiel et provisoire de la structure institutionnelle de la psychologie française aujourd'hui » : Psychologie clinique, Paris, L'Harmattan, n° 11, 2001, pp.185-217, 33 pages.

« État de la psychologie en France : déontologie, publications, gestion des carrières », Le Journal des psychologues, n° 184, février 2001, pp. 14-18, 5 pages.

« La psychologie, une science fondée sur l'éthique ? », ibid., n° 188, juin 2001, pp. 8-9, 2 pages.

« La psychologie est-elle en crise ? », ibid., n° 213, déc. 2003-janv. 204, pp. 10-15, 6 pages.

« Le retour de Wallon et Piaget », ibid., n° 244, fév. 2007, pp. 58-63, 6 pages.

« État des lieux de la psychologie et de la psychanalyse à l'université », ibid., n° 280, sept. 2010, pp. 37-41, 5 pages.

Comptes rendus et articles sur les ouvrages d'Émile Jalley

Éveline Laurent, « Trois figures majeures », sur *lemonde.fr*, 15 mai 1981.

Jacqueline Nadel, « Wallon (Henri), *Écrits de 1926 à 1961, psychologie et dialectique*, présentés par Émile Jalley et Liliane Maury », *Enfance*, vol. 45, n° 1-2, 1991, p. 171-173.

Pierre-Henri Castel, « JALLEY (Émile) - *L'enfant au miroir. Freud, Wallon, Lacan* », *Revue d'histoire des sciences humaines*, n° 1, 1999, p. 238-241.

Revue philosophique de la France et de l'Étranger 2001/1 (Tome 126), p. 73-134. Émile Jalley, Freud Wallon Lacan. L'enfant au miroir, Paris, EPEL, 1998, 24 X 16 cm, 392 p., Prix : 220 F.

Castel Pierre-Henri CNRS-Paris : Revue d'histoire et des sciences humaines, 1999/1 (n°1). Jalley (Émile) - L'enfant au miroir - Freud, Wallon, Lacan, Paris, EPEL, 1998, bibliographie, index nominum, 389 pages, 220 FF.

Fournier-Finocchiario Laura : Cahiers de psychologie politique, n°7, 2005. La crise de la psychologie à l'université en France, tome 1, Origine et déterminisme, 530 pages, 514 pages ; tome 2, État des lieux depuis 1990, Paris, L'Harmattan, 2004. À propos d'une crise de la psychologie dans l'université française.

Bourgain Anne : Les Cahiers de l'infantile, n° 5, 2006, L'adolescente. Émile Jalley, La crise de la psychologie à l'université en France, tome 1, Origine et déterminisme, 530 pages, 514 pages ; tome 2, État des lieux depuis 1990, Paris, L'Harmattan, 2004.

Douville Olivier : Psychologie clinique, n° 20, 251-252. Émile Jalley, La crise de la psychologie à l'université en France, tome 1, Origine et déterminisme, 530 pages, 514 pages ; tome 2, État des lieux depuis 1990, Paris, L'Harmattan, 2004.

Samacher Robert : Psychologie clinique, n° 23, 259-260. Wallon et Piaget. Pour une critique de la psychologie contemporaine, Paris, L'Harmattan, 2006, 496 pages.

Lucien Sève, « Questions de méthode », *Nouvelles Fondations*, vol. 3, n° 3-4, 2006, p. 110-114.

Tostain Manuel : Cahiers de psychologie politique, n° 10, 2007. Émile Jalley : Wallon et Piaget. Pour une critique de la psychologie contemporaine, Paris, L'Harmattan, 2006, 496 pages.

Émile Jalley, « La psychanalyse et la psychologie aujourd'hui en France », *Les cahiers psychologie politique* [En ligne], numéro 10, Janvier 2007. URL : http://lodel.irevues.inist.fr/cahierspsychologiepolitique/index.php?id=979

Revue philosophique de la France et de l'Étranger 2008/1 – Analyses et comptes rendus, Émile Jalley, Critique de la raison en psychologie. La psychologie scientifique est-elle une science ? Paris, L'Harmattan, 2007, 511 p., 39 €. Émile Jalley, La Guerre des psys continue. La psychanalyse française en lutte, Paris, L'Harmattan, 2007, 512 pages, 39 €.

Lambotte Marie-Claude : Essaims, n° 21,2008, L'erre de la métaphore. Émile Jalley, Critique de la raison en psychologie. La psychologie scientifique est-elle une science ? ibid., 2007, 511 pages. Un nouveau discours de la servitude volontaire.

Samacher Robert : Bulletin de psychologie 2008/2 (numéro 494) 207-213. Jalley (Émile), La Guerre des psys continue, Paris, L'Harmattan, 2007. Jalley (Émile), Critique de la raison en psychologie. La psychologie scientifique est-elle une science ? Paris, L'Harmattan, 2007.

Samacher Robert : Psychologie clinique 2009/1 n° 27, 193-196. Jalley (Émile), La Guerre des psys continue, Paris, L'Harmattan, 2007. Jalley (Émile), Critique de la raison en psychologie. La psychologie scientifique est-elle une science ? Paris, L'Harmattan, 2007.

Samacher Robert : Bulletin de psychologie 2009/1 (numéro 499), 84-92. Jalley (Émile), La Guerre de la psychanalyse, volume 1. Hier, aujourd'hui, demain ; volume 2, Le front européen, Paris, L'Harmattan, 2007.

Manuel Tostain, « Émile Jalley : Wallon et Piaget. Pour une critique de la psychologie contemporaine », sur *lodel.irevues.inist.fr*, 10 janvier 2007.

Marie-Claude Lambotte, « Un nouveau *Discours de la servitude volontaire* », *Essaim*, vol. 2, n° 21, 2008, p. 195-199.

Samacher Robert : Bulletin de psychologie 2011/3 (numéro 513), 297-301. Jalley (Émile) Anti-Onfray 1. Sur Freud et la psychanalyse, suivi de Anti-Onfray 2, et Anti-Onfray 3, Paris, L'Harmattan, 2010.

Samacher Robert : Jalley (Émile) Anti-Onfray 1. Sur Freud et la psychanalyse, Paris, L'Harmattan, 2010. Psychologie clinique, 2010/2 n° 30, 233-237.

Douville Olivier : Psychologie clinique, 2011/1 n° 32, 225-227. Jalley (Émile) Anti-Onfray 1. Sur Freud et la psychanalyse, Paris, L'Harmattan, 2010.

Samacher : Psychologie clinique, 2012/1 n° 33, 259-261. Psychanalyse et psychologie (2008-2010), tome 1 et 2, Paris, L'Harmattan, 2010.

Samacher Robert : Bulletin de psychologie mars-avril 2014 (numéro 530), tome 67(2), 183. Jalley (Émile), La crise de la philosophie en France au XXIe siècle. D'Héraclite et Parménide à Lacan, Paris, L'Harmattan, 2013.

Samacher Robert : Bulletin de psychologie mars-avril 2014 (numéro 530), tome 67(2), 184. Jalley (Émile), Préface à Kroner (Richard) *De Kant à Hegel. De la critique de la raison à la philosophie de la nature*, traduction de Marc Géraud, 2 vol., L'Harmattan, 2013, tome 1, p. 7-8.

Samacher Robert : Bulletin de psychologie, 2014. Jalley (Émile), La « théorie du genre » dans le débat français. Butler, Freud, Lacan, Stoller, Chomsky, Sapir-Whorf, Simondon, Wallon, Piaget, L'Harmattan, 2014, 150 pages.

Villard Maurice : Le Journal des psychologues, N° 321, octobre 2014, 78-79. La « théorie du genre » dans le débat français. Émile Jalley, L'Harmattan, 2014, 156 p., 17 €, ISBN : 978-2-343-03508-6.

Samacher Robert : Bulletin de psychologie à paraître. Jalley Émile, Badiou avec Lacan Roudinesco, Assoun, Granon-Lafont, Paris, L'Harmattan, 2014.

Samacher Robert : Bulletin de psychologie à paraître. Radó Sándor, Le complexe de castration chez la femme, trad. de Marc Géraud, présentation d'Émile Jalley, L'Harmattan, 2015.

Gress Thibaud : Richard Kroner : De Kant à Hegel, Tome 1, De la critique de la raison à la philosophie de la nature, Actu Philosophia, 23 avril, 2014.

Gress Thibaud : Richard Kroner : De Kant à Hegel, Tome 2, De la philosophie de la nature à la philosophie de l'esprit, Actu Philosophia, 3 novembre 2014.

Principales références thématiques aux ouvrages de l'auteur

Sur la crise de l'enseignement

CPUF1, CPUF2 : en totalité.
CRP, 57-83, 385-421,
GP1, 107-142,
FCP, 213-369,
PP1, 49-64, 121-144, 243-244, 265-280,
PP2, 131-290,
AO3, 331-339,
DP2, 13-154,
SM2, 93-158,
PAM, ch. 4, 5, 6, 7, 131-260.
TPKMF, ch. 4, 161-177,
TPMIF, ch. 2,3,4,5, 71-200,
HW1-6 & GW,
RCQVM, CRPH4, CRPH5,
EMGS,
TRA.

Sur la crise de la recherche en psychologie

CRP, 57-83,
CPUF1, 203-490,
WP, 349-424,
PP1, 37, 109-144,
PP2, 131-190,
DP1, 129-157; DP2, 175-234,
CPF21, 373,
LAQA,
BALA,
HW1-6 & GW,
EMGS,
TRA.

Sur le caractère occulte des institutions académiques et autres canaux sociaux

CPUF1, 161-202,
CPUF2, 109-182, 275-472, 497-514,
WP 416-424,
GP1, 107-142,
GP2, 906-942,
CPF21, 365-385,
CPF21, 365-385,
PP1, 65-107,
PP2, 131-290,
SM1,
TPFM, 245-259,
TPMIF, ch. 1, 35-70.
RCQVM,
CRPH5
TRA.

Sur la critique des idéologies et de la philosophie

PPAF, 9-52, 381-430,
CRP, 85-147, 355-383,
GPC, 377-416,
CRP, 13-56,
GP1, 183-379,
GP2, 461-775,
PP1, 11-48, 145-215,
AO1, AO2, AO3,
DP1, DP2,
SM1, SM2,
CPF21,
LAQA,
VKBH,
BALA,
TGDF,
TPFM, 215-259,
HW1-6 & GW,
HSR,
RCQVM,
DSF1 et 2,
CRPH 1, 2, 3, 4, 5,
EMGS,
TRA.

Sur la critique de la philosophie nord-américaine

CRP, 355-383,
SM1, 191-224,
CPF21, 2014, 59-66,
CPF21,
LAQA,
BALA,

TGDF,
TPFM, 215-244,
HW1-6 & GW,
KB,
RCQVM,
DS,
CRPH 1, 2, 3, 4, 5,
PPAL1 et 2,
EMGS,
TRA.

Sur la crise des sciences cognitives

CPUF2, 359-391,
PPAF, 381-430,
WP, 387-424,
GPC, 351-376 ; 441-456,
CRP, 323-354,
GP1, 143-181,
GP2, 883-906,
PP2, 11-107,
SM1, 19-190,
SM2, 11-219,
TGDF,
TPFM, 215-244,
HW1-6 & GW,
RCQVM,
EMGS,
TRA.

Sur la crise de la psychanalyse

GPC, 13-350, 417-440, 457-474,
GP1, 19-106, 381-417,
GP2, 916-920,
DP1, DP2,
SM1, 19-190,
SM2, 11-219,
CPF21, 199-324
LAQA,
TGDF,
BCL,
TPFM, 215-244,
HW1-6 & GW
PPAL1 et 2.
TRA.

Sur la psychanalyse comme science fondamentale

GP2, 777-881
PP2, 111-129,
MSL, 11-39,
CPF21,

BALA,
TGDF,
API,
EK,
PPAL 1 et 2,
CRPH 4 et 5.

Sur la Police culturelle et la cybercensure

PP2, 217-280,
AO3, 326-339,
DP2, 234-240,
SM2, 39-92,
CPF21, 365-385,
RCQVM,
DSF 1 et 2,
TRA.

Sur les coordonnées présentes et passées de la crise sociale

PP1, ch. 3, 4,
PAM, ch. 8, 9,
TPKMF,
TPMIF,
HW1-6 et GW,
RCQVM,
DSF2,
CRPH 1, 2, 3, 4, 5,
TRA.

Histoire et présentation de textes de la philosophie, de la psychologie et de la psychanalyse

WLPF, Wallon lecteur de Freud et Piaget, Paris, Éditions sociales, 1981, 561 pages.
VM, Wallon : La Vie mentale, présentation, Paris, Éditions sociales, 1982, 416, pp. 7-108, 373-416, 147 pages.
FWL,
VKBH,
BALA,
ACF,
API,
KB,
HSR,
KB,
API,
HW,
GW,
DS1,
DS2,

EK,
EMGS,
PHE,
De même :
Henri Wallon : La vida mental, Introducción y edición de Émile Jalley, Editorial Crítica, Grupo editorial Grijalbo, Barcelona, 1985, pp. 7-24, 253-290, 57 pages.
Henri Wallon : Psychologie et dialectique (avec L. Maury), présentation, postface d'Émile Jalley : « Une dialectique entre la nature et l'histoire. Une psychologie conflictuelle de la personne. La spirale et le miroir », Paris, Messidor, 1990, 245 pages, pp. 189-245, 58 pages.
Dictionnaire de la psychologie (Doron Roland, Parot Françoise), 72 articles d'Émile Jalley, Paris, PUF, 1991.
Atlas de la psychologie (H. Benesch), direction de traduction de l'allemand avec augmentation, Paris, Livre de Poche, 1995, pp. 44-45, 298-299, 374-375, 416-417, 8 pages.
Dictionnaire de la psychologie (W. D. Fröhlich), direction de traduction de l'allemand, Paris, Livre de Poche, 1997, pp. 1-2.
« Psychanalyse, psychologie clinique et psychopathologie » : in Psychologie clinique et psychopathologie (R. Samacher et col.), Paris, Bréal, 1998, 15-60, 46 pages.
Olivier Douville et col. : Psychologie clinique tome 2. La psychologie clinique en dialogue, débats et enjeux, Émile Jalley : Janet, Paris, Dunod, 2001, 303 pages, pp. 52-57, 6 pages.
Henri Wallon : L'Évolution psychologique de l'enfant, Texte introduit par Émile Jalley, Paris, Armand Colin, 2002, pp. 1-32, 182-187, 40 pages.
Henri Wallon: Qua trinh phat trien tall y cua tré em Loi tua cua Émile Jalley, Nguoi dich : Ta Thi Phuong Thuy, Nha xuat ban Thé Gioi, traduction en vietnamien de L'Évolution psychologique de l'enfant, avec le soutien des programmes d'aide à la publication de l'Ambassade de France au Vietnam et de l'Institut français, 314 pages.

*

De même :
« Wallon Henri » : Encyclopaedia Universalis, tome 23, Paris, 1985, 807-808, 2 pages.
« Wilfred Bion » : ibid., tome 4, 1989, 182-185, 6 pages.
« Concept d'opposition » : ibid., tome 16, 1989, 956-965, 10 pages.
« Psychanalyse et concept d'opposition » : ibid., tome 19, 1989, 179-186, 8 pages.
« Psychologie génétique » : ibid., tome 19, 1989, 232-238, 7 pages.
« Les stades du développement en psychologie de l'enfant et en psychanalyse » : ibid., Symposium, 1989, 895-902, 8 pages.
« Les grandes orientations de la psychologie actuelle » : Encyclopédie médico-chirurgicale, Paris, Éditions techniques, 1989, 37030A10, 1-10, 10 pages.
« Psychologie clinique » (en collaboration) : ibid., 1991, 37032A10, 1-6, 6 pages.
« La psychologie moderne » : Les origines de la psychologie moderne. Les paradoxes de la psychologie. La psychopathologie. La psychologie clinique. La psychanalyse. La psychologie cognitive. Les domaines de la clinique. Les

tendances actuelles, in : Les Lois de la Pensée, Philosophie, Linguistique, Sociologie, Religion, Principes fondamentaux de la vie mentale, Clartés, L'Encyclopédie, 1996, 16041-16043, 50 pages.

« Wallon Henri 1879-1962 » : Encyclopédie philosophique universelle. Dictionnaire : Paris, Presses Universitaires de France. 1992, 2 pages.

« Le thème du miroir dans l'histoire de la philosophie » : L'Unebévue, Paris, EPEL, n° 14, Hiver 1999, 35 pages.

« Données pour un panorama bref, partiel et provisoire de la structure institutionnelle de la psychologie française aujourd'hui » : Psychologie clinique, Paris, L'Harmattan, n° 11, 2001, pp.185-217, 33 pages.

« État de la psychologie en France : déontologie, publications, gestion des carrières », Le Journal des psychologues, n° 184, février 2001, pp. 14-18, 5 pages.

« La psychologie, une science fondée sur l'éthique ? », ibid., n°188, juin 2001, pp. 8-9, 2 pages.

« La psychologie est-elle en crise ? », ibid., n° 213, déc. 2003-janv. 204, pp. 10-15, 6 pages.

« Le retour de Wallon et Piaget », ibid., n° 244, fév. 2007, pp. 58-63, 6 pages.

« État des lieux de la psychologie et de la psychanalyse à l'université », ibid., n° 280, sept. 2010, pp. 37-41, 5 pages.

Émile Jalley (1935-) en 2017

Philosophie
aux éditions L'Harmattan

Dernières parutions

BURKE, MARX, ARENDT ET LA CRITIQUE DES DROITS DE L'HOMME
Nogbou Hyacinthe
Le présent ouvrage propose de voir les inflexions des droits de l'homme face au pouvoir des nouvelles puissances, face à la plénitude de l'État-nation de façon générale, mais principalement face à l'État-africain. Comment, à partir des critiques d'Edmond Burke, de Karl Marx et d'Hannah Arendt, penser la réalité des droits de l'homme? Quel commerce ces trois grands penseurs des droits de l'homme entretiennent-ils?
(Harmattan Côte-d'Ivoire, 13.50 euros, 114 p.)
ISBN : 978-2-343-10569-7, ISBN EBOOK : 978-2-14-003024-6

COURT TRAITÉ DE LA SERVITUDE RELIGIEUSE
Pour une théorie critique du fait religieux
Collin Denis
La critique de la religion est pour l'essentiel terminée : voilà ce que Marx écrivait en 1843 (Critique de la philosophie du droit de Hegel). Le début du XXIe siècle semble lui donner tort. Fondamentalismes, djihadisme, terrorisme : ceux qui pensaient que nous étions définitivement entrés dans un monde matérialiste en sont pour leurs frais. Mais il existe une tradition philosophique pour laquelle vivre sous la conduite de la raison permet de s'émanciper de la servitude religieuse. Il s'agit donc d'en revenir aux principes afin d'examiner ce qu'il en est du fait religieux aujourd'hui.
(Coll. Ouverture Philosophique, 12.00 euros, 90 p.)
ISBN : 978-2-343-11318-0, ISBN EBOOK : 978-2-14-003063-5

DE LA POSSIBILITÉ D'UNE FICTION HISTORIQUE CHEZ JACQUES DERRIDA
Phénoménologie, grammatologie, poétique
Trujillo Ivan
Dans ce livre, l'auteur explore le rapport entre la fiction et l'histoire dans la philosophie de Jacques Derrida. En essayant de discerner la pensée d'une certaine fiction historique chez Derrida, l'auteur cherche à éclairer la portée politique de l'idée d'une littérature sans condition.
(Coll. La philosophie en commun, 26.00 euros, 268 p.)
ISBN : 978-2-343-10416-4, ISBN EBOOK : 978-2-14-002948-6

L'ÉTHIQUE HUMANITAIRE AU PRISME DE NIETZSCHE
Pitié et souffrance
Moutoumbou Ndjounggui Roland Rodrigue
L'universalité de l'« humanitaire » dans notre monde suscite un triple soupçon : n'aurait-il pas partie liée avec la tradition humaniste qui donne une place centrale à la pitié. Si oui, qui investit sa pitié dans l'humanitaire, pour qui (en faveur de qui) et avec quels effets moraux sur ceux qui en bénéficient ? Et si on refuse la morale et la politique de la pitié, est-ce à dire qu'on renonce à venir au secours de ceux qui souffrent ? Afin d'éviter les pièges détestables de la pitié, l'auteur utilise des concepts nietzschéens pour repenser une éthique humanitaire.
(Harmattan Cameroun, 26.00 euros, 262 p.)
ISBN : 978-2-343-11266-4, ISBN EBOOK : 978-2-14-002920-2

DES HUMAINS CONFIANTS ET DOCILES
Vincent Hubert
La confiance : donnée naturelle ou conséquence d'un certain nombre d'efforts ou d'intentions ? Dans les deux cas, elle est un résultat. Ni naturelle ni fabriquée, elle reste néanmoins à la base de tout. En découle la docilité, qu'il ne faut pas confondre avec la crédulité, la soumission, la dépendance et l'absence de tout esprit critique. Avoir bon esprit ne fait pas de nous des gens aveugles et stupides. En ces temps incertains et violents, il ne faudrait pas oublier qu'il nous est possible d'aimer ce monde et d'y prendre goût.
(Coll. La philosophie en commun, 25.00 euros, 234 p.)
ISBN : 978-2-343-11234-3, ISBN EBOOK : 978-2-14-002996-7

PHILOSOPHIE DU VIEILLIR
Existence et temporalité dans la pensée antique
Lombard Jean
La vieillesse apparaît avec une espèce d'évidence énigmatique. Elle s'est imposée à l'observation des hommes dès les premiers temps de la Grèce : le concept même d'âge avancé est affecté par les grandes modifications qui marquent l'histoire grecque et romaine. Il est impossible de l'ignorer, de ne pas remarquer sa réalité familière et de l'éviter, le moment venu. Au fond, qu'est ce que la vieillesse ?
(Coll. Hippocrate et Platon, études de philosophie de la médecine, 14.50 euros, 126 p.)
ISBN : 978-2-343-11383-8, ISBN EBOOK : 978-2-14-003011-6

MÉLANGES PHILOSOPHIQUES
Sous la direction de Yahot Christophe
Les deux dernières décennies ont vu se développer un grand nombre d'universités et d'institutions de recherche dans de nombreux pays africains. Les intellectuels du continent éprouvent de plus en plus la volonté de partager leur expérience et leur vision du monde et des choses avec le reste du monde. Faire vivre la diversité, tel est le but primordial de ce livre qui inaugure la collection « Arc-en-ciel » qui se présente comme une œuvre de construction commune pour trouver les réponses aux grands défis du XXIe siècle.
(Harmattan Côte-d'Ivoire, 20.50 euros, 196 p.)
ISBN : 978-2-343-10568-0, ISBN EBOOK : 978-2-14-003028-4

LA PAROLE DE PROTAGORAS
Fragments et témoignages (édition bilingue – Grec et latin / Français)
Moscarelli Laura
Intellectuel intelligent et probe, fin pédagogue, orateur passionné, Protagoras d'Abdère était l'une des plus grandes personnalités de la Grèce antique. Traditionnellement considéré comme le premier des «sophistes», il défendait la démocratie péricléenne. Sa parole, comme celle de tous les sophistes, a été discréditée tout au long de l'histoire de la pensée occidentale. Elle mérite d'être réhabilitée et écoutée pour elle-même. Cet ouvrage propose donc une traduction du grec et du latin au français de la plupart des fragments et des témoignages que nous possédons. Une courte introduction historique précède ces textes.
(Coll. Philosophies-Artistes, 15.50 euros, 138 p.)
ISBN : 978-2-343-11132-2, ISBN EBOOK : 978-2-14-002937-0

VALEURS FONCTIONNALISÉES ET RELATIONS INTERCULTURELLES
Essai
Yahot Christophe
Qui sont les hommes véritablement, et comment la nécessité du vivre ensemble peut-elle se concevoir à l'aube du XXIe siècle afin de réduire si possible les conflits qui tirent, semble-t-il, leur origine dans les différences culturelles ? Si les rapports entre les hommes deviennent de plus en plus insupportables en raison de l'intolérance et de la violence qu'ils génèrent, c'est collectivement que nous devons trouver les réponses aux problèmes qui se dressent sur le chemin de l'avènement du «règne des fins».
(Harmattan Côte-d'Ivoire, 16.50 euros, 152 p.)
ISBN : 978-2-343-10570-3, ISBN EBOOK : 978-2-14-003027-7

LA RAISON OU LE CHAOS
Prone André – Préface d'André Tosel
Persuadé de l'imminence de la dimension paroxysmique de la crise actuelle, l'auteur revisite deux concepts philosophiques présentés par Marx et Spinoza, pour montrer en quoi le système capitaliste s'oppose à la raison. L'auteur propose aussi deux nouveaux paradigmes pour permettre au peuple de faire face à la fragilité de l'humanité et au déséquilibre de l'écosystème naturel mis en péril par la marchandisation du vivant.
(Coll. Questions contemporaines, 15.00 euros, 142 p.)
ISBN : 978-2-343-11293-0, ISBN EBOOK : 978-2-14-002914-1

CRITIQUE DE LA RAISON PHILOSOPHIQUE (Tome 1)
Première partie. La preuve par l'ordre et la mesure
Jalley Émile
Cet ouvrage peut se lire selon quatre « preuves » indépendantes bien que complémentaires : preuve cartésienne selon l'ordre et la mesure (tome 1), preuve kantienne-hégélienne selon l'histoire de la philosophie (tomes 2 et 3), preuve scientifique selon la psychologie de l'enfance (tome 4) et preuve populaire prise dans l'espace médiatique (tome 5). Ces cinq volumes peuvent se lire séparément.
(29.50 euros, 288 p.)
ISBN : 978-2-343-10917-6, ISBN EBOOK : 978-978-2-14-002829-8

CRITIQUE DE LA RAISON PHILOSOPHIQUE (Tome 2)
Deuxième partie. La preuve par l'histoire de la philosophie
Jalley Émile
Cet ouvrage peut se lire selon quatre « preuves » indépendantes bien que complémentaires : preuve cartésienne selon l'ordre et la mesure (tome 1), preuve kantienne-hégélienne selon l'histoire de la philosophie (tomes 2 et 3), preuve scientifique selon la psychologie de l'enfance (tome 4) et preuve populaire prise dans l'espace médiatique (tome 5). Ces cinq volumes peuvent se lire séparément.
(25.00 euros, 236 p.)
ISBN : 978-2-343-11196-4, ISBN EBOOK : 978-978-2-14-002830-4

CRITIQUE DE LA RAISON PHILOSOPHIQUE (Tome 3)
Deuxième partie. La preuve par l'histoire de la philosophie
Jalley Émile
Cet ouvrage peut se lire selon quatre « preuves » indépendantes bien que complémentaires : preuve cartésienne selon l'ordre et la mesure (tome 1), preuve kantienne-hégélienne selon l'histoire de la philosophie (tomes 2 et 3), preuve scientifique selon la psychologie de l'enfance (tome 4) et preuve populaire prise dans l'espace médiatique (tome 5). Ces cinq volumes peuvent se lire séparément.
(23.50 euros, 222 p.)
ISBN : 978-2-343-11197-1, ISBN EBOOK : 978-978-2-14-002831-1

CRITIQUE DE LA RAISON PHILOSOPHIQUE (Tome 4)
Troisième partie. La preuve par la psychologie
Jalley Émile
Cet ouvrage peut se lire selon quatre « preuves » indépendantes bien que complémentaires : preuve cartésienne selon l'ordre et la mesure (tome 1), preuve kantienne-hégélienne selon l'histoire de la philosophie (tomes 2 et 3), preuve scientifique selon la psychologie de l'enfance (tome 4) et preuve populaire prise dans l'espace médiatique (tome 5). Ils peuvent se lire séparément, mais font partie d'un même projet de critique de la philosophie française contemporaine. Ces cinq volumes peuvent se lire séparément.
(26.50 euros, 254 p.)
ISBN : 978-2-343-11198-8, ISBN EBOOK : 978-978-2-14-002832-8

CRITIQUE DE LA RAISON PHILOSOPHIQUE (Tome 5)
Quatrième partie. La preuve par le discours médiatique
Jalley Émile
Cet ouvrage peut se lire selon quatre «preuves» indépendantes bien que complémentaires : preuve cartésienne selon l'ordre et la mesure (tome 1), preuve kantienne-hégélienne selon l'histoire de la philosophie (tomes 2 et 3), preuve scientifique selon la psychologie de l'enfance (tome 4) et preuve populaire prise dans l'espace médiatique (tome 5). Ils peuvent se lire séparément, mais font partie d'un même projet de critique de la philosophie française contemporaine. Ces cinq volumes peuvent se lire séparément.
(33.00 euros, 320 p.)
ISBN : 978-2-343-11199-5, ISBN EBOOK : 978-978-2-14-002833-5

LE MONDE DANS 3 000 ANS
Essai
Arnaud Emmanuel
Quelle sera l'apparence de l'espèce humaine dans 3 000 ans ? Quelle sera la forme de l'organisation économique et sociale de ses civilisations ? Quelle sera l'étendue de sa connaissance et de ses conquêtes physiques ? C'est à ces différentes questions que répond de façon originale cet essai. L'auteur s'essaye ici à la prospective, nous offrant un scénario possible de l'histoire humaine...
(Coll. Rue des écoles, 14.00 euros, 152 p.)
ISBN : 978-2-343-10976-3, ISBN EBOOK : 978-978-2-14-002792-5

LE LIBRE ARBITRE
Esquisse d'une métaphysique de la liberté
Van Kerckhoven Alain
Dans cet ouvrage, l'auteur démontre que le libre arbitre a toujours été instrumentalisé pour justifier des postures religieuses, philosophiques ou politiques. L'apparition de nouveaux outils de connaissance permet pour la première fois d'en faire un sujet d'étude rationnelle. Les conclusions nous entraînent aux frontières de la science et de la philosophie, au cœur de l'expérience humaine.
(Coll. Ouverture Philosophique, 18.50 euros, 174 p.)
ISBN : 978-2-343-10613-7, ISBN EBOOK : 978-978-2-14-002701-7

HISTOIRE DES ONGLES
Essai sur l'apparent et le manifeste
Hervieu Éric
Les ongles font partie des productions apparentes et persistantes à la surface de la peau, que l'on regroupe sous le nom de «phanères», mot qui à l'origine signifiait visible, évident, apparent, manifeste. Les ongles ont donné lieu à une symbolique tout aussi ancienne qu'abondante (croyances populaires, registres médicaux ou religieux, esthétiques de Poe et de Mallarmé...). C'est donc à partir de ces interprétations que se révèlent certains enjeux de la forme artistique, puisque l'art lui-même est apparent et manifeste.
(Coll. Acteurs de la Science, 12.50 euros, 100 p.)
ISBN : 978-2-343-11086-8, ISBN EBOOK : 978-978-2-14-002713-0

CRITIQUE DU DROIT CHEZ MICHEL VILLEY ET RENÉ GIRARD
Pour une épistémologie négative
Dubouchet Paul
La virulence parait être le point commun entre Michel Villey et René Girard. Pour René Girard, droit, philosophie et sciences humaines ont pour but de cacher le «meurtre fondateur» tandis que pour Villey elles veulent répudier le «raisonnement dialectique» au profit du «raisonnement déductif». Mettre en rapport ces deux critiques permet de révéler une «épistémologie négative», seule capable de sauver, avec le droit, la philosophie et les sciences humaines.
(Coll. Ouverture Philosophique, 19.00 euros, 182 p.)
ISBN : 978-2-343-10665-6, ISBN EBOOK : 978-2-14-002551-8

L'HARMATTAN ITALIA
Via Degli Artisti 15; 10124 Torino
harmattan.italia@gmail.com

L'HARMATTAN HONGRIE
Könyvesbolt ; Kossuth L. u. 14-16
1053 Budapest

L'HARMATTAN KINSHASA
185, avenue Nyangwe
Commune de Lingwala
Kinshasa, R.D. Congo
(00243) 998697603 ou (00243) 999229662

L'HARMATTAN CONGO
67, av. E. P. Lumumba
Bât. – Congo Pharmacie (Bib. Nat.)
BP2874 Brazzaville
harmattan.congo@yahoo.fr

L'HARMATTAN GUINÉE
Almamya Rue KA 028, en face
du restaurant Le Cèdre
OKB agency BP 3470 Conakry
(00224) 657 20 85 08 / 664 28 91 96
harmattanguinee@yahoo.fr

L'HARMATTAN MALI
Rue 73, Porte 536, Niamakoro,
Cité Unicef, Bamako
Tél. 00 (223) 20205724 / +(223) 76378082
poudiougopaul@yahoo.fr
pp.harmattan@gmail.com

L'HARMATTAN CAMEROUN
TSINGA/FECAFOOT
BP 11486 Yaoundé
699198028/675441949
harmattancam@yahoo.com

L'HARMATTAN CÔTE D'IVOIRE
Résidence Karl / cité des arts
Abidjan-Cocody 03 BP 1588 Abidjan 03
(00225) 05 77 87 31
etien_nda@yahoo.fr

L'HARMATTAN BURKINA
Penou Achille Some
Ouagadougou
(+226) 70 26 88 27

L'HARMATTAN SÉNÉGAL
10 VDN en face Mermoz, après le pont de Fann
BP 45034 Dakar Fann
33 825 98 58 / 33 860 9858
senharmattan@gmail.com / senlibraire@gmail.com
www.harmattansenegal.com